Peter Scholl-Latour

Der Wahn vom Himmlischen Frieden

Das kurze Aufflammen der Studentenerhebung in den Städten Chinas und deren blutige Beendigung hat den Aufbruch, in dem sich China seit einigen Jahren befindet, vorläufig ersticken können. Es ist jedoch abzusehen, daß auch das Reich der Mitte einer revolutionären Veränderung entgegengeht, wenn, ähnlich wie in Osteuropa, auch am Jangtsekiang die alten Männer endgültig abtreten, die überall jene Revolution verwalten, die immer eine Sache der Jugend ist. Fünfundachtzigjährig übernahm Deng Xiaoping die Regierungsgeschäfte von dem zehn Jahre älteren Mao Tsetung. Aber nicht nur die Führer der Revolution selbst sind Greise geworden, auch die Revolutionen sind in die Jahre gekommen, und Peter Scholl-Latour setzt auf die Vitalität und die Dynamik jener 1,3 Milliarden Menschen hinter den wechselnden Männern, auf die allein der Blick der Welt fällt. Das Volk selbst oder, wohl richtiger, die Völker Chinas sind im Aufbruch der Geschichte.

Dr. Peter Scholl-Latour, geboren 1924 in Bochum, studierte an den Universitäten Mainz, Paris und Beirut; seit 1950 ist er Journalist. Von 1960 bis 1963 war er Afrika-Korrespondent der ARD, von 1963 bis 1969 Leiter des Pariser Studios der ARD, von 1969 bis 1971 Programmdirektor des WDR-Fernsehens und ab 1971 Chefkorrespondent des ZDF in Paris. Zwischen 1975 und 1983 leitete er zusätzlich das ZDF-Frankreich-Studio. Danach war er Chefredakteur und Herausgeber des STERN sowie Vorstandsmitglied des Verlags Gruner + Jahr. Die publizistischen Früchte seiner vielen Reisen waren nicht nur Fernseh-, Funk- und Zeitungsberichte, sondern auch verschiedene Bücher, darunter auch weithin bekannte Bestseller.

Peter Scholl-Latour

Der Wahn vom Himmlischen Frieden

Chinas langes Erwachen

Ein Siedler Buch bei Goldmann

Als Umschrift für chinesische Zeichen wurde die amtliche
Hanyn-Pinyin-Umschrift benutzt. Eine Ausnahme
bilden Namen und Begriffe, die dem deutschen Leser in
anderer Umschrift vertrauter sind (Mao Tsetung statt
Mao Zedong oder Peking statt Beijing).

Der Goldmann Verlag
ist ein Unternehmen der Verlagsgruppe Bertelsmann

Made in Germany · 2/92 · 1. Auflage
Genehmigte Taschenbuchausgabe
© 1990 by Wolf Jobst Siedler Verlag GmbH, Berlin
Umschlaggestaltung: Werner Rebhuhn unter Verwendung eines Fotos
von STERN/Anders (Peter Scholl-Latour)
und Elisa Leonelli/FOCUS (Tian-An-Men Platz, Peking)
Druck: Presse-Druck Augsburg
Verlagsnummer: 12828
Lektorat: Thomas Karlauf
DvW · Herstellung: Barbara Rabus
ISBN 3-442-12828-5

Inhalt

Aktuelle Einordnung

China kann nicht länger an jenen wirklichkeitsfremden Postulaten gemessen werden, die westliche Lehrmeister der Demokratie seit der Tragödie auf dem Platz des Himmlischen Friedens unentwegt vortragen. Wir sollten das Reich der Mitte hingegen mit dem heutigen Zustand der Sowjetunion vergleichen. Da wird manche moralische Entrüstung im nachhinein zur heuchlerischen Verbohrtheit. Nichts liegt uns ferner, als die brutalen Unterdrückungsmaßnahmen zu rechtfertigen, die die roten Mandarine seit der Tragödie von Tian-An-Men über ihre Untertanen verhängten. Nur wissen wir heute, daß ein Durchbruch jener jugendlichen Protestkräfte, die das uralte Reich der Mitte ohne Übergang und ohne realistisches Anwendungskonzept mit den Errungenschaften des »american way of life« beglücken wollten, ihr riesiges Land in wirtschaftliches Chaos, in Elend und Bürgerkrieg gestürzt hätten.

Als Michail Gorbatschow im Sommer 1989 Peking besuchte, wurde er von den revoltierenden Studenten und auch von den stets konformistischen Medien des Westens als Heilsbringer und Herold der Erneuerung glorifiziert. Wie positiv hob er sich damals doch von jenen unverbesserlichen, grausamen Greisen ab, die in der Kommunistischen Partei Chinas weiterhin das Sagen hatten! Heute ist die Sowjet-Macht ein Trümmerhaufen. Allein die Toten, die der Partisanenkrieg am Kaukasus bisher forderte, sind weit zahlreicher als die beklagenswerten Opfer jener unverzeihlichen Repression, die den Aufruhr am Rande der Verbotenen Stadt ahnden sollte. Die Machthaber von Peking haben nunmehr das russische Exempel vor Augen – die beispiellose Selbstauflösung einer Großmacht – und dürften sich bestätigt fühlen in der Gewißheit, den Weg des geringeren Übels beschritten zu haben.

Den meisten Berichterstattern aus China – sie mögen ja fleißige Sinologen sein – fehlte offenbar bei der Beurteilung der Entwicklung dieses riesigen Landes die Erfahrung, die intime Kenntnis der Dritten Welt, der sich die Pekinger Machthaber ja offiziell zurechnen. Mit den westlichen Vorurteilen über die Wunderwirkung parlamentarischer Demokratie in einem unterentwickelten Staatswesen ausgestattet, haben sie nicht wahrhaben wollen, daß nur eine rigorose Stabilität der politischen Verhältnisse die Grundvoraussetzung für den eventuellen Erfolg wirtschaftlicher Reformen bietet. Wenn heute so viele Russen Gorbatschow und seine Perestroika verwünschen, so weil der ehemalige Generalsekretär der aufgelösten KPdSU dieses Grundgesetz in seinem ebenfalls unterentwickelten Imperium nicht berücksichtigte. Nicht von ungefähr blicken heute so viele Sowjet-Bürger – falls dieses Wort noch einen Sinn macht – auf Südkorea als das Modell ihrer wirtschaftlichen Gesundung, ja ihrer politischen Rehabilitierung, wohl wissend, daß der erstaunliche industrielle Aufschwung im »Land des stillen Morgens« sich unter der Fuchtel eines straffen Militärregimes vollzog.

Das China von heute ist gewiß kein Paradies, und es hat auch den Lebensstandard der kleinen, vorgelagerten Insel Taiwan längst nicht erreicht. Doch gemessen an der Katastrophe, die die einstige Sowjetunion heimgesucht, an den entsetzlichen Mangelerscheinungen des russischen Systems, müssen sich die 1,3 Milliarden Chinesen relativ privilegiert vorkommen. Der »rote Kaiser« Deng Xiaoping hat seinen Bauernmassen ein solides Existenzminimum verschafft, wie sie es seit der frühen Ming-Dynastie wohl nicht mehr genossen haben. Er hat – allen Kassandrarufen zum Trotz – den Übergang zu einer Konsumgesellschaft eingeleitet, der – unter Berücksichtigung der fatalen Ausgangspositionen – überaus bemerkenswert ist.

Die »weißen Experten« von Peking, die seit Tian-An-Men nicht müde werden, den totalen Niedergang, ja den blutigen Zerfall der

Volksrepublik China zu prophezeien, haben sich gründlich getäuscht. Gewiß, der greise Deng wird eines Tages »zu Marx gehen«, wie noch Mao Tsetung zu sagen pflegte. Neue, hoffentlich flexiblere Männer werden an die Stelle jener Greisenriege treten, die immer noch im Zhongnanhai das Sagen hat. Bei zunehmendem Wohlstand und Schaffung eines Mindestmaßes an sozialer Sicherheit werden die Nachfolger sich hoffentlich aus ihrer ideologischen Erstarrung, aus dem Korsett eines zutiefst konfuzianisch geprägten Marxismus-Leninismus lösen, der seit dem russischen Desaster vollends obsolet erscheint.

In der globalen Diplomatie profiliert sich China heute – nach dem außenpolitischen Versagen der europäischen Zaunkönige – als einziges Gegengewicht zum amerikanischen Hegemonialanspruch. In Peking kann James Baker ausnahmsweise nicht als Prokonsul auftreten. Es gibt keine Kambodscha-Lösung ohne chinesische Mitwirkung. Die kommunistischen Vietnamesen, die Sieger über Franzosen un Amerikaner, müssen heute – wie zur Zeit der großen Dynastien – ihren Kotau vor Peking vollziehen. Präsident Bush kann auf die Mitwirkung von Deng Xiaoping nicht verzichten, wenn er der nuklearen Proliferation halbwegs Herr werden will. Gewiß, das Reich der Mitte ist seinerseits vor Katastrophen nicht gefeit. Aber ist denn Amerika, das Saddam Hussein weiter gewähren läßt, wirklich so unverwundbar? Wird die Zukunft Europas nicht durch unberechenbare Krisen in seiner Nachbarschaft, ja durch das Gespenst der Völkerwanderung verdüstert? Eines dürfte zur Stunde für den durchschnittlichen Chinesen sicher sein: Es lebt sich besser und sicherer im Reich der Mitte als im zerberstenden Imperium der Moskowiter.

Paris, Dezember 1991   Peter Scholl-Latour

Der Platz ist leer

Der Platz liegt weit und leer unter dem bleiernen Himmel. Es ist schwül in Peking. Die seltenen Sonnenstrahlen dieses frühen Nachmittags filtern fahl und gelblich durch den erstickenden Dunst. Wir sind nach ein paar Kontrollen durch gleichgültige Zivilbeamte auf die Empore geführt worden, die den hufeisenförmigen Eingang zur Verbotenen Stadt überragt. Von diesem Balkon, auf dem Mao Tsetung am 30. Oktober 1949 die Volksrepublik China proklamierte, schweift das Auge ungehemmt, beherrschend über den Platz des Himmlischen Friedens.

Ich habe keinen Blick für das Mausoleum Mao Tsetungs, dessen quadratisch einfallslose Architektur den einst grandiosen Blick auf das historische Stadttor im Süden versperrt, auch nicht für jene monumentale Halle des Volkes zur Rechten, die mit der höchsten Parteizentrale im Seitentrakt des Kaiserpalasts durch einen unterirdischen Gang verbunden sein soll. In der Rekordzeit von wenigen Monaten hatte der Gründer des kommunistischen China diesen pharaonischen Bau durch rastlose Baukolonnen fertigstellen lassen, und es fällt wohl den wenigsten auf, daß die Monumentalsäulen der Vorderfront tatsächlich an die Architektur von Luxor in Oberägypten erinnern. Aber diese Bauten und Perspektiven sind jedem China-Touristen vertraut. Faszinierend, wenn auch enttäuschend in ihrer Banalität sind die grün uniformierten Männer, die vergeblich versuchen, der Maßlosigkeit des Tian-An-Men, dieses größten Platzes der Welt, ein martialisches Gepräge zu

9

verleihen. Sie sind gar nicht sonderlich zahlreich, diese Soldaten der Volksbefreiungsarmee, die ziemlich willkürlich auf Einzelposten verteilt und durch gelbgestreifte Schirme vor der stechenden Sonne geschützt sind. Im Fernglas sind sie deutlich auszumachen. Sie tragen Stahlhelme, die weder dem russischen noch dem amerikanischen Modell entsprechen. Ihre Waffe ist das unvermeidliche Schnellfeuergewehr AK 47, meist Kalaschnikow genannt, eine zuverlässige, robuste Erfindung der Russen. Dieses Sturmgewehr wurde von den Moskowitern – in Ermangelung jener dringend benötigten Konsumgüter, an denen es im eigenen Land fehlte – so großzügig an alle nur denkbaren Staaten der Dritten Welt verteilt, daß Afrika heute über mehr Kalaschnikows verfügen dürfte als über Schraubenzieher.

Die Volksbefreiungsarmee, das drängt sich nach langer Abwesenheit auf, hat sich gründlich gewandelt. Man hat versucht, sie beinahe adrett zu uniformieren, diese Posten am Platz des Himmlischen Friedens, die über die Einhaltung des Kriegsrechts wachen. Irgendwie haben mich die Ballonmützen mit dem roten Stern, die schlecht geschneiderten, flatternden Waffenröcke, unter denen die Revolutionstruppe einst angetreten war und die allenfalls an der Zahl der Jackentaschen einen Offizier von einem Gemeinen unterscheiden ließen, mehr beeindruckt als die Zinnsoldaten des »Ausnahmezustandes« – das ist der Ausdruck, den die chinesischen Behörden bevorzugen. Sie tragen sogar weiße Handschuhe, diese Verteidiger der Errungenschaften des Marxismus-Leninismus, was überhaupt nicht zu den bäuerlich stumpfen Gesichtern, zu dem südlich dunklen Teint der meisten Volksarmisten passen will. Mehr als zwei Dutzend Soldaten kann ich nicht ausmachen. Worin ihre Funktion besteht, ist schleierhaft. Der Kriegszustand, der über die Hauptstadt verhängt wurde, betrifft ja nur einige als besonders unruhig eingeschätzte Viertel und – natürlich – dieses grandiose Herz der Zehnmillionen-Metropole, den Platz des Himmlischen Friedens. Im Hof des massiven Museumsgebäudes zur Linken, wo zwei Hauptleute ihre Kompanien mit gellenden Kommandoschreien antreten lassen, geht es offenbar recht unordentlich zu. Sprechchöre der Soldaten zerreißen jetzt die Mittagsruhe. Die Armee sei der beste Freund des Volkes und der Garant des revolutionären Staates, wird da unten gebrüllt.

Wir sind nicht allein auf der Brüstung der Verbotenen Stadt. Chinesische Besuchergruppen wurden ebenfalls zugelassen. In der Mehrzahl sind es wohl Überseechinesen aus Hongkong, Malaysia, Kanada, wer weiß, sogar aus Taiwan, dem gegnerischen Inselbollwerk jenseits der Formosa-Straße. Vor uns, mit dem Rücken zum Tian-An-Men gewendet, sind ein paar junge Männer in Zivil aufgereiht. Sie tragen Strohhüte, so daß ich sie zunächst für Bauarbeiter halte, bis ihre wachsame Reglosigkeit sie als Sicherheitsbeamte ausweist. Sie scheinen sich um die Fremden kaum zu kümmern. Sie reagieren erst, als wir zwei Gemälde im betrüblichen Stil des sozialistischen Realismus filmen wollen. Auf dem einen, das seitlich zur Balustrade angebracht ist, ruft ein jugendlich geschönter Mao Tsetung vor einer unermeßlichen Menschenmenge, die den ganzen Platz des Himmlischen Friedens bis auf den letzten Quadratmeter ausfüllt, den neuen kommunistischen Staat aus. Gegenüber hängt eine interessantere, hintergründige Darstellung. Da sind in traulicher Harmonie sehr unterschiedliche Veteranen des »Langen Marsches« und des großen chinesischen Umbruchs versammelt: Mao Tsetung natürlich mit väterlich lächelnder Entschlossenheit im Ausdruck und gleich neben dem »großen Steuermann« jener »abgefeimte Rivale und Intrigant« Liu Shaoqi, der »chinesische Chruschtschow«, wie ihn die Rotgardisten der Kulturrevolution beschimpften. Zhou Enlai, der kluge Mandarin und Vermittler, der viele

Exzesse zu mildern verstand, sowie der brave Marschall Zhu De sind ebenfalls in dieser konfliktreichen Quadriga vertreten.

Die plakativen Konterfeis der vier großen Vorläufer und Propheten des roten Sturms, die einst den Tian-An-Men verstellten, sind verschwunden. Vergeblich suche ich nach den absurden Ikonen des ideologischen Ahnenkults, nach den Porträts von Marx und Engels, von Lenin und Stalin. Über dem Hauptportal der Verbotenen Stadt mit den ochsenblutroten Mauern, mit den gelben Glasurziegeln, die dem Kaiser vorbehalten waren, blickt allein noch Mao Tsetung – die Warze auf der linken Wange ist naturalistisch detailliert – auf den leeren Platz, der in der Nacht vom 3. auf den 4. Juni 1989 auf unrühmliche Weise weltweit von sich reden machte. Ein paar besonders verwegene und respektlose Demonstranten hatten auf dem Höhepunkt der Unruhen einen Farbtopf gegen dieses Monumentalbildnis des »großen Steuermanns« geschleudert und es besudelt. Aber da war ein Raunen des Entsetzens durch die Massen gegangen, und die Aufrührer hatten sich beeilt, das Antlitz des enigmatischen, aber immer noch alles überschattenden Mannes von jeder Beschmutzung zu säubern, beziehungsweise das Bild durch eine makellose Reproduktion zu ersetzen.

Eine Gruppe Soldaten der Volksbefreiungsarmee ist immer noch mit Säuberungs- und Restaurierungsarbeiten am Tian-An-Men beschäftigt. Sie bringen den Platz für die bevorstehende Vierzigjahrfeier der Volksrepublik auf Hochglanz. Sie stellen Stahlgerüste auf für irgendwelche Transparente und wirken dabei wie Akrobaten in einem Provinzzirkus. Andere putzen die Fabeltiere zu Füßen des Denkmals der Helden der Revolution, an dem sich – trotz aller Aufmerksamkeit, die wir darauf verwenden – kein einziger Kugeleinschuß feststellen läßt. Mit einer Sondergenehmigung wurde es uns gestattet, nach Belieben auf dem Tian-An-Men spazierenzugehen. Außer uns ist noch eine Gruppe japanischer Ferienreisender unermüdlich mit ihren Kameras am Werk.

Die heroischen Krieger-, Bauer- und Arbeiterfiguren, die den Zugang zum Mao-Mausoleum – nach sowjetischem Klischee entworfen – verunstalten, werden einer peinlichen Säuberung unterzogen und die Messinggitter auf Hochglanz gebracht. Zur Probe wird sogar ein endloser roter Teppich ausgerollt. Alles das wirkt wirklichkeitsfremd, beinahe surrealistisch. Auf den großen quadratischen Pflastersteinen des Tian-An-Men – so stellen wir fest – haben Panzerfahrzeuge ihre Kettenspuren hinterlassen. Auch die Kerben, die in die unteren Stufen des Denkmals gebrochen sind und um deren Ausbesserung sich niemand kümmert, rühren wohl von rotierenden Tanks her. Der Durchschnittseinwohner der Stadt Peking darf zwar am Platz des Himmlischen Friedens vorbeiradeln oder, falls ihm das vergönnt ist, im Auto vorbeifahren, aber er darf nicht anhalten am Rande der leeren Fläche. Diese von oben befohlene Verwaisung regt vermutlich die Phantasie des Beobachters an, verleiht dem Platz eine unheimliche, ominöse Dimension.

Der Zugang zur Grabstätte Mao Tsetungs ist versperrt. Ich hatte das Innere vor zehn Jahren aufgesucht. War es wirklich der letzte Wille dieses Titanen gewesen, zu Füßen einer von ihm gestalteten Kalligraphie, in einem einfallslosen Marmortempel – mit rot geschminkten Bäckchen, eine rote Seidendecke über den Beinen – wie ein fernöstliches Schneewittchen aufgebahrt zu werden? Da hatten die beiden Gründerväter der Sowjetunion – Wladimir Iljitsch Lenin und Josef Stalin, solange letzterer noch nicht aus der roten Kremlgruft entfernt worden war – eindrucksvollere Mumien abgegeben in einer makabren Inszenierung, die die beiden Revoluzzer wie Gefährten Draculas erscheinen ließ. Selbst der graue Marmorkeller von Hanoi, in dem Ho Tschi Minh bestattet ist und vor dem der Besucherstrom nie abreißt, läßt den »guten Onkel« mit dem Ziegenbart, flankiert von weißuniformierten vietnamesischen Gardesoldaten, rätselhafter erscheinen als die wächserne Leichenpuppe Mao Tsetungs. Ho Tschi Minh, so wurde erst unlängst bekannt, wird gegen seine Absicht in diesem düsteren Schauhaus von Hanoi exponiert. Sein Wunsch sei es gewesen, daß seine Asche, auf drei Urnen verteilt, in jeweils besonders lieblichen Flecken Tonkings, Annams und Cochinchinas – was symbolisch gewesen wäre für die von ihm erfochtene Einheit Vietnams – unter ehrwürdigen Bäumen bestattet werde.

Wenn ich mich recht erinnere, ist das Antlitz des einbalsamierten Mao Tsetung nach Norden auf den Eingang der Verbotenen Stadt gerichtet. Das berührt seltsam bei einem Volk, das den Ritualen und magischen Formeln der Geomantiker die Anordnung der Ahnengräber anvertraute. Hätte nicht der tote Mao Tsetung, den größten Kaisern des Reiches der Mitte durchaus vergleichbar und ihnen seelisch verwandt, in die entgegengesetzte Richtung blicken müssen, den imperialen Geboten gemäß? Während ich von einem Soldaten höflich daran gehindert werde, die Stufen zum Mausoleum zu ersteigen, denke ich an eine Begegnung mit Carlo Schmid in dessen Landhaus bei Croix-Valmer im südfranzösischen Departement Var. Wir blickten aus unseren Korbsesseln auf das abendlich strahlende Mittelmeer, die Pinienhaine, und ich erzählte – es war Anfang der siebziger Jahre – von meiner Absicht, wieder einmal nach China aufzubrechen. Die Rede kam auf Konfuzius, wie sollte es anders sein bei Carlo Schmid, der der perfekten Verkörperung eines hochrangigen Mandarins entsprach. Ich war wieder einmal verblüfft über die universale Bildung dieses Juristen und Literaten, den ein merkwürdiger Zufall in die Trivialität der Parteipolitik verschlagen hatte. »Die Rolle des Kaisers«, so zitierte Carlo Schmid die altehrwürdigen Texte des Meisters Kong, »besteht darin, nach Süden zu blicken und die Kräfte des Yang auf sich einwirken zu lassen.«

Yin und Yang sind fundamentale ostasiatische Lebensbegriffe, die weit in die Zeit vor Konfuzius zurückgreifen – und der lebte etwa 500 Jahre v. Chr. Yin und Yang, diese beiden Urelemente, sind in der heutigen Fahne Südkoreas abgebildet – rot-blau verschlungen und komplementär. Sie gehen auf fernste Schamanen-Vorstellungen zurück. Yang ist die Definition des Männlichen, des Hellen, des Starken, des Beharrenden und Beherrschenden; Yin hingegen ist das weibliche Gegenkonzept: dunkel und weich, geheimnisvoll, magisch und unberechenbar. Angeblich ist dieses Urbild durch den West-Ost-Verlauf der chinesischen Flüsse inspiriert worden, deren Nordufer aus Süden von der Sonne erhellt und erwärmt wurde, während das Südufer im Schatten lag.

Der tote Mao blickt nicht nach Süden. Seinen glorreichen Überresten ist es nicht vergönnt, die Strahlungen des Yang in sich aufzunehmen. Aber vielleicht waren meine Überlegungen nur die eines sachunkundigen Barbaren, der der intimen Welt der Riten als Ignorant begegnet. Hingegen ist eine andere Feststellung unbestreitbar. Von dem Eingangstor dieser Leichenhalle schweift der Blick auf jenen Kohlehügel hoch jenseits der Verbotenen Stadt, wo der letzte, kläglich degenerierte Ming-Kaiser sich mit einer seidenen Kordel erhängte. Zu jenem Zeitpunkt, es war im Jahr 1644, stürmten die wilden Kriegerhorden der Mandschu aus den asiatischen Steppen und Weidegründen auf die Hauptstadt des Reiches zu. Sie schickten sich an, eine Herrschaft über ganz China anzutreten, die drei Jahrhunderte lang dauern sollte. Dreihunderttausend mandschurische Nomaden und Krieger haben fast dreihundert Jahre lang dreihundert Millionen Chinesen unterworfen und gedemütigt, bis auch ihre Dynastie endlich nach langem Verfall im Jahre 1911 zusammenbrach. Seltsame und wenig glorreiche Facetten dieses Reiches der Mitte, das bis zum letzten Kindkaiser Pu Yi den Anspruch erhob, Zentrum des Universums zu sein!

Nacht über Sibirien

Drei Tage zuvor war die Lufthansa-Maschine – auf der verzerrten Kurskarte sah es wenigstens so aus – in steilem Bogen über Nordsibirien nach China geflogen. Auf dieser Route ist Peking nur noch neun Stunden von Frankfurt entfernt. Wenn demnächst Überschallmaschinen auf dieser Strecke eingesetzt werden, kann man nicht mehr vom »Fernen Osten« reden.

Diese Offenheit der sowjetischen Kontinentalmasse, die sich der intensiven Luft- und Satellitenüberwachung nicht mehr entziehen kann, gehört zu den zahlreichen Phänomenen, die das Niederreißen aller ideologischen Barrieren ankündigen. Gegen die universale Medienbotschaft, die demnächst aus dem Orbit ausgestrahlt wird – Information, Unterhaltung, Kultur, auf diversen »Soundtracks« in beliebig viele Sprachen übersetzt –, wird es keine Abschottung der politischen Dogmen mehr geben. Das »global village« ist eine Vision der nahen Zukunft, soweit es nicht schon zur Gegenwart gehört. Das gilt für Rußland, aber auch für China.

Es war Nacht, als wir – die flachen Ausläufer des Nord-Ural hinter uns lassend – den Polarkreis streiften. Die Nacht war im Norden durch drei rote Ringe aufgehellt, als sei die Erde ein Bruder des Saturn. In der dunklen Landmasse – teils Tundra, teils Taiga – waren auch die ausgeuferten Flüsse Sibiriens rötlich erhellt, wälzten sich wie träge Riesenschlangen nach Norden. Später leuchteten die Abfackelungsgase der Erdölreviere wie riesige Lagerfeuer aus der Finsternis.

Das Flugzeug war nur zu dreißig Prozent belegt. Normalerweise wäre um diese Jahreszeit jeder Platz ausgebucht gewesen mit Ferien- und Geschäftsreisenden. Eine nächtliche Schießerei in Peking hatte ausgereicht, die Touristen zu massiven Abbestellungen und Umbuchungen zu veranlassen. Der eine oder andere schob moralische Entrüstung über die brutale Repression der Studentenbewegung am Tian-An-Men-Platz vor, um seinen Verzicht auf die lang geplante Chinareise zu begründen oder zu bemänteln. Dabei mögen in Einzelfällen tatsächlich ehrliche Überzeugung und vermeintliche Solidarisierung mit den chinesischen Studenten eine Rolle gespielt haben, obwohl man sich fragen muß, welches andere Land außerhalb der Europäischen Gemeinschaft und der USA diesen selektiven Ferienreisenden wohl jene demokratische Umgebung bieten soll, auf die sie zur Gestaltung ihrer Freizeitexpeditionen angeblich nicht verzichten wollen. Für die Masse der Touristen war ohnehin die Angst ausschlaggebend gewesen, die Befürchtung, eventuell in eine brenzlige, unkontrollierte Situation zu geraten. Die Angst war ja in den verflossenen Jahren von den deutschen Medien wie eine neue Nationaltugend gehätschelt worden. Die Fixierung auf eine nukleare oder ökologische Apokalypse stand obenan bei den modischen Geistesübungen einer Neo-Intelligenzija, die jeden als stumpfen Reaktionär, ja irgendwie als Schuldigen einstufte, der ihre Wiedertäuferstimmung nicht teilte. Die »Lust am Untergang«, die sich ein halbes Jahrhundert zuvor bei den Germanen noch in Todesverachtung und herostratischen Mutübungen kundtat, hatte jetzt ihr neues, kraß-konträres Lebenselement gefunden, die Angst.

Vor der Abreise hatte ich einen Disput zwischen der Dichterin Ulla Hahn und dem ehemaligen Botschafter in Peking, Erwin Wickert, in der »Frankfurter Allgemeinen Zeitung« verfolgt. Ulla Hahn lehnte sich dagegen auf, daß die Teilnahme westdeutscher Autoren und »Kulturschaffender« an einer Ausflugsreise nach China durch irgendeinen kollektiven Beschluß annulliert worden war. Jeder Kontakt zu den chinesischen Intellektuellen müsse doch gerade jetzt genutzt, jede Form von Schulterschluß praktiziert werden, um die geistig Gleichgesinnten im Reich der Mitte nicht der Isolation und Hoffnungslosigkeit auszusetzen. Erwin Wickert, der von 1976 bis 1980 in Peking gewesen war und seiner Erfahrung in einem meisterhaften Roman über die Taiping-Revolte des 19. Jahrhunderts Ausdruck gegeben hatte, hielt dieser Argumentation entgegen, die deutschen Besucher würden von den in ideologischer Rückwendung verhärteten Behörden voraussichtlich nur mit regimekonformen chinesischen Schriftstellern in Berührung gebracht, die freiheitlichen Geister würden von diesen Kolloquien mit Kollegen aus dem Westen systematisch ausgeschlossen, die bohrenden Fragen der deutschen Schriftsteller und die Antworten, die sie darauf erhielten, möglicherweise von gefügigen Dolmetschern verharmlost oder verfälscht. Ob Wickert hier nicht zu pessimistisch urteilte? Ob er vielleicht die Beschleunigung der Geschichte unterschätzte, die selbst im Reich der Mitte, das im zeitlosen Rhythmus pulsierte, unumkehrbare geistige Strömungen der Auflehnung und des Antikonformismus begünstigte?

War es die permanente Beschäftigung der Westeuropäer mit »Perestroika« und »Glasnost«, die bei diesem Nachtflug über Sibirien dem halbwachen Passagier mehr oder minder konfuse Gedankenassoziationen suggerierte? Angeblich leben nur acht Millionen Russen in dieser unendlichen Kontinentalmasse zwischen Ural und Pazifik. Charles de Gaulle hatte einst, bevor er 1964 zum Skandal der atlantischen Verbündeten die Volksrepublik China anerkannte, mahnende Aussagen gemacht über die Diskrepanz zwischen dem kaum bevölkerten Norden Asiens und dem von Menschen überquellenden Mittelreich, hatte die auf Bewahrung und Beharrung ausgerichtete Politik der Russen mit dem biologisch bedingten Ausdehnungsdrang der Chinesen verglichen. Viele lächeln heute noch über solche Voraussagen. Aber wer hatte schon Alexis de Tocqueville im 19. Jahrhundert ernst genommen, als er die Doppelhegemonie der Amerikaner und Russen ankündigte, eine weltbeherrschende Bipolarität, die allerdings schon durch die Bildung neuer Schwerpunkte in Ostasien, in Westeuropa, morgen vielleicht in Lateinamerika erschüttert wird?

Als ich 1971 einen Fernsehfilm über die »Tupamaros« in Uruguay produziert hatte, wagte ich es, diese Dokumentation über die linksextremistische Aufstandsbewegung, die seinerzeit die Republik Uruguay an den Rand des Abgrunds gebracht hatte, mit einer Betrachtung über die Anden-Indianer in Bolivien und Peru anzureichern. Jener Tupac Amaru, den die marxistischen Studenten von Montevideo zu ihrem Leitbild und Namenspatron erwählt hatten – ungeachtet der Tatsache, daß sie selbst rein europäischer Abstammung waren –, hatte im 18. Jahrhundert einen Bauernaufstand armseliger Indios im Altiplano der Anden angeführt. Er war von den spanischen Kolonialbehörden am Ende gefangen und auf Weisung des Vizekönigs in Lima geviertelt worden.

Ob diese Indianer, die vor Jahrtausenden aus Sibirien über die Behring-Straße nach Amerika gelangt waren, eines Tages auf irgendeine Weise in den Sog jener großen asiatischen Revolution geraten könnten, der Mao Tsetung als gebieterische Leitfigur vorstand, hatte ich damals fabuliert und verständlicherweise bei manchen Kollegen skeptische Erheiterung ausgelöst. Doch heute klang diese These gar nicht mehr so absurd. Der »große Steuermann« war zwar längst zu Marx eingegangen, wie er selbst zu Lebzeiten mit einem Schuß Zynismus auf seinen Tod zu verweisen pflegte, aber in den

Provinzen Ayacucho, Puno, Cuzco und anderen Hochburgen des peruanischen Altiplano hatten sich die bislang so indolenten, durch tausendjährige Fronten abgestumpften Quechua-Indios zu einer furchterregenden Kampforganisation, dem »Leuchtenden Pfad«, zusammengeschlossen. Dieser geheimnisvolle »Sendero luminoso«, der seine Feinde und sogar alle Verdächtigen so grausam abschlachtete, daß man ihn bereits mit den Mörderbanden der »Roten Khmer« in Kambodscha verglich, berief sich auf konfuse maoistische Leitsätze, soweit diese von den ausgebeuteten und geschundenen Andenvölkern auf ihre eigenen Verhältnisse übertragen werden konnten.

Die Maschine steuerte nicht auf die Behring-Straße zu, sondern näherte sich nach einem scharfen Knick dem Industrierevier von Bratsk, dem Baikal-See, der Stadt Irkutsk. Im August 1973, unmittelbar nach meiner Gefangenschaft beim Vietcong, hatte ich dieses sibirische Kernland mit der Bahn und dem Flugzeug bereist. Der unendliche Stausee von Bratsk und die Birkenwälder, die ihn einrahmten, machten jene schwärmerische Begeisterung verständlich, mit der viele russische Sibiriaken ihrer rauhen Heimat anhängen. Die Fabriken und Wohnviertel von Bratsk waren weit verstreut angelegt worden, oft durch Strecken von zwanzig Kilometern voneinander getrennt. Wir mutmaßten damals, daß diese auf den ersten Blick unrentable, ja widersinnige Verzettelung durch die Eventualität einer kriegerischen Auseinandersetzung mit der nahen und unberechenbaren Volksrepublik China motiviert sei. Seit die Volksbefreiungsarmee Mao Tsetungs über Atomwaffen und Trägerraketen verfügte, boten sich der schmale Strang der Transsibirischen Eisenbahn und die wenigen, in der endlosen Taiga isolierten Städte als lohnende Ziele eines chinesischen Vernichtungsschlages an. Je weitmaschiger das Siedlungsgebiet rund um das gigantische Kraftwerk von

Bratsk sich dezentralisierte, desto sicherer war es vor dieser hypothetischen Vernichtung.

Die Landschaft unter uns verhüllte sich im Dunst. Ein Zipfel Baikal-See leuchtete in der frühen Morgensonne auf. Angeblich ist dieses riesige sibirische Binnenmeer ökologisch total verseucht, ein totes Gewässer. Beim letzten Besuch in Moskau hatten russische Freunde mir versichert, ganze Regionen im unwirtlichen Norden der Sowjetunion – etwa der Fläche Frankreichs entsprechend – seien durch industrielle Unachtsamkeit verwüstet. Der Permafrost böte überdies nicht die geringste Chance einer biologischen Regeneration.

Auch Irkutsk war aus der Höhe kaum zu erkennen. Aber Erinnerungen wurden bei mir wach, als der Pilot den Überflug meldete. Irkutsk, inmitten der sibirischen Taiga und am Ende der Welt gelegen, war mir im Sommer 1973 als eine liebenswerte, zutiefst russische Stadt erschienen. Die slawische Kolonisation des fernöstlichen Großraums zeigte sich hier von ihrer positiven Seite. Da waren alte verschnörkelte Administrationsbauten und schöne Parks, in denen nur die gräßlich versilberten Lenin-Statuen aus Gips wie abscheuliche Fremdkörper störten. Blonde Kinder mit dem roten Pionier-Halstuch näherten sich lächelnd dem westlichen Ausländer, boten ihm Abzeichen mit Sputniks und Sojus oder sogar Hammer und Sichel an und freuten sich, wenn sie als Gegengabe einen Dauerschreiber erhielten. Die Schulmädchen waren noch wie zur Zarenzeit in brave schwarz-weiße Uniformen gekleidet. Mich überraschte, wie unproblematisch, scheinbar voll gleichberechtigt die flachshaarigen slawischen Kinder mit ihren burjätischen Klassenkameraden umgingen, deren straffes schwarzes Haar sie ebenso wie der braune Teint und die Schlitzaugen eindeutig unter die mongolischen Völkerschaften einordneten.

Meine Intourist-Begleiterin wollte mir eine alte, noch genutzte orthodoxe Kirche als Beweis religiöser Toleranz vorführen. Groß war ihre Überraschung, als aus irgendwelchem Grund dieses liebevoll restaurierte Gotteshaus mit dem Zwiebelturm von einer beachtlichen Menschenmenge belagert war. Vor der Ikonostase im Innern standen die Gläubigen dicht gedrängt, und es waren nicht nur alte Babuschkas, die sich pausenlos bekreuzigten. Der riesige Pope mit dem schwarzen Rauschebart war in ein goldenes Kultgewand gekleidet. Er sang die Liturgie mit herrlichem Baß. Die Bettler vor dem Kirchentor trugen zu der Illusion bei, das alte heilige Mütterchen Rußland sei hier lebendig geblieben. Meine Begleiterin erkundigte sich auf mein Drängen, welches Fest denn so zahlreiche Gläubige angelockt habe. Sie kam etwas ratlos mit der Antwort zurück: »Johannes, dem man den Kopf abgeschlagen hatte«, womit zweifellos Johannes der Täufer gemeint war. Am Abend hatte ich mich an den Akrobaten und Tierbändigern eines mongolischen Zirkus erfreut. Diese Männer der Steppe strotzten vor Kraft. Die kleinen mongolischen Artistinnen bewegten sich mit jener Anmut, wie sie in dieser Natürlichkeit vielleicht nur bei Asiatinnen zu finden ist. Den Clou bildete ein gewaltiger weißer Yak-Büffel, ein Riesentier, dessen Kopf dem Drachen Fuchur aus der »Unendlichen Geschichte« ähnelte. Die Kinder auf den Zuschauerbänken kreischten vor Entzücken und Angst, wenn dieses Fabelwesen sich ihnen näherte.

Wie gesagt, Irkutsk war mir damals im Jahre 1973 als eine zutiefst russische Stadt erschienen, und jetzt im Flugzeug stellte ich mir die Frage, wie denn jenes gemeinsame »europäische Haus« aussehen sollte, mit dessen Erwähnung Michail Gorbatschow so viele seiner Bewunderer im Westen zusätzlich begeistert hatte. Die Formel des Europa »vom Atlantik zum Ural« – mehr improvisiert als durchdacht –, mit der General de Gaulle 1964 bei seiner großen Rußlandreise die damalige Kreml-Troika geschockt hatte, war inzwischen mehrfach plagiiert worden. Wie wenig Sinn eine solche geographische Begrenzung machte, hatte die damalige Sowjetführung, der Leonid Breschnew bereits maßgeblich angehörte, dem Gast aus Paris vor Augen geführt, als sie ihn weit östlich des Urals nach Nowosibirsk einlud, ebenfalls eine rein russische Großstadt in der Taiga, wenn auch weit weniger charmant als Irkutsk. Bis dahin hatte de Gaulle sich standhaft geweigert, das Wort »Sowjetunion« in seine obligatorischen Hochrufe aufzunehmen. »Vive la Russie« hatte er unermüdlich wiederholt. Ab Nowosibirsk hatte er sich zu dem Vivat: Es lebe die Sowjetunion! bekehren lassen, und das gemeinsame Europa, das ihm vorschwebte – »L'Europe tout entière« –, begrenzte er insgeheim wohl auf den abendländisch übersichtlichen Raum zwischen Atlantik und Bug, zwischen Brest in der Bretagne und Brest-Litowsk an der polnischen Ostgrenze.

Wenn Gorbatschow logisch mit sich selbst und ehrlich mit seinem Volk sein will, dann kann er natürlich das »europäische Haus« nicht in Swerdlowsk oder Tscheljabinsk am Ural aufhören lassen, dann muß er auch jene kompakten slawischen Siedlungsgebiete einbeziehen, die sich bis Fernost, bis Khabarowsk und Wladiwostok am Pazifischen Ozean erstrecken. Aber dann stellt sich natürlich die lästerliche Frage, warum er nicht auch noch den Sprung über die schmale Behring-Straße macht und Alaska – das ja bereits einmal dem Zarenreich angehörte, ehe es für ein Linsengericht an die USA verkauft wurde – in seine phantasievolle Konstruktion einbezieht. Schließlich wirken Anchorage oder Fairbanks mindestens so europäisch wie Kazan oder Tomsk. Was der Reformer im Kreml – ohne sich dessen vielleicht bewußt zu sein – in Bewegung gebracht hat mit seiner großräumigen Vision vom »gemeinsamen Haus«, ist nicht so sehr eine utopische Ausweitung Europas nach Osten – »Europa, dieses Kap Asiens«, hatte Paul Valéry geschrieben –, sondern skizziert einen Verbund der gesamten weißen Menschheit in der nördlichen Hemisphäre, die Europa, Sibirien und ganz Nordamerika einschließt. War Gorbatschow sich bewußt, daß er hier eine Schicksalsgemeinschaft der Europäer im weitesten Sinne – »L'Amérique, fille de l'Europe«, hatte de Gaulle es ausgedrückt – gegenüber den farbigen Massen des Südens, ihrem Aufbegehren, ihrem unaufhaltsamen Einsickern, ihrer explosiven Demographie postulierte, sie als Allianzformel der Zukunft auf den Tisch legte. »Eines Tages werden sogar die Russen entdecken, daß sie Weiße sind«, hatte de Gaulle mit ätzendem Spott vorausgesagt.

Über der Grenze zur Mongolischen Volksrepublik wurde die Sicht wieder frei. Bewaldete Höhenzüge im Norden. War das jene gottverlassene Region, in der die Sowjetunion zwei Jahrzehnte lang – von der Mongolei losgelöst – einen absurden Pufferstaat namens Tannu Tuwa mit der Hauptstadt Kysyl ins Leben gerufen hatte? Ende 1944 war dieser Gebietsfetzen sang- und klanglos dem russischen Föderationsgebiet eingegliedert worden, und die »Hauptstadt« Kysyl ist wohl nie von einem Ausländer betreten worden.

Die Äußere Mongolei ist offenbar kein militärisches Sperrgebiet mehr, seit die Sowjets – unter dem Druck der Chinesen – sich zum Abzug des Gros ihrer Streitkräfte aus diesem zentralasiatischen Satellitenstaat bereit erklärten. Dieser weit vorgeschobene Keil des russischen Militärdispositivs zielte unmittelbar auf Peking und die lebenswichtigen Verbindungslinien, die parallel zur breiten Mulde des Gelben Flusses verlaufen. Aus dem Flugzeug waren nur endlose grüne Fläche zu erkennen, ein paar willkürlich zerstreute Siedlungen und jener schnurgerade Schienenstrang, der über die mongolische Hauptstadt Ulan Bator, zur Zarenzeit »Urga« genannt, das sibirische Bahnsystem mit dem chinesischen verbindet. »Ulan Bator« heißt »Roter Reiter« in der Übersetzung. Die lanzenbewehrten Ulanen der preußischen Kavallerie hatten ihre Bezeichnung den mongolischen Reitervölkern entlehnt.

Ich wandte den Blick nicht von diesem unermeßlichen Weideland, aus dem so viele vernichtende Eroberungsstürme der Geschichte losgebrochen waren nach Ost und nach West. Die »Mongolische Volksrepublik« ist der einzige Staat Asiens, den ich noch nicht besucht habe. Das irritierte mich um so mehr, als ich als Kind auf seltsame Weise durch diese menschenarme, irgendwie mythische Gegend fasziniert worden war. Ich hatte als Knabe ein Buch verschlungen, wo von Menschen, Göttern und Dämonen die Rede war. Geschildert wurde jene kurze Episode, als der baltische Baron Ungern-Sternberg – auf ein paar weißrussische Kosaken-Schwadronen gestützt – ein selbständiges mongolisches Bollwerk gegen die bolschewistische Flut errichtet hatte. Er muß ein recht exzentrischer Mann gewesen sein, dieser baltische Junker, der mit Hilfe von jüdischen Offizieren die mongolischen »Banner«, wie deren Reiterscharen immer noch hießen, zu einer ernst zu nehmenden Streitmacht zusammenschmieden wollte. Die Juden, so hatte Ungern-Sternberg seinen weißrussischen Kritikern geantwortet, seien seine beste Stütze, zuverlässige Unterführer und »mutig wie die Löwen«. Eine solche Behauptung klang merkwürdig in einer Zeit, als den Juden Tapferkeit und militärische Begabung aufgrund der vorherrschenden rassistischen Vorurteile nicht zugetraut wurden. Heute, nach den Waffentaten »Zahals«, der israelischen Armee, die als beste der Welt gilt, würde die Bewertung Ungern-Sternbergs als eine Banalität akzeptiert.

Ulan-Bator ist übrigens zum Experimentierfeld eines diplomatischen Pionierprojekts auserkoren, an dem sich ausgerechnet in diesem verlorensten Flecken Asiens das Zusammenwachsen der deutsch-französischen Union erweisen soll. In einer gemeinsamen Botschaft werden die Französische Republik und die Bundesrepublik Deutschland ihre Vertretung einrichten. Turnusmäßig werden sich ein deutscher und ein französischer Botschafter als jeweiliger Repräsentant beider Länder ablösen. Die Anwärter auf diesen »Traumposten« dürften nicht allzu zahlreich sein. Sie werden sich mit ihrem berühmten Vorgänger Wjatscheslaw Molotow trösten können, dem einstigen Außenminister Stalins, auch »Mister Njet« genannt, der durch einen demütigenden Ukas Nikita Chruschtschows als diplomatischer Bevollmächtigter der Sowjetunion nach Ulan-Bator verbannt worden war.

Die Pilotenstimme aus dem Lautsprecher kündigt an, daß wir die Grenzstation zwischen der Äußeren Mongolei und der Volksrepublik China passieren. Die Steppe, die zuletzt gelblich und ausgedörrt wirkte, geht in Hügelland, dann in skurrile Gebirgsformationen über. Die Passagiere drücken sich an den Scheiben die Nase platt. Sie spähen nach der »Großen Mauer« aus. Schon setzt die Maschine zur Landung an. Wie nahe doch Peking an der Übergangsschwelle zu den barbarischen Hirten- und Eroberervölkern gelegen ist. Wie exzentrisch und verwundbar war diese Metropole durch die mongolischen Kaiser der Yuan-Dynastie plaziert worden, die bei Ankunft Marco Polos die Herrschaft über das Reich der Mitte ausübten.

Das Ende der »blauen Ameisen«

Die Landung in Peking war ernüchternd. Der Flugplatz – vor zehn Jahren von französischen Ingenieuren auf den letzten Stand gebracht – war eine einzige Baustelle. Mag sein, daß die Erweiterung notwendig war schon im Hinblick auf die ostasiatischen Sportspiele, denen die chinesische Führung nach dem Prestigeverlust am Tian-An-Men-Platz nun besonderes Gepräge verleihen wollte. Aber die Arbeiten verliefen chaotisch. Der Staub lag zentimeterhoch. Der Abfall häufte sich in den schmalen Passagen, durch die die Passagiere sich zwängen mußten. Das maoistische Ideal peinlicher Sauberkeit, eine der umstürzlerischen Zielsetzungen der kommunistischen Revolution, schien dem alten Schlendrian gewichen zu sein, und dieser Eindruck sollte sich im weiteren Verlauf dieser Chinareise bestätigen.

Die Paß- und Zollkontrolle war lässig, das Gedränge am Ausgang deprimierend. Von Kriegsrecht, von martialischem Aufgebot war keine Spur zu sehen. Bei der Massenflucht der Ausländer, die in den ersten Junitagen nach den Schießereien im Stadtzentrum eingesetzt hatte, haben Massenhysterie und groteske Panik eine ausschlaggebende Rolle gespielt, was mir später von offizieller deutscher Seite bestätigt wurde. Besonders Lehrer und Studenten hätten sich in einen schwer beschreiblichen Zustand gesteigert. Kein Wunder, daß im nachhinein und zur eigenen Rechtfertigung dieser überstürzten Absatzbewegung die ohnehin tragischen Ereignisse am Tian-An-Men apokalyptisch aufgebauscht wurden.

Mit etwas Wehmut erinnerte ich mich an meine erste Ankunft in Peking im Sommer 1972. Der Flugverkehr war damals spärlich, und der Airport wirkte beinahe ländlich. Nicht dem Passagierverkehr war das Hauptgebäude gewidmet, sondern der Huldigung an Mao Tsetung. In einer hochgewölbten Tempelhalle stand das riesige Marmordenkmal des Veterans der Revolution, alles beherrschend, rätselhaft, erdrückend. Für Fernsehjournalisten war das ein herrlicher Reportageauftakt. Man war mitten drin im Thema, und kaum einer verzichtete auf den »stand-up« vor der Mao-Bildsäule, um seinen ersten hastigen Kommentar vor laufender Kamera zu improvisieren.

Unser chinesischer Begleiter und Dolmetscher Li – sehr bald wurde er unser Freund und Vertrauter – war ein hochgebildeter Journalist, der sieben Jahre in Deutschland verbracht hatte, ein hochgewachsener Chinese aus der Provinz Shandong. Eine natürliche Vornehmheit des Auftretens verband sich bei ihm mit einer großen Behutsamkeit im Umgang mit den Behörden. Wir bestiegen einen ziemlich ramponierten »Santana« euro-chinesischer Fabrikation, um in die Hauptstadt zu fahren. Dabei erfuhr ich, daß neuerdings die hohen Funktionäre des Regimes angehalten seien, auf das protzige Statussymbol des Mercedes Benz zu verzichten und sich mit einem Audi zufriedenzugeben, der in einem Joint-venture mit der deutschen Herstellerfirma in der Mandschurei montiert wird. Die chinesische Staatskarosse »Rote Fahne«, dieses schwarze Ungeheuer, das uns 1972 beeindruckt und häufig amüsiert hatte, wenn es bei feierlichen Anlässen mit dampfendem Kühler den Dienst verweigerte, wurde wohl nur in Ausnahmefällen vorgeführt.

Die Fahrt nach Peking war idyllisch und bukolisch wie eh und je. Eine dichte Baumallee, überwiegend Pappeln, säumte die lange Strecke. Dahinter waren Äcker und Gemüsegärten zu entdecken. Einzige Neuerung: ein Holiday-Inn-Hotel jenseits der Baumkronen. Später sollten wir feststellen, daß dort eine deftige, aber gute deutsche Küche serviert wurde.

Seit neun Jahren war ich nicht mehr im Reich der Mitte gewesen, und das war gut so, denn so empfand ich die gewaltigen Veränderungen wie einen physischen Zusammenprall. Im Sommer 1980 hatte ich drei Fernseh-Dokumentationen produziert, eine über die autonome Region Sinkiang im »Wilden Westen«, jene Provinz, die man früher Chinesisch Turkestan nannte, zwei andere über die Provinz Szetschuan, jenes fruchtbare Becken am oberen Yang Tsekiang, wo seinerzeit die ersten Ansätze der »Vier Modernisierungen« durch den herrschenden Parteisekretär Zhao Ziyang erprobt wurden. Zhao hatte bei diesem Probelauf die Protektion des mächtigsten Mannes der Volksrepublik, Deng Xiaoping, genossen.

Am Ende der Pappelallee stießen wir auf eine Megalopolis. Peking hatte sich eine eindrucksvolle Skyline zugelegt. Von diesen gewaltigen Gebäuden ging ein Eindruck von Dynamik und Macht aus. Die Monotonie der Wohnsiedlungen, die gelegentlichen architektonischen Entgleisungen wirkten nicht betrüblicher als in irgendeiner anderen Weltstadt. Auf zehn Millionen Menschen war die Bevölkerung angeschwollen, doch das war nur eine Schätzung. Die Zufahrtstraße weitete sich zum vierspurigen Highway aus. Die zahllosen Radfahrer, die mit ihrem bedächtigen, aber zutiefst zielstrebigen Tempo weiterhin den Verkehr bestimmten, kamen zusehends in Bedrängnis angesichts einer wachsenden Motorisierung, die für die nahe Zukunft unlösbare Stauungsprobleme ankündigte. Die Autobahnüberführungen und ihre gewundenen Auffahrten wurden gelegentlich von bewaffneten Soldaten der Volksbefreiungsarmee bewacht. Mir schien, als nehme die Bevölkerung keine Notiz von diesen einzeln postierten Garanten des Ausnahmezustandes, als ignoriere sie bewußt und trotzig diese militärische Präsenz. Angeblich sind einzelne Posten bei Nacht durch rabiate politische Oppositionelle, die sich für die Massaker des 3. und 4. Juni rächen wollten, erschossen oder erdolcht worden. Aber nachprüfen lassen sich diese Gerüchte natürlich nicht, und welcher Ausländer könnte schon verifizieren, ob die Untergrundkräfte sich tatsächlich – alter chinesischer Tradition gemäß – in Geheimgesellschaften organisieren, in neuen »Triaden«, wie sie seit Menschengedenken im Reich der Mitte existierten und auf den Sturz der jeweils herrschenden Dynastie hinwirkten.

Mit Genugtuung stellte ich fest, daß die Behörden auf die Erhaltung historischer Denkmäler wieder größeren Wert legten und inmitten gewaltiger Konglomerate, himmelstürmender Betonburgen Teile der alten Stadtmauer und mächtige Bollwerke unter geschwungenen grünen Dächern restauriert, teilweise neu entworfen hatten. Der Bau-Boom hat in den letzten Jahren geradezu frenetische Formen angenommen. Die Volksrepublik hatte sich auf einen gewaltigen Ansturm ausländischer Geschäftsleute und Touristen eingerichtet. Bürohäuser im Wolkenkratzerstil – mit modernsten Serviceangeboten ausgestattet – warten jetzt vergebens auf die Benutzer, die die horrenden Mieten zu zahlen bereit sind und angesichts der Ungewißheiten der Repression das Risiko eines konsequenten Handelsengagements auf sich nehmen. Mit der Konstruktion von Hotels haben sich die Planungsbehörden offenbar übernommen. So viele Ferienreisende, um dieses Angebot das ganze Jahr über zu rentabilisieren, hätten sich auch in friedlicheren Zeiten schwer mobilisieren lassen. An architektonischen Einfällen, an modernen Gadgets und sogar an Luxus wurde jedenfalls bei diesen Konstruktionen nicht gespart. Hier wurde nicht auf Rabatt gebaut im Unterschied zu den Neubauten der Sowjetunion, wo in der

Regel sechs Monate nach der Fertigstellung schon die Fassaden herunterbröckeln. Ganz Peking bot sich zunächst als eine überdimensionale Aufbaukulisse dar, doch das skeptische Auge blieb an jenen Hochhäusern hängen, wo die Arbeiten eingestellt worden waren. Wenn die führenden Männer im Zhongnanhai-Flügel der Verbotenen Stadt tatsächlich ihre ideologische Verstocktheit aggressiv herauskehren, der Zusammenarbeit mit dem Westen, mit Japan und den investitionswilligen Auslandschinesen einen Riegel vorschieben sollten, dann könnten diese prächtigen Projekte sehr bald an jene gigantischen und hohlen Ruinen am Rande von Teheran erinnern, die nach dem Sturz des Schahs und den finanziellen Fehldispositionen der Islamischen Republik Iran zu Zeugnissen eines verfehlten Aufbruchs in die Neuzeit geworden sind.

Wir bogen von der breiten und endlosen Changan-Allee, der Straße des »Dauernden Friedens«, in menschenwimmelnde Nebenstraßen ab. Mühselig bahnte sich der Santana seinen Weg durch die Fahrräder und Fußgänger. Und hier erlebte ich eine neue, brüske Überraschung. Die Menschen, die sich in kompakten Massen nach vorne schoben, die Geschäfte und Kaufhäuser füllten, den zahllosen Garküchen zustrebten oder scheinbar planlos vorbeihasteten, hatten nichts mehr gemeinsam mit den »blauen Ameisen«, wie ich sie bei meiner ersten Einreise, aber auch in späteren Jahren nach der Kulturrevolution wahrgenommen hatte. Schon im Sommer 1981 war eine deutliche Abkehr von dieser maoistischen Einheitstracht festzustellen gewesen, und gerade die jungen Leute waren bemüht, bunte Töne in das blaue Einerlei, sogar ein paar kühne westliche Modeanleihen in die Monotonie des erzwungenen Kleidungskonformismus zu bringen. Aber jetzt blühten tatsächlich »Hundert Blumen«. Die Chinesen – die junge Generation war natürlich tonangebend – schreckten an diesem schwülen Sommertag vor keiner Extravaganz zurück. Da wurden extrem kurze Miniröcke und knappe Shorts getragen. Bluejeans gehörten fast zur Standard-Ausrüstung. Die Blusen wetteiferten in grellen Farben. Von der althergebrachten Prüderie konnte keine Rede mehr sein. Die Menschenmenge von Peking war auf den ersten, flüchtigen Blick von ihren chinesischen Landsleuten in Taipeh oder Hongkong kaum zu unterscheiden. Jedenfalls wurde hier resolut vorgeführt, daß für diese anbrechende Konsumgesellschaft die einst plakativ zur Schau getragene Bedürfnislosigkeit und Armut als »revolutionäre Tugend« keinen Kurs mehr hatten.

Unter den ganz Alten entdeckte ich ein paar Männer im blauen Mao-Look mit hochgeschlossenem Kragen, Schirmmütze und formlos flatternder Hose. Sie erschienen fast ebenso anachronistisch wie jene seltenen Greisinnen, die sich mühsam auf verkrüppelten Füßen – »goldene Lilien«, wie man sie einst nannte – fortbewegten. Natürlich habe ich bei meiner späteren Fahrt über Land viele Bauern in der hergebrachten blauen Kleidung gesehen. Doch das entsprach keineswegs einem politisch motivierten Festhalten an den vestimentären Vorschriften der Revolution. Soweit der Historiker zurückblicken kann – die frühesten Reiseberichte geben davon Kunde –, trug der durchschnittliche Bauer stets indigoblau. Diese Uniformisierung entsprach im Kaiserreich einer streng hierarchischen Gliederung, der sich keine Gesellschaftsschicht entziehen konnte. Bei meinem allerersten Kontakt mit dem Reich der Mitte – als ich 1951 jenseits des Schwarzen Flusses über den nördlichen Außenrand Französisch-Indochinas in die Provinz Yunnan eingeritten war – begegnete ich den dortigen Bauern-Partisanen, die sich noch zur Kuomintang und zu Tschiang Kaishek bekannten, in ihrer dunkelblauen Tracht. Ein Jahr später, während ich mich der chinesischen Grenze auf der Burma-Straße näherte, flatterten die blaugefärbten Stoffbahnen der Han-Siedler im Trockenmonsun, der uns über die Südhänge des Himalaja entgegenblies.

An der Changan-Allee war mir die Sternwarte des italienischen Jesuiten Matteo Ricci aus dem 17. Jahrhundert aufgefallen, die selbst dem Wüten der Kulturrevolution nicht zum Opfer gefallen war und pietätvoll konserviert wurde. Jeder Besucher Pekings wird seit jeher auf dieses seltene Zeugnis positiver west-östlicher Zusammenarbeit aus der Zeit der Ming-Dynastie aufmerksam gemacht. Über die Astronomie und die Astrologie, die im Leben der Söhne des Himmels eine so determinierende Rolle spielten, hatten die Jünger der Gesellschaft Jesu jahrhundertelang versucht, Zugang zum innersten Führungskreis des Reiches der Mitte zu erlangen. Der italienische Jesuit Matteo Ricci, der sich soweit sinisierte, daß er als Mandarin hohen Ranges bei Hofe zugelassen wurde, ist nur der bekannteste Exponent dieser beharrlichen Akkulturationsarbeit. Selten sind unter der Devise »ad majorem Dei gloriam« größere Selbstverleugnung, Forschungsleistung und Beharrlichkeit entwickelt worden.

Im Sommer 1972 – die Kulturrevolution war zwar abgeflaut, aber offiziell bestimmte sie immer noch den Regierungskurs – wurden die Bemühungen der Jesuiten wie übrigens jeder westlicher Einfluß auf das Reich der Mitte verteufelt und aus dem kollektiven Gedächtnis verdrängt. In Schanghai hatte der offizielle Begleiter uns gleich am Tag unserer Ankunft zu jenem kleinen Park am Huangpu-Fluß geführt, dessen Zugang zur Zeit der internationalen Konzessionen angeblich durch ein Schild versperrt war: »Hunden und Chinesen verboten«. Im Hintergrund dieser Grünanlage erhoben sich die wuchtigen Mauerwerke der Banken und Geschäftshäuser des »Bund« zu jener pompösen Kulisse, wie sie nur das britische Empire in ein paar Hauptstädten Asiens hinterlassen hat. Am frühen Morgen hatten wir dort eine überwiegend ältliche

Riege von Gymnastikern gefilmt, die – das gesammelte Gesicht der aufgehenden Sonne zugewandt, ganz in Blau gekleidet – die zirkulär langsamen, beschwörerisch und weihevoll wirkenden Bewegungen des Tai-Ji ausführten. Diese Leibesübungen waren aus fernster chinesischer Vergangenheit überliefert. Sie waren dem uralten, taoistischen Streben nach langem Leben, ja nach Unsterblichkeit zugeordnet. Sie vollzogen sich zum Rhythmus der Hymne »Der Osten ist rot«, die aus einem Lautsprecher hallte. Zeichen der Zeit: Im Jahre 1989, bei meinem jüngsten Aufenthalt in China, war der Triumphchor der maoistischen Revolution in keinem Kaufhaus, in keinem Kassetten- oder Schallplattenladen aufzutreiben. Nicht einmal die staatlichen Rundfunkstationen konnten uns mit einem Tonband von »Der Osten ist rot« aushelfen. Dabei hatte mir diese liturgisch anmutende Melodie immer recht gut gefallen, auch eignete sie sich vorzüglich zur pathetischen Untermalung grandioser Filmszenen.

Es war durchaus verständlich, daß die Chinesen sich in den ersten Dekaden des politischen und ideologischen Aufbruchs rachsüchtig und intensiv an jenes Jahrhundert der Demütigung durch die Europäer erinnerten, das mit dem schändlichen Opiumkrieg begonnen hatte. Niemals hat sich der westliche Imperialismus so skrupellos und raffgierig dekuvriert wie bei diesem Feldzug gegen die herrschende Mandschu-Dynastie. Das wesentliche Ziel Londons war es damals, den gewaltigen chinesischen Markt für den ungehemmten Import und Konsum des Rauschgiftes zu öffnen, das die britische East India Company auf ihren Plantagen in Indien produzierte. Den englischen Händlern ging es darum, das Handelsdefizit, das vor allem durch den Ankauf von chinesischem Tee und chinesischer Seide entstand und sich laufend zuungunsten der Briten vergrößerte, dank dieses tödlichen Kompensationsgeschäftes auszugleichen. Bei dieser Gelegenheit war den Söhnen des Himmels zum ersten Mal ihre groteske militärische Unterlegenheit vor Augen geführt worden, aber es sollte ein Jahrhundert dauern, ehe die kommunistischen Umstürzler – auf die fremdenverachtende Inbrunst ihrer Volksbefreiungsarmee gestützt – die letzten Spuren einer faktischen europäischen Kolonisation auslöschten.

Wer kann sich heute noch vorstellen, daß dieses unermeßliche Land am Vorabend des Ersten Weltkrieges vor der systematischen Aufteilung stand? Die Engländer hatten sich vor allem zwischen Kanton und Schanghai festgesetzt. Sie kontrollierten den Lauf des Yangtse-Stroms bis hin zum heutigen Industrierevier von Wuhan. Die Franzosen hatten, aus Tonking vorstoßend, die Yunnan-Bahn bis Kunming verlängert und träumten davon, auch das fruchtbare Szetschuan-Becken unter ihren Einfluß zu bringen. Das zaristische Rußland drängte über Ostsibirien und die Fernost-Provinz von Wladiwostok – »Beherrscher des Ostens« in der Übersetzung – in die unendlichen Ebenen der Mandschurei. Die Russen hatten sich bereits des Hafens Port Arthur am Gelben Meer bemächtigt, als sie – zur Verblüffung der gesamten Menschheit – von den Japanern aus diesen Eroberungen herausgeworfen wurden. Die kleinen gelben Soldaten des Tenno sollten sich gegenüber dem Reich der Mitte nunmehr als die schrecklichsten und unersättlichen Eroberer erweisen. Sogar das Wilhelminische Kaiserreich hatte in Tsingtau Flagge gezeigt und ein Protektorat über die reiche Halbinsel Shandong errichtet. Die deutsche Öffentlichkeit hatte gejubelt, als bei der Niederwerfung des Boxeraufstandes durch ein internationales Expeditionskorps der britische Befehlshaber den Befehl ausgab: »The Germans to the front«. Wilhelm II. in Person drohte den aufsässigen Boxer-Banden, die die Konzessionen von Peking belagerten, das deutsche Truppenkontingent werde notfalls wie die Hunnen wüten, falls die Massaker an Missionaren und anderen europäischen Emissären andauern sollten. Gleichzeitig schwadronierte er von der »gelben Gefahr«, ein Schlagwort, das in die Annalen eingegangen ist.

Dennoch hatte es Epochen gegeben, da das Reich der Mitte im Okzident hoch angesehen, ja bewundert wurde und eine vielfältige Faszination ausübte. Schon die arabischen Seefahrer und Koranprediger des frühen Mittelalters – beide Kategorien waren gelegentlich identisch – hatten den Satz geprägt: »Utlub el 'ilm hatta fi Sin – Suche die Wahrheit bis hin nach China!« Die wiederholten Versuche des Papsttums, mit den mongolischen Großkaisern der Yuan-Dynastie, die in Peking residierten, ein Bündnis gegen die Muselmanen zu schließen, um diese Feinde Christi von den heiligen Stätten Jerusalems zu vertreiben, sind allesamt gescheitert. Die fabelhafte Entdeckungsreise Marco Polos reiht sich in diese Phase der Menschheitsgeschichte ein. Wirklichen Einfluß und Zugang zu den höchsten Ämtern gewannen die Sendboten des Bischofs von Rom erst während der Gegenreformation, als die Errichtung eines befestigten portugiesischen Stützpunktes in Macao die Voraussetzungen für einen direkten Kontakt mit dem »Sohn des Drachens« bot, wie der Kaiser von China genannt wurde. Die christlichen Missionare etablierten sich unter den Höflingen, Mandarinen, Feldherren, Kurtisanen und Eunuchen von Peking und mühten sich, eine bescheidene Einflußnische zu erkämpfen. Sehr weit konnte das nicht gedeihen. Die Patres der Gesellschaft Jesu stellten astronomische Berechnungen an und machten sich vor allem durch ihre Kunst des Kanonengießens unentbehrlich. Diese Feldschlangen waren im 16. Jahrhundert nicht gegen irgendwelche europäischen Invasoren gerichtet, sondern gegen die Nomadenvölker der Steppe im Norden, die Mandschu insbesondere, die sich anschickten, die Macht und den Thron der Ming-Dynastie an sich zu reißen.

Um die Umgebung des Papstes für ihre Missionsarbeit zu gewinnen, hatten die Jünger des Ignatius von Loyola ein überaus positives, fast idyllisches Bild vom Reich der Mitte entworfen. Ihr äußerster Ehrgeiz war auf die Bekehrung des Kaisers von China zum katholischen Glauben gerichtet, in der Annahme, daß die Hinwendung seiner zahllosen Untertanen zur Botschaft des Kreuzes dann nur noch die Frage eines imperialen Erlasses wäre. Die Societas Jesu hat verzweifelt versucht, die starren dogmatischen Vorstellungen der Renaissance-Päpste zu durchbrechen, insbesondere den Ahnenkult, der für das konfuzianische China unverzichtbar war, nach bewährter kasuistischer Methode mit der Heiligenverehrung der Katholizität in Einklang zu bringen. Die Jesuiten sind nicht nur an der Weigerung Roms gescheitert, dieser exotischen Abschweifung nachzugeben. Ihr ganzes Konzept war möglicherweise verfehlt, denn selbst ein Übertritt des Kaisers zum Glauben Christi hätte durchaus nicht zwangsläufig das breite Volk nach sich gezogen. Abgesehen von einer Reihe hoher Würdenträger, die sich taufen ließen, verharrte der Hof in der unwandelbaren Rigidität der konfuzianischen Sittenlehre und ihrer pedantischen Riten. Selbst die Mandschu-Eroberer, die sich ohne Komplexe – kaum dem Barbarentum entronnen – auf dem Thron des Drachen einrichteten, unterwarfen sich den uralten Regeln des Meisters Kong, ja praktizierten seine Vorschriften mit dem Eifer von Neophyten.

Die Berichte der Jesuiten hatten die päpstliche Ritenkongregation nicht umgestimmt. Im Jahre 1742 setzte Papst Benedikt XIV. mit seinem kategorischen Edikt einen Schlußstrich unter diese fernöstliche Akkulturation und verbaute damit eine epochale Missionschance der Geschichte. Hingegen fanden die frommen Patres eifrige, begeisterte Leser unter den kirchenfeindlichen Philosophen und Dichtern der Aufklärung. In ihrem verzweifelten Bemühen, abendländisches

Interesse für das Reich der Mitte zu wecken, Subventionen und Anerkennung für ihre entsagungsvolle Tätigkeit in Peking zu gewinnen, war das Reich der Mandschu-Kaiser, das bereits im 18. Jahrhundert von vielen Kennzeichen des Verfalls und der geistigen Sklerose behaftet war, von den europäischen Geistlichen als eine ideale Gelehrtenrepublik platonischen Zuschnitts beschrieben worden, über der der Kaiser lediglich als wohlwollendes Symbol erdentrückter Despotie thronte, während der Stand der Krieger, der im spätfeudalen Europa hohes, fast exklusives Ansehen genoß, bei den Söhnen des Himmels auf der untersten Gesellschaftsstufe rangierte und sich keinerlei Achtung bei jenen Gebildeten erfreute, die die höchste Autorität innehatten.

Die Aufklärung des 18. Jahrhunderts entdeckte ein utopisches Spiegelbild ihrer eigenen Wunschvorstellungen in jenem fernen Imperium des Ostens, das Europa bereits mit seinen Porzellanfiguren entzückte, wo man das Pulver erfunden und dennoch nicht zu zerstörerischen militärischen Zwecken mißbraucht hatte. Der konfuzianische Weisheitsfonds schien unerschöpflich. Die Mode der »chinoiseries« erfreute die Höfe des Abendlandes. Friedrich der Große ließ im Park von Sanssouci einen chinesischen Pavillon errichten, und die Philosophen – Leibniz, Voltaire und Fénelon an der Spitze – waren des Lobes voll für eine asiatische Staatsform, die Friedfertigkeit, Toleranz, geistige Harmonie und vor allem die Priorität der Gebildeten zu garantieren schien. Konfuzius, der alte Lehrmeister, der fünfhundert Jahre v. Chr. den Söhnen des Himmels den Weg des Einklangs zwischen Himmel und Erde gewiesen hatte, wurde an hervorragender Stelle in das Pantheon der »Lumières« eingereiht.

Wenn wir zu diesem kurzen, für die Kenner Chinas trivialen Hinweis auf einen mißlungenen Zivilisationsaustausch ausholen, so, weil er in unserem Jahrhundert eine seltsame und widersprüchliche Wiederholung erlebte. Gewiß, der überschwenglichen Konfuzius-Begeisterung der Abendländer wurde spätestens gegen Ausgang des 18. Jahrhunderts ein abruptes Ende gesetzt. Seltsamerweise fiel diese Entmystifizierung zeitlich mit den Terror-Ausschreitungen der Französischen Revolution zusammen, bei denen auch die Schöngeister der Aufklärung in den Abgrund taumelten. Der ehemalige französische Erziehungs- und Justizminister Alain Peyrefitte – Mitglied der Académie Française – hat wenige Wochen vor den tragischen Ereignissen am Tian-An-Men-Platz sein Buch »L'Empire immobile« herausgebracht. Es kam zur rechten Zeit, denn in diesem Kompendium englischer Reiseberichte und kaiserlich-chinesischer Annalen wird nicht die einfühlsame, intellektuelle Begegnung der westlichen und der östlichen Welt geschildert, sondern »le choc des deux mondes«, das Aufeinanderprallen von zwei fundamental unterschiedlichen Kulturen. Die eine war ganz auf Beharrung ausgerichtet. Konfuzius hatte bei der Dekretierung seines Gesellschaftsmodells, das – fern von aller Metaphysik – auf das harmonische Zusammenleben der Menschen unter festgefügten Autoritäten und Regeln ausgerichtet war, stets nach rückwärts geblickt auf eine legendäre Vergangenheit, auf das »Goldene Zeitalter« der mythischen Dynastien Shang und Zhou, deren Perfektion es wiederherzustellen gelte. Das Abendland hingegen – an erster Stelle das Königreich England, das mit der protestantischen Reformation, mit dem Ausbau seiner welterobernden Flotte, mit dem Aufkommen einer dynamischen Ethik von Handel und Bereicherung sich schon im Zeichen einer sich anbahnenden technischen Revolution bewegte – starrte gebannt auf die Zukunft, huldigte dem Fortschritt und widmete sich der Erfüllung seiner »great expectations«.

Der Sonderbotschafter seiner »gracious majesty«, Lord Macartney, war im Jahr 1792 über Macao an die nordchinesische Küste weitergesegelt, begleitet von einer kriegstüchtigen Flotte und einer stattlichen Eskorte. Er sollte den Kaiser von China auffordern, der totalen Abschnürung des Reiches der Mitte, die die Kaiser der Mandschu- oder Qing-Dynastie verhängt hatten, ein Ende zu setzen und mit den Britischen Inseln ein für beide Seiten ersprießliches System des Handels und des wissenschaftlichen Austausches zu vereinbaren. In Peking übte in jenen Jahren der greise Kaiser Qian Long eine theokratisch anmutende Allmacht aus. Sein Imperium erhob Anspruch auf Tibet und Turkestan. Er hatte sich die mandschurischen und mongolischen Weidegründe einverleibt. Im übrigen befleißigte sich Qian Long einer totalen Selbstgenügsamkeit im Wirtschaftlichen wie im Kulturellen. China war ja das Zentrum des Universums, dem alle anderen mehr oder minder barbarischen Potentaten sich nur mit Geschenken und Huldigungen als Vasallen nähern konnten. Es traf sich, daß diese selbstherrliche Isolation mit der Auflösung des Jesuitenordens durch Papst Pius VI. zusammenfiel, so daß die einzigen intimen Kenner des Himmlischen Hofes von Peking jeglicher Einflußchance beraubt waren. Kurz gesagt: die Mission des Botschafters Macartney endete mit einem totalen Fiasko. Monatelang war über die Protokollfrage verhandelt worden, ob der Beauftragte des englischen Königs sich der demütigenden Sitte des Kotau im Angesicht des Sohnes des Drachens unterwerfen sollte, dem dreimaligen Niederknien mit jeweils dreimaliger Verbeugung, bis die Stirn den Boden berührte. Der Brite lehnte das hartnäckig ab. Qian Long seinerseits konnte diesen Affront nicht dulden, war doch das höfische Zeremoniell, die Wahrung der Riten, ein unverzichtbarer Kern des konfuzianischen Systems. Die Engländer traten nach einer Serie subtiler Demütigungen die lange Rückreise nach Macao über Land an. Sie waren zornentbrannt und verbittert, wurden sich bei dieser intimen Inspektion des Riesenreiches aber auch der Schwäche des erstarrten Regimes bewußt.

Im Gefolge Macartneys hatte sich der Sohn seines Adjutanten Staunton befunden, ein intelligenter Knabe, der mit schneller Auffassungsgabe die chinesische Sprache erlernte. Staunton sollte, zum Mann gereift und mit großen Vollmachten der Krone ausgestattet, zum glühenden Anwalt englischer Machtentfaltung längs der chinesischen Küste werden, ja er trug zur Auslösung jenes Opiumkrieges maßgeblich bei, der die Ohnmacht des Himmlischen Reiches vor aller Welt bloßstellte. Immerhin war es Qian Long, der kurz nach der impertinenten Visite Macartneys seine höchste Würde auf eigenen Entschluß niederlegte. Er hatte sechzig Jahre lang regiert, und es war ihm gelungen, seinen Untertanen jene verheerenden Bürgerkriege und Bauernaufstände zu ersparen, die ansonsten die chinesische Geschichte in vier Jahrtausenden immer wieder aufgewühlt hatten. Aufgrund dieser Friedensperiode und einer klugen Agrarpolitik hatte sich die Bevölkerung des Reiches der Mitte unter diesem Mandschu-Dynasten von einhundertfünfzig Millionen Menschen um das Doppelte, auf dreihundert Millionen vermehrt. Die Zeit der großen Hungersnöte und gewalttätigen Turbulenzen war damit vorgezeichnet. Wer vermochte schon ein solches Riesenimperium zusammenzuhalten, geschweige denn wirksam zu verwalten? England zählte zur Zeit der Macartney-Mission ganze acht Millionen Einwohner. Übrigens haben damals viele Zeitgenossen die Unnachgiebigkeit des Engländers kritisiert, der seine Mission an einer Formalität scheitern ließ. Selbst Napoleon – in seiner Verbannung auf St. Helena – hat die Starrheit Macartneys getadelt. Bei gleicher Gelegenheit formulierte der gestürzte Kaiser übrigens den heute vielzitierten Satz: »China ist ein schlafender Riese; wenn China erwacht – quand la Chine s'éveillera – wird die Welt erbeben.«

In ihrer chimärischen Hinwendung zu China haben die schöngeistigen, eleganten Aufklärer des Rokoko im 20. Jahrhundert merkwürdige Nachfolger gefunden. Diesmal waren es verbohrte Ideologen, die eine betont proletarische Grobheit zur Schau trugen. Hatten sich die amerikanischen »Liberals« schon für den vermeintlichen Landreformer Mao Tsetung begeistert und den »Roten Stern über China« als leuchtendes Hoffnungszeichen gedeutet, so sollte in den sechziger Jahren ein beachtlicher Teil der aufbegehrenden jungen Intellektuellen Europas in den Sog der kommunistischen Revolution Chinas und ihres »großen Steuermanns« geraten. Das leidenschaftliche, polemische Engagement dieser jungen Abendländer, die die Dritte Welt und die Realität des Spätkolonialismus nur aus der schalen Perspektive des frustrierten Polit-Tourismus oder aus dogmatischen Broschüren kannten – man denke an den schwarzen Antillen-Franzosen Frantz Fanon –, wurde zum politischen Sturm geschürt, als der amerikanische Krieg in Vietnam ausbrach und die parallel verlaufende Absage an die Konsumgesellschaft als radikale Abwendung vom »American way of life« verstanden wurde. Im Zeichen einer Bewegung, die keinem über Dreißig trauen wollte, ließen die jungen Franzosen und Deutschen den konfuzianisch-marxistischen Greis Ho Tschi Minh hochleben. Die brennenden Dörfer Vietnams, die Napalmverbrennungen annamitischer Kinder hatten die große Entrüstung angefacht, die sich anfangs auf den Universitäts-Campus der US-Westküste austobte. Die Europäer gebärdeten sich im nachhinein konsequenter als ihre transatlantischen Kommilitonen. In Scharen vollzogen sie die Hinwendung zum Maoismus. Diese Verherrlichung einer exotischen Heilsbotschaft wurde in den sechziger Jahren gefördert durch die Desillusionierung, ja den Abscheu, den die stalinistischen Auswüchse insbesondere bei all jenen intellektuellen Franzosen hinterließen, die sich zwanzig Jahre lang durch die stramme, quasi religiöse Gängelung der roten Moskowiter hatten verführen lassen. Es war wohl kein Zufall, daß die europäische Studentenrevolte synchron zum Prager Frühling verlief. Für eine ganze Generation junger Ideologen – sehr bald kamen die »nouveaux philosophes« dazu, denen ohnehin aufgrund ihrer jüdischen Abstammung das bolschewistische Modell der Sowjetunion und dessen latenter Antisemitismus nicht geheuer sein konnten – wurde Mao Tsetung zum grandiosen, unfehlbaren Künder der Welterneuerung.

Ich erinnere mich noch, wie im Sommer 1972 die billigeren Hotels Pekings mit jungen Eiferern aus Europa gefüllt waren, die sich nicht entblödeten, die Mao-Kluft inklusive Ballonmütze anzuziehen, die Brust mit Mao-Abzeichen zu schmücken und das kleine Rote Buch wie einen Reiseführer oder eine Bibel stets in der Hand zu tragen. Die Chinesen haben sich seinerzeit über diese Konvertiten mit der ihnen eigenen grimmigen Bissigkeit amüsiert. Der Horror des »großen Sprungs nach vorn«, die entsetzlichen Entgleisungen der Kulturrevolution waren diesen Proselyten des Westens offenbar gar nicht zur Kenntnis gekommen, oder sie wurden konsequent verdrängt. Einmal mehr kam das »Licht aus dem Osten«, »der Osten war rot«, und eine gewisse akademische Wiedertäufer-Gemeinde hatte ihr Idol, ihren großen charismatischen Führer gefunden.

Nichts liegt mir ferner, als die monumentale Figur Mao Tsetungs und seine Bedeutung für die Geschichte Chinas schmälern oder reduzieren zu wollen. Doch angesichts des Erlöschens des Mao-Kultes im Westen – die »Entlarvung der Vierer-Bande« sollte ihm den Todesstoß versetzen – standen wieder einmal ideologische Waisenkinder zur Verfügung. Die Achtundsechziger – denn bei ihnen waren die Maoisten am stärksten vertreten – wurden jetzt zu militanten Antimarxi-

sten, überschlugen sich in ihren Bekenntnissen zur Menschen-
rechtsdeklaration der ausgehenden Aufklärung. Die meisten
waren in politische Abstinenz versackt oder verfielen dem
Zynismus. Nur die Unentwegten standen weiter auf dem
Sprung. Die verdienstvollen Bekenntnisse gegen jede Diskri-
minierung in einer zunehmend multirassischen europäischen
Umgebung genügten ihnen wohl nicht, ebensowenig wie die
risikolosen und langweiligen Resolutionen gegen Pinochet-
Diktatur und Apartheid-System.

Die Euro-Maoisten von einst, soweit sie noch ideologisch
zu bewegen waren, haben sich spontan und begeistert mit den
Demonstranten für Freiheit und Demokratie auf dem Platz
des Himmlischen Friedens solidarisiert. Daß die jugendliche
Widerstandsbewegung Chinas in ihrem Kern zutiefst anti-
maoistisch inspiriert war, selbst wenn diese sympathischen
Hitzköpfe sich dessen nicht ganz bewußt waren, hat den
Ex-Maoisten André Glucksmann ebensowenig angefochten
wie seine mit ihm gealterten Gesinnungsgefährten. Im Gegenteil. Durch ihre flammenden Stellungnahmen gegen das Massaker von Peking, so schien es manchmal, wusch sich eine
ganze Generation abendländischer Intellektueller von ihren
maoistischen Jugendsünden rein.

Vielleicht läßt sich durch die Erwähnung dieses weit
zurückliegenden Traumas – zu einem Teil wenigstens – der
außergewöhnliche Aufruhr der Gemüter erklären, der sich
der westlichen Medien und somit auch des von ihm gebannten
Publikums bemächtigte. Das permanente Schlachten in Beirut
war ja zur lästigen Routine geworden, und die komplizierten
konfessionellen Hintergründe des Libanon eigneten sich
schlecht für vereinfachende Kurzfassungen. Den abscheulichen Gaskrieg, den der Irak Saddam Husseins gegen die vor-
stürmenden Iraner, dann gegen die eigene Kurdenbevölke-
rung geführt hatte, hat das Regime in Bagdad ziemlich unbe-

schadet und abseits weltweiter Entrüstung überstanden. Jedenfalls wurde kein Ruf nach Wirtschaftssanktionen laut. Die brutale Unterdrückung einer Million Türken in Bulgarien und ihre versuchte Zwangsvertreibung hinderten keinen westlichen Politiker daran, nach Sofia zu reisen, und von den hingemetzelten Südsudanesen oder Somali wurde allenfalls am Rande einer humanitären Aktion gesprochen.

Aber China war für eine ganze Generation von Bekennern einmal der strahlende Leuchtturm gewesen. Die revoltierende Jugend Pekings wurde jetzt zum großen Hoffnungsträger promoviert. Man verzieh es den Erben Mao Tsetungs nicht, daß sie sich jener Methoden bedienten, die der »große Steuermann« auf unvergleichlich schrecklichere Weise ausgeübt hatte. In Paris, wo die geflüchteten chinesischen Dissidenten besonders herzliche Aufnahme und ein wirksames politisches Forum fanden, strafte man sich wohl selbst für eigene Verblendungen der Vergangenheit. Der »große Sprung nach vorn« und die proletarische Kulturrevolution waren seinerzeit von jeder seriösen Berichterstattung oder Analyse abgeschottet, der journalistischen Überprüfung systematisch entzogen worden. Eine der wenigen Ausnahmen, die Schriftstellerin Han Suyin, hatte mit ihrer unterwürfigen Tatsachenentstellung lediglich zur allgemeinen Fehlinformation beigetragen. Die Wirren und blutigen Ereignisse am Platz des Himmlischen Friedens hingegen, die sich in den heißen Maitagen und in jener fatalen Nacht vom 3. auf den 4. Juni 1989 vollzogen, unterlagen der kompletten Observation durch die massenweise in Peking vertretenen Medien. Seit dem Vietnamkrieg war kaum ein Ereignis der Gegenwart so ausgiebig und minutiös der Neugier, dem Interesse, dem aktiven publizistischen Engagement von Zeitungs- oder Rundfunkreportern sowie der Indiskretion zahlloser Kameralinsen ausgesetzt gewesen. Und dennoch bleibt so vieles im unklaren.

Geheimnisse am Tian-An-Men

Unser Begleiter Li wollte uns im Peking-Hotel einquartieren. Die meisten Zimmer standen dort leer. Die strategische Lage wäre gut gewesen, denn der Tian-An-Men war von den oberen Stockwerken einzusehen. Es gab jedoch nichts mehr zu beobachten auf diesem Platz des Himmlischen Friedens. Im übrigen war es bergab gegangen mit dem Peking-Hotel. Die meisten Zimmer erinnerten an gehobenen »Intourist«. Das Personal war durch zu langen Umgang mit ausländischen, meist amerikanischen Gästen verdorben, und das Essen galt ohnehin als mäßig bis schlecht.

Da das Hotel »Große Mauer«, ein Protzbau, der auf modernste westliche Ansprüche getrimmt ist, vom Zentrum relativ weit entfernt liegt, entschieden wir uns für das »Palace« oder »Wang Fu-Hotel«, das erst sechs Monate zuvor eröffnet worden und ebenfalls nur zu vierzig Prozent belegt war. Es mag banal, sogar versnobt erscheinen, wenn ein Berufsreisender der Wahl seiner Übernachtung eine solche Aufmerksamkeit widmet. Aber in den meisten Ländern gehört die Epoche »when the going was good«, wie Evelyn Waugh es ausdrückte, die Kontaktmöglichkeit mit der eingeborenen Bevölkerung und das unbeschwerte Leben in ihrer Mitte, der Vergangenheit an. In der Dritten Welt insbesondere verwandeln sich spätestens bei Einbruch der Dunkelheit die großen, streng abgeschirmten Hotelbauten in Zufluchtsstätten, wo man vor Belästigung, möglicherweise vor Beraubung und Schlimmerem geschützt ist. Zu Beginn des Jahres war mir dieser permanente Ausnahmezustand in Kolumbien besonders drastisch vor Augen geführt worden. In Peking waren solche Befürchtungen um die eigene Sicherheit natürlich fehl am Platze. Der Ausländer lebte – entgegen alarmierenden Gerüchten, die von den überstürzt Abgereisten ausgestreut worden waren – im Reich der Mitte so sicher wie in Abrahams Schoß.

Das Palace-Hotel mit seinem Luxus, seiner architektonischen Pracht – eine weiße Brücke war im Stil des Sommerpalastes quer durch das Foyer gespannt, die Wände waren mit Marmor bekleidet, die mächtigen verchromten Säulen strebten wie in einem Tempel hoch – verschlug mir beim Eintritt den Atem. Gewiß, das Straßenbild Pekings war alles andere als dürftig und elend, aber hier war ein raffinierter Stil üppiger Gastlichkeit entwickelt worden, wie ich ihn auf der ganzen Welt allenfalls noch in ein oder zwei Häusern angetroffen habe. Der Empfang und der Service waren perfekt. Ein halbes Dutzend philippinischer Angestellter sorgte für reibungslosen Ablauf, aber wir mußten uns gleich von Anfang an über die Effizienz, die unaufdringliche Freundlichkeit und die vorzüglichen Englischkenntnisse des chinesischen Personals wundern, das sich in diesem extravaganten Rahmen mit größter Natürlichkeit bewegte, wo es doch jeden Abend in seine erbärmlichen, engen Wohnhöhlen zurückkehren mußte.

Im Hintergrund wirkte internationales Management, das nicht müde wurde, das einheimische Personal in permanenten Schulungskursen mit den bizarren Regeln einer westlichen Luxusherberge vertraut zu machen. Deutsche Fachleute waren angeworben worden, auch in dem bayerischen Bierkeller, der gemeinsam mit einem supereleganten italienischen Restaurant kosmopolitisches Flair verbreiten sollte. Sogar ein italienischer Sänger war für die Freunde von Belcanto, Ossobucco und Chianti engagiert worden. Die weibliche Bedienung, ausgesucht hübsche und stark geschminkte Chinesinnen, war in die einst beim kommunistischen Regime streng verpönte Schanghaier Tracht des Qipao gekleidet. Sie trugen enge Kleider, am Hals mit einem hohen Kragen abgeschlossen, der Rock streifte den Knöchel, war aber längs des linken Beines in einem kühn-provozierenden Schlitz geöffnet, der hoch bis zur Hüfte reichte. Am Tage meiner Ankunft wurden zum ersten Mal wieder ausländische Zeitungen in der Ladenstraße des Untergeschosses ausgehändigt, insbesondere »New York Herald Tribune« und »South China Morning Post« aus Hongkong. Diese Gazetten berichteten schonungslos über die Welle der Heimsuchung, die über die oppositionellen Kreise der Volksrepublik niedergegangen war, und sie spekulierten freimütig über die Gewichtsverschiebungen innerhalb des Pekinger Politbüros. Man mußte sich wohl fühlen in diesem extravaganten Hotel Wang Fu. Das Szetschuan-Menü, so stellten wir bald fest, war von gehobenerer Qualität als das kantonesische Angebot. Schockierend waren lediglich die exorbitanten Preise, die in den Curio-Läden für moderne Lack- und Jade-Arbeiten verlangt wurden, sowie eine Restriktion, die mit der ansonsten zur Schau getragenen Großzügigkeit kontrastierte. Um in die supermoderne Disco eingelassen zu werden, die mit Vorliebe Video-Clips von Michael Jackson und Tina Turner über die gläserne Projektionswand flimmern ließ, mußte der Besucher einen Paß vorweisen, der ihn als Ausländer auswies. Für Angehörige der Volksrepublik war diese Kultstätte westlichen Rocks und Pops verboten, eine ärgerliche Quarantäne. So konnte man mit Sicherheit davon ausgehen, daß die asiatischen Paare, die auf der grell aufflackernden Tanzfläche ihre modischen Verrenkungen vollzogen, Japaner oder junge »Overseas Chinese« waren, denen diese Bevorzugung nichts auszumachen schien und die insgeheim in Kleidung und Auftreten einen neuen, anspruchsvollen Standard setzten für ihre weniger begünstigten Altersgenossen in der Volksrepublik.

Die geheime und wirklich aufsehenerregende Story des Palace-Hotel erfuhr ich per Zufall, und nur deshalb gehe ich so ausführlich auf dessen Vorzüge ein. Auch bei diesem aufwendigen Projekt handelte es sich natürlich um ein Joint-venture. Ein japanischer Konzern, der in Hongkong etabliert war, hatte hier investiert und war mit fünfzig Prozent am Besitz beteiligt. Die andere Hälfte gehörte der Volksbefreiungsarmee. Offenbar war diese Streitmacht des revolutionären Proletariats kapitalistischen Experimenten nicht abhold, was übrigens den um die Zukunft besorgten Investoren des Auslandes Zuversicht einflößen mag. Der militärisch-industrielle Komplex, der auch in China über Macht und Einfluß gebietet, beteiligt sich offenbar recht profitabel an der ideologischen Aufweichung und an der Abkehr vom puritanischen Sozialismus. Die Volksbefreiungsarmee – weit beweglicher und anpassungsfähiger als die Streitkräfte der Sowjetunion – hat sich in Ermangelung einer konsequenten Durchführung der Vierten, der militärischen Modernisierung auf eigene Faust ins Unternehmertum gestürzt. Die Rüstungsfabriken, die früher – fern von allen indiskreten Blicken – in entlegenen und unwirtlichen Gegenden angesiedelt waren, rücken näher auf die großen Ballungszentren zu. Sie produzieren ja heutzutage nicht nur veraltete Panzer, die unvermeidliche Kalaschnikow, elektronische Lenkungssysteme für jene in Mittelost heißbegehrten Raketen, die den niedlichen Namen »Seidenraupe« tragen. Die Waffenschmieden wurden teilweise für die Herstellung von Konsumgütern umfunktioniert und sind maßgeblich an der großzügigen Belieferung der Bevölkerung mit Farbfernsehgeräten und Haushaltsmaschinen beteiligt. Die Selbstgenügsamkeit, die Mao Tsetung einst seinen roten Partisanen predigte, hat recht merkantile Züge angenommen.

Natürlich habe ich vom ersten Tage an immer wieder versucht, den Ablauf und die Hintergründe der blutigen und revolutionären Vorgänge am Tian-An-Men zu ergründen. Dabei war ich nicht nur auf meine Kollegen, die Korrespondenten, auf die Diplomaten, die ausländischen Industrieexperten oder Kaufleute angewiesen. Der Durchschnittschinese ist hinreichend eingeschüchtert, besorgt und verbittert, um einem unbekannten Ausländer nicht auf Anhieb sein Herz auszuschütten und seiner Entrüstung freien Lauf zu lassen. Aber mit Erfahrung, Takt und sorgfältig vorbereiteten Beziehungen gelingt es dem routinierten Fernost-Reisenden dennoch, die Stimme der Einheimischen zu vernehmen, wobei natürlich sorgfältig gesiebt werden muß zwischen emotionaler Übertreibung und vorsichtigem Understatement. Jedenfalls macht ein gebildeter Chinese, wenn er Vertrauen geschöpft hat, aus seinem Herzen keine Mördergrube. So bizarr es klingen mag, ich habe keinen einzigen Augenzeugen dieser bewegten Wochen und dieser tragischen Nacht der Tian-An-Men-Revolte getroffen, der vorgab, über präzise Kenntnis des Aufruhrs und seiner diskreten Machenschaften zu verfügen. Es schien, als habe sich ein Schatten der Verbotenen Stadt wie eine Bleikapsel über das immense Planquadrat des Tian-An-Men im Herzen Pekings gesenkt. Zehntausende haben zugesehen. Niemand hat begriffen, was sich wirklich jenseits der Kulissen abspielte. Für die Fernsehjournalisten war diese Erfahrung wohl besonders enttäuschend. Sie hatten an die Allmacht, an die Transparenz schaffende, unfehlbare Wirkung des audiovisuellen Mediums geglaubt, seit der Vietnamkrieg in allen seinen Phasen über den Bildschirm in die Wohnstube des Durchschnittsamerikaners projiziert worden war und die psychische Reaktion angesichts dieser Fernost-Tragödie das streitbare Engagement des US-Bürgers zutiefst beeinflußt hatte. Das tägliche Morden im Libanon – mit voy-

euristischem Eifer in allen grausigen Einzelheiten gefilmt –
war den westlichen Mattscheibenbetrachtern so aufdringlich
und dauerhaft vorgeführt worden, daß die erste Anteilnahme
bald dem Ekel und einer anstößigen Blasiertheit wich. Das
moralische Engagement des westlichen TV-Empfängers war
überaus selektiv.

Aber hier in Peking war der Funke übergesprungen von
einer exotischen Massenveranstaltung, die sich im Vorfeld
der alten chinesischen Kaiserfestung abspielte, zum Zuschau-
erpublikum in den USA und Westeuropa. Fast schien es, als
habe eine meisterhafte Regie dafür gesorgt, daß die Pariser
Jubiläumsfeiern zum 200. Jahrestag der Französischen Revolution mit der hochaktuellen Neuinszenierung dieses menschheitsbefreienden Ereignisses in Fernost synchronisiert wurden. Aber die Halle des Volkes war keine Bastille, die Parteifunktionäre von Peking waren keine dekadenten Aristokra-
ten. Deng Xiaoping war aus einem anderen Holz geschnitzt
als Ludwig XVI. Aus den langen Gesprächen mit den Korrespondenten – welcher Couleur sie auch angehörten – klangen
immer wieder Frust und Verwunderung heraus. Da war man
hautnah an einem sensationellen Weltereignis dran gewesen
und hatte dessen Wesen dennoch nicht erfaßt. Trotz Kamera-
präsenz fehlten die enthüllenden Bilder. Das Schattenboxen,
das seit jeher zu den Praktiken des Reiches der Mitte zählte,
erschwerte jede rationale Analyse. Darüber hinaus hatte sich
das internationale Pressekorps in seiner überwältigenden
Mehrzahl mit der freiheitlichen Studenten- und Jugendbewegung inbrünstig solidarisiert. Das waren keine Beobachter
mehr, sondern engagierte Mitwirkende und Komplizen. Den
Amerikanern fortgeschrittenen Alters kam die Erinnerung an
ihre Sit-ins in den Universitäten Kaliforniens gegen den
»Quagmire« von Vietnam. Die Europäer übertrugen ihre
Begeisterung für Basisdemokratie, hemmungslose Meinungs-

freiheit, Universalität der Menschenrechte auf diese bei aller Hektik liebenswerte Veranstaltung am Tian-An-Men, wenn auch die theatralischen Gefühlsausbrüche mancher Demonstranten gelegentlich an die großen Auftritte einer Peking-Oper erinnerten. Fast alle Korrespondenten in der chinesischen Hauptstadt, die spontan und verdienstvoll die Partei der Aufbegehrenden ergriffen, hatten sich sehr weit aus dem Fenster gehängt, als sie den Sieg der Revolutionsbewegung schon als unaufhaltbaren Dammbruch schilderten und die repressive Reaktionsfähigkeit der bösen alten Männer im Politbüro unterschätzten. Nun saßen sie verbittert vor den Fax-Durchschlägen ihrer Fehlprognosen, und das verziehen sie der neuen Vierer-Bande, wie man die hohen Apparatschiks im Umkreis Deng Xiaopings bereits nannte, nicht.

Gleich am dritten Tage nach meiner Ankunft in Peking wurde ich vom stellvertretenden Außenminister Zhou Nan zu einem ausführlichen Gespräch empfangen. Wir saßen in dem üblichen Halbkreis schwerer Sessel mit Spitzendeckchen. Auf niedrigen Tischen standen abgedeckte Teetassen mit aufgeschüttetem heißen Wasser. Zhou Nan, ein Mann lebhaften Temperaments und angenehmer Umgangsformen, kam sofort auf das große Thema der Unruhe zu sprechen. Immer wieder sollte ich in der Folge feststellen, daß gerade das kommunistische Regime den Rückblick auf die Tian-An-Men-Ereignisse wie eine Obsession, wie ein Ritual wachhielt und schürte, während die Bevölkerung am liebsten zur Tagesordnung übergegangen wäre und diese Exzesse verdrängt hätte.

Der stellvertretende Außenminister trug natürlich kein einziges neues Argument vor. Immerhin zitierte er den alten Meister Konfuzius, um die brutale Intervention des Staatsapparates und die Wiederherstellung von »law and order« zu rechtfertigen. »Wie würde Präsident Bush reagieren oder Bundeskanzler Kohl, wenn im jeweiligen Regierungsviertel Tausende von Demonstranten sie mit Schmährufen traktierten und eine Abkehr vom existierenden Regierungssystem verlangen würden?« fragte Zhou Nan. Er wunderte sich über mein Gelächter, als ich ihm versicherte, daß sowohl Bush als auch Kohl solche Kundgebungen des Mißvergnügens der Massen immer wieder über sich ergehen lassen und damit leben müßten. Da wurde der Minister ernst und nachdenklich. Die Staatsautorität in China habe tatsächlich vor dem Zusammenbruch gestanden. Ob es denn tatsächlich dem Wunsch der westlichen Regierungen entsprochen hätte, wenn das Reich der Mitte von einer neuen Kulturrevolution heimgesucht, in einen Bürgerkrieg unvorstellbaren Ausmaßes hineingeschleudert worden wäre?

Auf dem Platz des Himmlischen Friedens habe ich aufmerksam nach Spuren des massiven Militäreinsatzes in der Nacht vom 3. zum 4. Juni gesucht, der zu jenem Zeitpunkt noch nicht lange zurücklag. Falls es Blutlachen gegeben hat, so waren sie längst weggespült worden. Die Soldaten, die schon im August mit der Vorbereitung des 1. Oktober 1989 beschäftigt waren, dem 40. Jubiläum der Volksrepublik, sorgten dafür, daß die Stufen zur häßlichen Gedenksäule für die Märtyrer der Revolution, die durch die Mai-Ereignisse ramponiert waren, gereinigt und ausgebessert wurden. An den Gebäuden ringsum – dem Mausoleum Mao Tsetungs, der Halle des Volkes, dem grobschlächtigen Museum für chinesische Geschichte und Revolution – waren keinerlei Einschüsse zu entdecken. Es hat auch meines Wissens niemand behauptet, daß hier Verwüstungen größeren Ausmaßes entstanden seien. Die Truppe muß im Herzen Pekings die Gewehrläufe recht niedrig gehalten haben. Wenn uns die Posten daran hinderten, den Innenhof des Museums zu betreten, so lediglich, um uns den Einblick in die hier befindlichen provisorischen Quartiere der Volksbefreiungsarmee zu verwehren.

Die ausländische Kolonie von Peking entrüstete sich zu Recht darüber, daß vorbeifahrende Soldaten mit Maschinengewehren und AK 47 mehrere Salven auf die Fassaden eines für Fremde reservierten Häuserblocks abgefeuert haben. Die Kugelspuren waren noch nicht verputzt. Mit den Reparaturarbeiten hatte man es wohl nicht eilig. Ich habe hingegen in den diversen Stadtvierteln Pekings, die keinerlei Besichtigungsbeschränkungen unterlagen, vergeblich nach Verwüstungen durch Straßenkämpfe, nach schweren Artillerieeinschlägen gesucht. Zu einem massiven Einsatz schweren Kriegsmaterials ist es offenbar nicht gekommen. Wenn der altgediente China-Experte und hochgeschätzte Journalist Harrison Salisbury – wie so mancher seiner Kollegen – in der fraglichen Nacht der Militärintervention Explosionen schweren Kalibers gehört haben will, so bleibt diese Behauptung unerklärlich. Das Hochgehen einiger Benzintanks war vielleicht mit einem Bombardement verwechselt worden. Der westlichen Beobachter hatte sich ohnehin eine grenzenlose Nervosität bemächtigt. Aufgeregte Amerikaner berichteten von einem himmelschreienden Massaker in der Beida-Universität zu einem Zeitpunkt, als die Armee sich noch hütete, diese Keimzelle revolutionären Aufbegehrens zu betreten. Salisbury, der Anfang Juni die Hauptstadt in Richtung Wuhan verließ und dort die deprimierte Stimmung, die defätistische Passivität der Bevölkerung beschrieb, war von der panikähnlichen Stimmung der ansässigen Westler offenbar so infiziert, daß er allen Ernstes von möglichen Geiselnahmen durch repressive Sicherheitsorgane zu phantasieren begann, sich selbst als potentieller »hostage« in Gefahr sah und nur noch danach trachtete, das Territorium der Volksrepublik, das ihm doch so vertraut war, eiligst zu verlassen. Mag sein – und man verzeihe mir diese skeptische Bemerkung –, daß den in Peking akkreditierten Journalisten, die weder den Vietnamkrieg noch das

Massaker im Libanon oder das Massensterben in den Sümpfen des Schatt-el Arab erlebt hatten, die militärische Erfahrung fehlte. Das Knattern der Kalaschnikow klang in ihren Ohren wie eine Materialschlacht, oder – wie ein abgebrühter Franzose es ausdrückte – der Lärm dieser brutalen und widerlichen Polizeiaktion gegen unbewaffnete Zivilisten wurde zu einem »fernöstlichen Verdun« aufgebauscht.

Zahllose Geheimnisse bleiben ungeklärt. Das Versagen der chinesischen Sicherheitsorgane war offenkundig. Weder die Armee noch die bewaffneten Sondereinheiten der Sicherheitspolizei – inklusive jener Spezialtruppe 341, die die höchsten Parteibehörden im Zhongnanhai beschützt und mehrfach die Demonstranten von diesem »Allerheiligsten« im westlichen Seitenflügel der Verbotenen Stadt abdrängen mußte – waren offenbar auf die unblutige Niederwerfung eines Volksaufruhrs vorbereitet oder dafür ausgerüstet. Weder standen Wasserwerfer in halbwegs ausreichender Zahl und funktionstüchtigem Zustand zur Verfügung, noch wurde Tränengas konzentriert genug eingesetzt, um Wirkung zu erzielen. Lange vor den Tian-An-Men-Ereignissen hatte eine hochrangige Mission der Volksbefreiungsarmee bei einem Besuch in Bonn den zuständigen Staatssekretär auf der Hardt-Höhe gefragt, wie denn die Bundeswehr gegen schwer kontrollierbare Massenkundgebungen vorgehe, was dort höchste Verwunderung und die händeringende Versicherung ausgelöst hatte, nicht das Verteidigungs-, sondern das Innenministerium sei in Westdeutschland für die Bewältigung solcher Probleme zuständig.

Nach unserer Inspektion des Tian-An-Men-Platzes waren wir durch die Innenhöfe des Kaiserpalastes gebummelt. Groß war meine Überraschung, als dort ein Zug Infanterie in gesprenkelten Tarnuniformen zum Exerzieren antrat und nicht gerade durch zackige Befehlsausführung auffiel. Geradezu schockiert war ich durch das dilettantische, groteske Verhalten einer Gruppe Polizeioffiziere. Umringt von Besuchergruppen und spielenden Kindern hatten sie zwei Pappfiguren aufgestellt und veranstalteten mit ihren Pistolen fingierte Schießübungen. Gewiß, die Waffen waren ungeladen, aber bei keiner Truppe der Welt hatte ich bisher eine solche Leichtfertigkeit im Umgang mit Schießgerät festgestellt. Die Disziplin ließ in jeder Hinsicht zu wünschen übrig bei diesen Ordnungshütern, die, im Herzen der Verbotenen Stadt stationiert, zweifellos einer Eliteeinheit, einer Art chinesischer GSG 9 angehören mochten. In den folgenden Wochen sollte mir immer wieder auffallen, daß Soldaten und Polizisten, wenn sie nicht gerade auf Posten standen, die Hände in den ausgebeulten Hosentaschen vergruben, die Tellermütze schräg auf dem Kopf trugen und – wie bei dieser unverantwortlichen Zielübung hinter dem großen Friedenstor – eine geradezu provozierende Lässigkeit an den Tag legten. Doch über die Ungereimtheiten der glorreichen Volksbefreiungsarmee wird noch zu berichten sein.

Ist das herrschende kommunistische Regime in eine Krise hineingestolpert, deren Ausmaße es anfangs völlig unterschätzt hatte? Hat man ganz bewußt die Kundgebungen auf dem Tian-An-Men eskalieren, ja ausufern lassen, um einen Vorwand zum gewalttätigen Eingreifen zu haben? Darüber wird noch lange spekuliert werden, und die eine Hypothese schließt die andere nicht aus. Die offiziellen Chinesen waren sicherlich nicht mit Blindheit geschlagen. Sie waren in den vergangenen Jahren oft genug gegen die Knüppelmethoden der südkoreanischen Polizei propagandistisch Sturm gelaufen. In den unzähligen Straßenschlachten, die in Seoul oder Pusan schwergewappnete Ordnungskräfte gegen revoltierende und höchst aggressive Studenten ausfochten, wurde erbarmungslos mit schweren Bambusstöcken dreingeschlagen, ätzendes

Tränengas verspritzt und geprügelt, als gelte es, im National-sport Taekwondo eine Medaille zu gewinnen. Doch die Todesfälle waren relativ selten bei diesen spektakulären Einsätzen, die den Schlachten des japanischen Samurai-Films »Kagemusha« alle Ehre gemacht hätten. Selbst im gesitteten, mit britischem Phlegma verwalteten Hongkong hatten mir ein paar britische Fernost-Veteranen versichert, die dortige »Riot-Police« hätte den Platz des Himmlischen Friedens mit großer Effizienz, ohne viel Aufhebens und ganz leger zu räumen vermocht. Warum war in Peking alles schiefgelaufen? Warum war man in diese Katastrophe geschlittert?

Dabei stand das Politbüro nicht vor seiner ersten Belastungsprobe. Es war schon mit vergleichbaren Existenzkrisen am gleichen Ort konfrontiert worden. Zumindest hätte die Spitze der KP Chinas aus jenen Massendemonstrationen lernen müssen, die vor dem Denkmal der Revolutionshelden im April 1976 des eben verstorbenen Ministerpräsidenten Zhou Enlai gedacht hatten. Das Mahnmal war schon damals mit weißen Kränzen und Blumengebinden überhäuft worden. Der Protest richtete sich 1976 gegen die Vierer-Bande, die – von Jiang Qing, der allmächtig scheinenden Frau Mao Tsetungs gesteuert – die Kulturrevolution verewigen und den permanenten Umsturz institutionalisieren wollte. Mao war in seine lange Agonie eingetreten, aber das Charisma dieser überdimensionalen Kaiserfigur war noch so wirksam, daß die Auflehnung der Massen in sich zusammenbrach. Deng Xiaoping, der diesen Aufruhr aus dem Hintergrund gesteuert hatte und der also über ausreichende eigene konspirative Erfahrung verfügte, um sie auch anderen zu unterstellen, wurde zu jener Zeit zum zweiten Mal aus der Parteiführung ausgeschlossen und mußte untertauchen. Dennoch war das Schicksal der Vierer-Bande von jenem Trauertag um Zhou Enlai an besiegelt. Als ich drei Monate später, aus Hanoi kommend, in

Peking eintraf, war die Atmosphäre des »fin de règne« geradezu physisch spürbar. Mao lag im Sterben. Schreckliche Erdbeben hatten die Hauptstadt und diverse Industriezentren im Norden heimgesucht. Schwarzes Wasser sei aus dem wogenden Boden herausgebrochen, und jene mythischen Drachen, die, den Geomantikern und dem Volksglauben zufolge, in der Tiefe schlummern, diese Symbole der Macht und des Glücks, die aus keiner chinesischen Kulthandlung wegzudenken sind, hätten ihren Zorn über den rechtlosen Zustand im Reich der Mitte durch zerstörerische Bewegungen kundgetan.

Im Frühjahr 1989, genau dreizehn Jahre später, lief ein sehr ähnliches Szenario ab. Der frühere Parteichef Hu Yaobang war einem Herzinfarkt erlegen. Zuvor war er vom Politbüro gemaßregelt und seiner führenden Stellung beraubt worden, weil man ihm vorwarf, er wolle den Trend zur Modernisierung, die Hinwendung zu marktwirtschaftlichen Prinzipien, aber auch die politische Liberalisierung nach westlichem Vorbild auf die Spitze treiben. Hu Yaobang, so hieß es, habe die verkrusteten chinesischen Gewohnheiten so weit verändern wollen, daß er am liebsten die üblichen Eßstäbchen durch Messer und Gabel ersetzt hätte. Die alte Garde um Deng Xiaoping, der den Aufstieg Hus ursprünglich begünstigt und abgeschirmt hatte, war dem Reformer in die Arme gefallen und hatte ihn kaltgestellt, eine bremsende Maßnahme, die angesichts der Überhitzung der Wirtschaft, des Ansteigens der Inflation, der wachsenden Unsicherheit, ja des Verfalls staatlicher Autorität, die in vielen Provinzen zu spüren war, in den Augen des ZK durchaus begründet schien. Doch die Studenten von Peking erhoben Hu Yaobang, in dem sie den Vorkämpfer einer konsequenten »Verwestlichung« sahen, nunmehr zu ihrer Leitfigur. Bei den Veteranen des »Langen Marsches«, die in allen Formen der Verschwörung und der Intrige bewandert waren, stellte sich der Verdacht ein, daß geheime und verderbliche Kräfte am Werk waren, daß die jungen Leute diesmal ebenso manipuliert wurden wie ihre Vorläufer im April 1976, als der Leichnam Zhou Enlais für den Kampf gegen die Vierer-Bande herhalten mußte.

Als Generalsekretär war Hu Yaobang bereits im Dezember 1986 ausgebootet worden, nachdem die akademische Jugend erst in Schanghai, dann in Peking gewissermaßen eine Generalprobe für den Aufruhr des Frühlings 1989 veranstaltet hatte. Er wurde im Januar 1987 gegen Zhao Ziyang ausgewechselt, einen Reformer mit dem Ruf des rechten Maßes, den Deng Xiaoping auf den Schild gehoben hatte, weil er viel geschickter taktierte als der ungeduldige Hu. Schon damals hatten die Betonköpfe im Politbüro eine Kampagne gegen den bourgeoisen Liberalismus gefördert. Die umstürzlerischen, auf totale Gleichheit gerichteten Gewaltkuren, die Mao Tsetung dem Reich der Mitte verschrieben hatte, waren in verschiedenen Wellenbewegungen, besser gesagt in zerstörerischen Springfluten verlaufen. Auch die Hinwendung zur »Demokratisierung« – welche unausgegorenen Vorstellungen auch immer mit diesem Schlagwort verbunden sein mochten – schien in rhythmischen Abständen, wenn auch in sanfterem Pendelschlag abzulaufen.

Vermutlich wird Hu Yaobang bald vergessen sein. Er hatte gar nicht die Muße, ein politisches Idol zu werden. In den Buchabteilungen der Pekinger Kaufhäuser lag paradoxerweise eine durchaus positive Biographie dieses kurzlebigen Generalsekretärs knappe zwei Monate nach dem fatalen 4. Juni 1989 aus. Das Buch war im Handumdrehen vergriffen – ganz ähnlich wie eine Studie über die Beziehungen Maos zu seiner Frau Jiang Qing, die angeblich sehr unkonventionell abgefaßt war. An Hu Yaobang gemessen war Zhou Enlai von ganz anderem Format. Er war der einzige gewesen, der Mao Tsetung in dessen bilderstürmerischem Elan hatte bremsen können. Er war der letzte Rekurs gegen die tollwütigen Ideologen der Kulturrevolution. Im Sommer 1972 war ich Zhou inmitten einer großen Delegation vorgestellt worden. Er beeindruckte mich durch sein mandarinales Auftreten. Sein Gesicht – er wirkte auf mich wie ein asiatischer Karajan – hob sich aristokratisch von der übrigen, sehr bäuerlich geprägten Nomenklatura ab. Er bewegte seine schwarzen chinesischen Pantoffeln mit der Geschmeidigkeit einer Katze. Hu Yaobang hingegen, der westliche Kleider im betonten US-Look bevorzugte, hatte über keine vergleichbare Ausstrahlung und natürlich auch nicht über die historische Legitimation eines Zhou Enlai verfügt, der aus der Geschichte des chinesischen Kommunismus, aus dem Krieg gegen die Japaner und vor allem aus den überaus geschickt geführten Verhandlungen mit der Kuomintang Tschiang Kaisheks nicht wegzudenken ist.

Die Studenten am Tian-An-Men-Platz waren um Widersprüche nicht verlegen. Ihr Kampflied war die Internationale, die verstaubte Hymne des proletarischen Aufbruchs. Sie traten unter roten Fahnen an wie ihre Vorläufer, die Rotgardisten der Kulturrevolution. Oft hefteten sie sich als Zeichen des Protestes sogar Medaillen mit der Abbildung Mao Tsetungs an den Hemdkragen, obwohl sie den strengen Vorstellungen des »großen Steuermannes« mit größter Distanz hätten begegnen müssen. In Wirklichkeit schwärmten diese jungen Menschen, die des Marxismus-Leninismus, aber auch der Mao-Tsetung-Gedanken zutiefst überdrüssig waren, von einer Konsumgesellschaft amerikanischen Zuschnitts. Sie hatten mit Begeisterung auf das Perestroika-Experiment Gorbatschows geblickt und wollten nicht wahrhaben, daß dieses Umstrukturierungsexperiment der Sowjetunion zwar eine begrenzte politische Liberalisierung, aber auch eine heillose Verschlechterung der ohnehin dürftigen Lebensbedingungen Rußlands bewirkt hatte.

Die Studentenbewegung, der sich Hunderttausende von Einwohnern Pekings anschlossen und die wie ein Präriebrand auf sämtliche Universitätsstädte Chinas übergriff, wollte angeblich den Führungsanspruch der Kommunistischen Partei nicht in Frage stellen. De facto stand sie jedoch im Begriff, dieses Monopol zu brechen. Aber die KP Chinas war aus einem anderen Holz geschnitzt als jene Satellitenparteien, die Moskau nach 1945 in den osteuropäischen Vasallenstaaten auf der Spitze russischer Bajonette installiert hatte. Die Kommunisten Chinas waren »aus eigener Kraft« in einem endlosen, unerbittlichen Überlebenskampf zur Macht gelangt. Ihre Kader und Kommissare hatten das Riesenreich der Mitte in jene lückenlose Organisationsstruktur gepreßt, von der das uralte Kaiserreich seit dem Mao-Vorläufer Qin Shi Huangdi – er lebte im 3. Jahrhundert v. Chr. – stets geträumt hatte. Mochten die entrüsteten Städter, die der achtzigjährigen Greise des Politbüros überdrüssig waren, und vor allem die aufsässigen Südchinesen sich gegen die neuen »Mandschu« des Nordens aufbäumen, diese Männer verfügten über die leninistische Praxis der Massenbeherrschung, gepaart mit dem ererbten Instinkt für absolute kaiserliche Zentralautorität. Als der Tumult am Tian-An-Men nicht aufhören wollte, sondern sich aufheizte, benutzten ein paar erfahrene Drahtzieher die Abwesenheit des reformwilligen Generalsekretärs Zhao Ziyang, der in Verkennung der Krisensituation eine Reise nach Nordkorea unternommen hatte, um ihn zu diskreditieren und seine Ablösung einzuleiten.

Welche Koalitionen sich in jenen stürmischen Tagen gebildet haben, welche Bündnisse geschlossen wurden, wird sich stets der Kenntnis der Außenstehenden entziehen. Wenn schon die Vorgänge im SED-Politbüro von Ostberlin ungewiß blieben und die Kreml-Astrologen in ihren Prognosen meist versagt haben, bewegen sich die Mutmaßungen über die

Machtverhältnisse im Zhongnanhai vollends im Nebel. Der neu berufene Ministerpräsident Li Peng, ein Adoptivsohn Zhou Enlais übrigens, der in der Sowjetunion ausgebildet wurde und deshalb von vielen als Stalinist eingestuft wird, ist zur Zielscheibe des Volkshasses, zum Symbol eisiger Menschenverachtung geworden. Zweifellos wirkt dieser hochmütige Mann, der sich bei seinen Treffen mit westlichen Gesprächspartnern gern mit ausgesuchter Eleganz kleidet, wie ein Zyniker. Es gehörte kaltblütige Entschlossenheit dazu, sich dem Aufbegehren des Volkes radikal zu widersetzen und am Ende sogar das Kriegsrecht über Peking zu verhängen. Alles deutet jedoch darauf hin, daß Li Peng nicht die beherrschende Schlüsselfigur ist. Seit sein Name mit dem Blutvergießen des 4. Juni unlösbar besudelt ist, sind seine Aussichten gering, eine dominierende Position zu erringen.

Der 4. Mai 1989 dürfte ein Wendepunkt gewesen sein. Partei und Regierung hatten die Kontrolle über das Zentrum der Hauptstadt verloren. Die Polizeikordons wurden von einer friedlichen, aber resoluten Menge, die keine Gegenwehr duldete, abgedrängt. Am 4. Mai 1919, siebzig Jahre zuvor, hatte sich ein beziehungsreicher Präzedenzfall ereignet. Schon damals waren die Studenten Pekings vor den Eingang der Verbotenen Stadt gezogen und hatten dort gegen jene Klauseln des Versailler Vertrages angetobt, die den Japanern die früheren Kolonialbesitzungen des Wilhelminischen Reiches auf der Shandong-Halbinsel in die Hände spielten. Das Volk hatte spontan auf seiten der jungen Akademiker gestanden, und im Hintergrund dieses Aufbegehrens hatte sich eine folgenschwere Entwicklung angebahnt. Am 4. Mai 1919, so wird heute etwas vereinfachend überliefert, bildeten sich die ersten marxistischen Zellen, fanden die ersten Kaderfiguren der proletarischen Revolution zusammen, wurde die Kommunistische Partei Chinas aus der Taufe gehoben. Siebzig Jahre später, so hofften viele westliche Beobachter, aber auch viele Chinesen, würde das Ende der sozialistischen Autokratie eingeleitet. Der Ruf nach Freiheit und Pluralismus, dem sich jetzt sogar die bislang so unterwürfigen Redakteure der kommunistischen Parteipresse anschlossen, mußte zwangsläufig in eine radikale Veränderung der politischen Strukturen Chinas einmünden. Während die nationalchinesischen Behörden von Taiwan in diesen Tagen des Brodelns eine bemerkenswerte Zurückhaltung an den Tag legten, wurde der US-Sender »Voice of America« mit seinen Sendungen in chinesischer Sprache zum Parolenträger des ideologischen Umbruchs. In Hongkong wurden gewaltige Summen gespendet, nicht nur von den dortigen Kapitalisten, sondern auch von kleinen Leuten, um den bedrängten jungen Aufrührern von Peking die Mittel zum Ausharren zu verschaffen. Die Zelte, die alsbald auf dem Tian-An-Men aufgestellt wurden und insbesondere die Hungerstreikenden vor der glühenden Sonne schützten, wurden gratis aus der Kronkolonie geliefert.

Was mag in jenen Tagen in Deng Xiaoping vorgegangen sein? Angesichts dieser unübersehbaren Menge, die auf dem Platz des Himmlischen Friedens wogte, müssen ihn düstere Erinnerungen heimgesucht haben. Gewiß, es ging in jenen Wochen freundlich und fröhlich zu wie bei einem gewaltigen Volksfest. Schimpfrufe wurden im Chor allenfalls gegen die Korruption der hohen Parteifunktionäre und deren Vetternwirtschaft ausgebracht, wobei die Studenten der Pekinger Elite-Universitäten doch hätten bedenken sollen, daß viele der Ihren aus eben diesen privilegierten Kreisen der Nomenklatura hervorgegangen waren. Persönlich geschmäht wurde anfangs lediglich der Ministerpräsident Li Peng, der sich nicht scheute, auf einen harten Kurs gegen die Unruhestifter zu drängen. Viel verhängnisvoller wirkte sich der Einfluß des greisen Staatspräsidenten Yang Shankun aus, der keine

Unordnung dulden wollte, Deng Xiaoping zur Härte ermahnte und dank seiner intimen Familienbande in den Kommandostellen der Volksbefreiungsarmee der wirkliche Anstifter der Repression gewesen sein dürfte. In ihrer Euphorie schienen die jungen Leute des Tian-An-Men diese bedrohliche Konstellation gar nicht zur Kenntnis zu nehmen.

Deng Xiaoping muß Widerwillen empfunden haben angesichts der Ausgelassenheit der Massen. Ihm waren noch die Schreckensszenen aus dem Jahre 1966 gegenwärtig, als Mao Tsetung den schäumenden Rotgardisten die Weisung gab, das Hauptquartier der Partei zu bombardieren, die Hetzjagd auf jene hohen Funktionäre zu beginnen, die den alten Steuermann weitgehend entmachtet und sich um den »chinesischen Chruschtschow«, Liu Shaoqi, und dessen Weggefährten Deng Xiaoping geschart hatten. Nachträglich haben chinesische Dissidenten, die über Hongkong nach Paris und New York flüchten konnten, behauptet, die Ausschreitungen der Volksbefreiungsarmee in der Nacht zum 4. Juni und in den folgenden Tagen hätten das Wüten der Kulturrevolution in den Schatten gestellt. Das ist eine grobe Verzerrung. Der Unterschied bestand zunächst darin, daß es kaum westliche Augenzeugen bei den Ausschreitungen der Rotgardisten gab. In den Jahren der »großen proletarischen Kulturrevolution« dürften Millionen Menschen ums Leben gekommen sein. Doch zu jener Zeit standen Mao Tsetung und seine wilden jungen Gefolgsleute ja in hohem Ansehen bei den intellektuellen Snobs und Möchtegern-Revolutionären des Okzidents. Da wollte man in Europa und Amerika nicht zur Kenntnis nehmen, daß die erlesensten Kunstschätze des alten China – vom Kaiserpalast in Chengdu bis zu den Lama-Klöstern Tibets – dem Erdboden gleichgemacht wurden, daß Verwüstungen angerichtet wurden, an denen gemessen der Raubzug Lord Elgins oder die Brandschatzung des Sommerpalastes durch die europäische Kolonial- Soldateska zum Randereignis wurden.

Alle Kader und Funktionäre der Volksrepublik, der gesamte Apparat der Kommunistischen Partei, mußten 1966 um ihr nacktes Überleben bangen. Das mindeste, was ihnen drohte, war die Verschickung aufs Land, wo sie die schmutzigsten Arbeiten verrichteten und in den sogenannten Kader-Schulen des »7. Mai« einer stumpfsinnigen Gehirnwäsche unterzogen wurden. »Drei Jahre lang, so erzählte mir einer der Überlebenden dieser kollektiven Demütigung, traten wir jeden Morgen vor der Statue Mao Tsetungs zum huldigenden Tanz an. Dann mußten wir unseren ideologischen Lehrmeistern im Brustton der Begeisterung von der bevorstehenden Arbeit des Tages, dem Transport von Exkrementen, dem Düngen der Felder vorschwärmen. Am Abend kehrten wir körperlich gebrochen in unsere eisigen und feuchten Sammelhütten zurück, und wiederum mußten wir tiefe Genugtuung vortäuschen und in hohen Worten diese Schinderei preisen, durch die wir uns geläutert und gestählt fühlten, weil wir ja ›vom Volk gelernt hatten‹.«

In jenen dramatischen Monaten der hemmungslosen Entfesselung und Menschenjagd war Deng Xiaoping wie ein Geächteter unter der spitzen Schandkappe durch die Straßen getrieben, beschimpft und bespuckt worden. Sein Bruder beging Selbstmord, um dieser Quälerei zu entgehen. Der Sohn Dengs wurde so brutal zusammengeschlagen, daß er heute noch querschnittgelähmt ist. Mag sein, daß in den verheißungsvollen Tagen des Mai und Juni 1989 auf dem Tian-An-Men-Platz eine solche Entwicklung zur Gewalttätigkeit, ein solches terroristisches Ausarten, ein solches Abgleiten in den Horror unvorstellbar waren. Im Gegensatz zur egalitären Tollwut der Rotgardisten war hier der edle Ruf nach Freiheit und Demokratie aufgebrandet. Aber auch die Rotgardisten waren seinerzeit zutiefst davon durchdrungen gewesen, daß sie einem großen, einem glorreichen Ziel dienten, daß die Gesellschaft Chinas extrem erneuerungsbedürftig war, daß lediglich die »Rinder-Teufel und Schlangen-Geister« der Reaktion, wie Mao Tsetung sie nannte, ausgetrieben, gewissermaßen exorzisiert werden mußten.

Ganz harmlos und ungefährlich kann es auch im Frühjahr 1989 nicht zugegangen sein, als die Autobusse zu Barrikaden aufgetürmt, die reguläre Polizei neutralisiert und eine Volksherrschaft proklamiert wurde, der die elementarsten Instrumente der Selbstkontrolle fehlten. Es wäre doch sehr verwunderlich gewesen, wenn in einer Zehn-Millionen-Stadt wie Peking, die angeblich eine Million junger Arbeitsloser zählte, nicht auch Gruppen von Rowdies und Schlägern auf ihre Stunde gewartet hätten. Bei der Pariser Mai-Revolte von 1968, die gelegentlich als Referenz und Vergleich zitiert wird, waren in der letzten Phase der gewalttätigen Auseinandersetzung mit Gendarmen und Polizei die schöngeistigen Studentenorganisationen ins Abseits geraten. An ihre Stelle traten die »Katangais«, proletarische Außenseiter aus der Banlieue, »Loubards«, wie man später sagen sollte, die im Gegensatz zu den Bürgersöhnen aus Passy und Neuilly größten Spaß an der Prügelei und am Einschlagen von Schaufenstern empfanden. Wie lange hätte es gedauert, bis auch in Peking unkontrollierbare Elemente aus den sozialen Randschichten sich nach vorne gedrängt, die idealistische Reformbewegung der Akademiker mit chaotischer Zerstörungswut aufgeladen hätten?

Einige ausländische Korrespondenten hatten anfangs über die politische Naivität der Studenten berichtet, über ihren Mangel an Konzeptionen, ihre Unfähigkeit, im Falle einer Durchsetzung ihrer verschwommenen Forderungen an konkrete Realisierungen heranzugehen. Nach dem Massaker des 4. Juni waren solche Zweifel verpönt. Ein hoher

Blutzoll war im Namen der Freiheit entrichtet worden. Nun war für nörgelnde Skepsis kein Platz mehr. Im Gegensatz zu den Pariser Mai-Unruhen des Jahres 1968, wo kein einziges Menschenleben zu beklagen war, also keine nachträgliche Sakralisierung aufkommen mochte, mutet es heute schon fast wie ein Frevel an, das Aufbäumen der Pekinger Studenten einer kritischen Analyse zu unterziehen. Sehr viel später sprachen sich die Entgleisungen herum, die sich zur gleichen Zeit in Szetschuan, in der Heimatprovinz Deng Xiaopings und Zhao Ziyangs, abgespielt hatten. Dort waren Zehntausende von Studenten und Arbeitern durch Polizeieinsatz und Tränengasschwaden ohne Blutvergießen zerstreut worden. Aber in der Nacht zum 5. Juni traten ganz andere, radikale Unruhestifter an, arbeitslose Jugendliche aus den umliegenden Agrargebieten. Sie fielen in die Innenstadt ein, steckten die Verwaltungsbauten in Brand, plünderten Geschäfte und Kaufhäuser. Diese wirren Rabauken reihten sich – ohne es zu wissen – in jene lange Reihe von bäuerlichen Aufständen gegen die Zentralgewalt ein, die das Reich der Mitte seit seinen Anfängen immer wieder aufgewühlt haben, von den Banden der »Roten Augenbrauen«, von den »Gelben und roten Turbanen« bis hin zur Taiping-Revolte des 19. Jahrhunderts, die mindestens zwanzig Millionen Todesopfer forderte, und zu jener Boxer-Bewegung des Jahres 1900, die sich anschickte, alle westlichen Einflüsse blutig auszumerzen, ehe sie unter den Kartätschen der herbeigeeilten Kolonialtruppen zusammenbrach.

Stets wurde die demokratische Feststimmung des Tian-An-Men an den aufklärerischen, parlamentarischen Postulaten des Westens gemessen. Kaum jemand verwies darauf, daß China – den Aussagen seiner eigenen Führung gemäß – weiterhin Bestandteil der Dritten Welt blieb und sich dessen rühmte. Nun läßt sich über diesen nebulösen Sammelbegriff der »Dritten Welt« ohnehin streiten, und nichts wäre abwegiger, als das Reich der Mitte, Nährboden einer der ehrwürdigsten Menschheitskulturen, mit gewissen staatlichen Neuschöpfungen zu vergleichen, die in einem Satz aus der Steinzeit in das Jet-Age geschleudert wurden. Dennoch dürfen an Asien keine europäischen oder amerikanischen Maße angelegt werden. So erinnere ich mich an das Jahr 1970, als in Kambodscha die Studenten von Phnom-Penh, ebenfalls freundliche, wohlerzogene junge Leute aus guten Verhältnissen, den Prinzen Sihanouk stürzten und an der Seite der US-Army gegen die kommunistischen Vietnamesen und deren obskure kambodschanische Vasallen – man sprach damals noch kaum von den »Roten Khmer« – in den Kampf ziehen wollten. Was damals mit dem väterlichen Segen des Generals Lon Nol wie eine Volksbelustigung und eine friedliche Absage an die monarchische Autokratie Sihanouks begonnen hatte, sollte binnen weniger Tage in ein fürchterliches Gemetzel an wehrlosen vietnamesischen Zivilisten und politischen Gegnern umschlagen. Am Ende stand das Erstarken der finsteren Steinzeit-Kommunisten eines gewissen Pol Pot, jener »Roten Khmer«, die in den Dschungeln und Grenzgebirgen auf ihre Stunde warteten. Am Ende stand der Untergang Kambodschas.

Die schrecklichen Auswüchse der maoistischen Kulturrevolution habe ich nicht an Ort und Stelle erlebt. Ich befand mich 1966 in Vietnam, war gerade mit dem Hubschrauber in einer vorgeschobenen Stellung der US-Marines am 17. Breitengrad abgesetzt worden, als mir ein junger deutscher Kollege begegnete, dessen Name mir entfallen ist und der wenige Jahre später an einer tückischen Krankheit starb. Dieser Freelance-Journalist stand noch unter dem Schock einer Chinareise, die er gerade als Tourist absolviert hatte. Er war in Wuhan vom Ausbruch der Kulturrevolution überrascht worden, hatte sich zu Recht als Ausländer bedroht gefühlt, sich in seinem Hotelzimmer eingeschlossen und mit Entsetzen erlebt, wie Scharen von Beamten, Partei-Kadern und Intellektuellen in schimpflichen Opferzügen durch die Straßen gepeitscht wurden. Das Schrecklichste sei das unaufhörliche Dröhnen der Trommeln und Gongs, das hysterische Geschrei der Menge gewesen. Sie klangen diesem unfreiwilligen Zeugen immer noch in den Ohren, obwohl gerade in dieser Nacht am 17. Breitengrad die amerikanischen Bomber ihre Fünfhundert-Kilo-Bomben und ihre Napalm-Behälter über den nördlichen Dschungelhöhlen abkippten und in den Stellungen der Nordvietnamesen schauerliche Brände entfachten.

Als ich 1972 offiziell nach China einreiste und die Erlaubnis erhielt, quer durchs Land zu reisen, waren die mörderischen Exzesse der Kulturrevolution längst abgeflaut. Aber der Schrecken wirkte fort. Das Wüten der Rotgardisten hatte eine unterwürfige Mentalität erzwungen. Der Personenkult, die Verehrung Mao Tsetungs nahmen groteske, idolatrische Formen an. Das kleine Rote Buch, die maoistische Bibel der Rotarmisten, wurde dem ausländischen Besucher, in zahllose Sprachen übersetzt, in die Hand gedrückt. Damals tanzten in Schanghai noch die Schulkinder vor einem riesigen Mao-Porträt, als wollten sie rhythmisch zu einem Götzen beten. Sie verbeugten sich vor einer Abbildung der Verbotenen Stadt und sangen das Lied: »Wir lieben und verehren den Platz des Himmlischen Friedens, weil dort unsere goldene Sonne, der Steuermann Mao Tsetung, lebt.« Daneben exerzierte im Ballettschritt eine Kindergarten-Gruppe drei- bis fünfjähriger Knaben, mit Ballonmützen und rotem Stern als Rotgardisten kostümiert, hantierte bedenklich mit Spielzeuggewehren und Bajonetten und forderte im Chor, daß alle Feinde der großen Kulturrevolution der Vernichtung anheimfallen sollten.

Im gleichen Jahr 1972 wurde mein Antrag, die Provinz Szetschuan aufzusuchen, kategorisch abgelehnt. »Dorthin lassen wir Sie bestimmt nicht reisen«, sagte mir ein hoher Parteifunktionär in Schanghai. Acht Jahre später, als ich Tschungking und Chengdu, die beiden großen Städte dieses riesigen Alluvionsbeckens des oberen Yang Tsekiang, intensiv besichtigte und dort zwei Fernsehfilme produzierte, äußerten sich meine offiziellen Begleiter ganz offen über die scheußlichen Ereignisse, die sich in ihrer Region abgespielt hatten. Die jungen Rotgardisten hatten sich maßloser Ausschreitungen schuldig gemacht, die Produktion der Fabriken gelähmt und die Bauern drangsaliert. Am Ende standen Ruin und Hungersnot. Da griffen die Arbeiter zu den Waffen. Die verschüchterten Parteiinstanzen flehten die Kommandeure der Volksbefreiungsarmee an, gegen die unerträgliche Willkür der jugendlichen Horden vorzugehen. In Tschungking insbesondere ist es beim Einsatz der Soldaten zu regelrechten Straßenschlachten gekommen, deren Spuren noch im Sommer 1980 deutlich zu sehen waren. Die Rotgardisten haben damals einen hohen Blutzoll entrichtet. In der südlichen Provinz Guangxi seien damals unter ähnlichen Umständen fünfundzwanzigtausend fehlgeleitete Jungrevolutionäre von den Streitkräften erschossen worden. Am Ende sah selbst der alte Zauberer Mao ein, daß er sich dieser Plage entledigen mußte.

Der »große Steuermann« desavouierte seine treuesten und maßlosen Jünger. Die Rotgardisten wurden geopfert. Natürlich waren sie enttäuscht und verbittert. Jetzt wurden sie buchstäblich in die Wüste geschickt. Sie sollten ferne Steppenzonen, vor allem in Sinkiang, urbar machen. Sie sollten die Volksrepublik verschonen mit den Auswüchsen ihres revolutionären Vernichtungswahns. Kein Wunder, daß diese verratene, diese verlorene junge Generation später dem Zynismus anheimgefallen ist.

Ende August 1989 ging das Gerücht in Peking um, der 85jährige Deng Xiaoping liege im Sterben. Manche behaupteten, er sei schon tot. Da die offiziellen Dementis auf sich warten ließen, entstand der Eindruck, das chinesische Staatsschiff treibe nun steuerlos auf den Wogen seiner internen Konflikte. In Wirklichkeit hatte sich der kleine, harte Mann in den See-Kurort Beidahe zurückgezogen und versuchte Kräfte zu sammeln. Überraschend tauchte er frisch gebräunt im Fernsehen wieder auf, und nun setzten die Mutmaßungen über seine Nachfolge ein. Im Zeichen der »Normalisierung« wurde für diesen Überlebenden des »Langen Marsches« jetzt energisch Reklame gemacht. Die Gesammelten Werke Dengs, eine Anhäufung belangloser Reden in dürftiger Funktionärssprache, wurden überall angepriesen und zur Lektüre empfohlen. Doch einem Mann, der mit dem Ausspruch, ihm sei es egal, ob die Katze weiß oder schwarz sei, Hauptsache, sie fange Mäuse, Aufsehen erregt hatte, war wohl keine große theoretische Überzeugungskraft zuzutrauen. Hatte er sich nun doch zu der Meinung bekehrt, die Katze müsse rot sein? Persönlich bin ich Deng Xiaoping im Sommer 1974 kurz begegnet, als der gerade wieder rehabilitierte Parteichef – er sollte später noch einmal in Ungnade fallen – den damaligen Ministerpräsidenten von Rheinland-Pfalz, Helmut Kohl, empfing. Es war ein seltsamer Fototermin, zu dem der massive Pfälzer neben dem winzigen Deng antrat. Nach seinem Gespräch mit dem Chinesen kommentierte Kohl amüsiert, daß er wohl dem »Vater der Füchse« begegnet sei.

Wie konnte dieser Veteran, der sich als Leiter der Militärkommission des Zentralkomitees unbestreitbar als »starker Mann« behauptete und der im Westen hoch geschätzt war, das Odium des Studenten-Massakers auf sich nehmen? All die Sympathie, die er beim Besuch der USA im Jahre 1980 beim amerikanischen Fernsehpublikum gesammelt hatte – er war mit breitkrempigem Texaner-Hut aufgetreten und hatte sich in einer Wildwest-Karosse kutschieren lassen –, war nun durch die kollektive Entrüstung über die Tian-An-Men-Tragödie ins Gegenteil verkehrt. Wer dachte noch an die lächelnd zur Schau getragene Harmonie mit Jimmy Carter, an die in aller Stille vereinbarte militärische Zusammenarbeit, darunter die Installierung amerikanischer Abhöranlagen in Sinkiang. Ein Schatten war auf den Aufenthalt Dengs in Washington nur gefallen, als Präsident Carter – seinem Image getreu – für die Gewährung von Menschenrechten und insbesondere für die Erlaubnis plädierte, daß die Einwohner der Volksrepublik – speziell jene, deren Sippenangehörige in den USA lebten – großzügige Reisegenehmigungen erhielten. »Wieviel chinesische Einwanderer wünschen Sie sich?« soll der Gast aus Peking hinterhältig gefragt haben, »fünf Millionen, zehn Millionen, zwanzig Millionen oder fünfzig Millionen?« Damit sei das Gespräch abrupt beendet gewesen.

Die Staatsvisite Michail Gorbatschows in Peking am 15. Mai 1989 war als Krönung des Lebenswerkes des Genossen Deng Xiaoping gedacht gewesen. Es hieß sogar, daß er nach diesem Triumph der chinesischen Diplomatie, die nun in Äquidistanz zwischen Washington und Moskau fest etabliert war und die Volksrepublik zum unverzichtbaren Sicherheitspartner beider Supermächte erhob, vom öffentlichen Leben Abschied nehmen wollte. In chinesischer Sicht war die groß angekündigte Reise des Kreml-Chefs ein Akt der Wiedergutmachung nach siebzehnjähriger Unterbrechung jeden Gipfelkontaktes. Der rote Zar kam zur Verbotenen Stadt, um einen symbolischen Kotau zu vollziehen. Er trat in mancher Hinsicht einen Canossa-Gang an, denn die Sowjetunion hatte die drei Bedingungen, die das Reich der Mitte als Voraussetzung jeder Normalisierung und Annäherung formuliert hatte, weitgehend erfüllt.

Moskau war der Forderung Pekings nachgekommen, seine an den Grenzen Sibiriens und der Fernost-Provinz stationierten Divisionen drastisch zu reduzieren. Die Mongolische Volksrepublik, deren Steppen sich bedrohlich nah an die große Mauer heranschieben, war von der Roten Armee fast völlig geräumt. Auch aus Afghanistan hatten die Russen sich zurückgezogen, was einem anderen Petitum Pekings entsprach, wobei mit zu bedenken war, daß diese Evakuierung von Gorbatschow bestimmt nicht nur verfügt wurde, um den Chinesen zu Gefallen zu sein. Schließlich hatte der Kreml sich dem internationalen Druck auf Vietnam angeschlossen und den Erben Ho Tschi Minhs dringend geraten, ihre Divisionen aus Kambodscha herauszunehmen. Letztere Konzession dürfte den Sowjets am schwersten gefallen sein, ließen sie damit doch ihre treuesten und bewährten Verbündeten in Südostasien im Zuge der Generalbereinigung mit der Volksrepublik China im Stich.

Nicht ganz ohne Grund mögen die Verfechter des harten Kurses im Zhongnanhai geargwöhnt haben, daß die Studentenbewegung – als sie Michail Gorbatschow zur Leitfigur demokratischer Liberalisierung und internationaler Öffnung hochstilisierte – das rote Gipfeltreffen von Peking zu einer gewaltigen Provokation nutzen wollte, die das herrschende Regime der Volksrepublik in seinen Grundfesten erschüttert hätte. Deng Xiaoping hatte am 15. Mai, am Tage der Landung Gorbatschows in Peking, auf unerträgliche Weise das Gesicht verloren. Der Eingang zur Großen Halle des Volkes war durch Zehntausende von Demonstranten versperrt, und so mußte der russische Gast durch eine Hintertür eingeschleust werden. Der Kreml-Chef war aufgrund des allgemeinen Tumultes nicht einmal in der Lage, einen Kranz am Ehrenmal der Helden der Revolution niederzulegen. Sein offizielles Besuchsprogramm, so versicherte mir Vizeaußenminister

Zhou Nan, mußte ständig modifiziert werden, weil die Behörden jede Kontrolle über das Zentrum der eigenen Hauptstadt verloren hatten. Der heißersehnte Triumph Dengs über den Moskauer Rivalen wurde zur schändlichen Demütigung. Falls die Studentenführer Mitte Mai 1989 nicht gespürt haben sollten, daß diese extreme Herausforderung eine harte Reaktion der Partei unausweichlich machte, dann hatten sie jeden Sinn für die Realitäten verloren. Ein Kampf ums Überleben war jetzt in Gang gekommen. Für naiven Enthusiasmus war kein Raum mehr.

In den zehn Jahren seiner erfolgreichen Modernisierungskampagne hatte Deng Xiaoping die Armee hintangestellt. Das hohe Offizierkorps fühlte sich vernachlässigt. Deng, der aus dem Militärkomplott des Marschalls Lin Biao gegen Mao Tsetung gelernt hatte, bemühte sich – obwohl er selbst aus der Volksbefreiungsarmee hervorgegangen war –, die Soldaten aus der Politik hinauszudrängen, wohl wissend, daß in Ermangelung eines fernöstlichen Bonapartismus die jahrhundertealte Tradition widerstreitender Kriegsherren, sich befehdender »War Lords«, wie man sie später nennen sollte, das Reich der Mitte immer wieder an den Rand des Abgrundes gebracht hatte. Warum wurde denn der »Himmlische Friede« pausenlos und pathetisch gerühmt, zum obersten Herrschaftsprinzip erklärt, das Eingangstor zum Kaiserpalast nach ihm benannt, während die große Ost-West-Achse Pekings »Straße des dauerhaften Friedens« hieß? Auch in China rühmt man häufig jene Staatstugenden, deren man bitter entbehrt. Die ständige Berufung auf diesen Himmlischen Frieden nahm die Form einer verzweifelten Beschwörung an.

In den kritischen Mai-Tagen ist Deng Xiaoping in Wuhan mit den Armeeführern zusammengetroffen. Er hat deren Zustimmung zum Schlag gegen die Jugendrevolte eingeholt. Bis auf den heutigen Tag weiß niemand, welche Zugeständnisse er dabei gemacht hat. Anläßlich des Gorbatschow-Besuchs war ihm hinterbracht worden, Generalsekretär Zhao Ziyang habe dem Russen anvertraut, jede letzte Entscheidung liege bei dem kleinen Kaiser Deng. Das mag für den Gast keine Überraschung gewesen sein, durchbrach jedoch jene feierliche Konvention des Schweigens und des Geheimnisses, die die höchsten Machtverhältnisse im Reich der Mitte stets verhüllte. Daß Zhao zusätzlich Mitteilungen über die letzten Beschlüsse und die widerstreitenden Tendenzen im Politbüro nach außen sickern ließ, wurde ihm vollends zum Verhängnis.

Die Ohnmacht der Behörden im Angesicht eines Aufruhrs, der geographisch begrenzt war und sich in Wellen vollzog, das scheinbare Unvermögen der Sicherheitsorgane, gewisse Erschlaffungsphasen der Protestbewegung durch zügiges, unblutiges Eingreifen zu nutzen, bleibt heute noch unverständlich. Die Greisen-Riege des harten Flügels weigerte sich, mit den Studentendelegationen ein vernünftiges Gespräch aufzunehmen. Statt dessen wurden ein paar Polizisten niederen Ranges ausgeschickt – an ihren doppelten Ärmelstreifen zu erkennen –, um Räumungsbefehle über Lautsprecher zu erteilen. Dabei kam die ererbte Arroganz des Mandarinatssystems zum Ausdruck, und die jungen Leute wurden an jenen buddhistischen Mönch, Ratgeber des Kaisers Yongle im 15. Jahrhundert, erinnert, der dem Aufbegehren der Masse mit dem Ausspruch begegnete: »Ich kenne den Wunsch des Himmels, wozu die Meinung der Menschen diskutieren?« Es hatte aber andererseits auch zur kaiserlichen Überlieferung gehört, daß der »Sohn des Drachens, wenn das Volk sich zu Petitionen vor den roten Mauern der Verbotenen Stadt zusammenrottete, den Untertanen sein Wohlwollen bekundete und seiner Verpflichtung zur Stiftung von Harmonie zwischen Himmel und Erde nachkam.

War die starre Fraktion im Politbüro vielleicht darauf aus,

die Unruhe ausufern zu lassen, die gemäßigten Elemente in den eigenen Reihen zu diskreditieren, den Studententumult als Alibi und als Vorwand zu benutzen, um all jene Liberalisierungstendenzen abzublocken, die immer unkontrollierbarer um sich griffen und das Machtmonopol der Kommunistischen Partei unterhöhlten? Als Zhao Ziyang, tränenüberströmt, die Hungerstreikenden des Tian-An-Men aufsuchte, sie geradezu anflehte, ihre Aktion abzubrechen und das Studium wieder aufzunehmen, während der eiskalte Premierminister Li Peng diese Szene – die einer Peking-Oper würdig war – argwöhnisch beobachtete und den Hochmut einer Hofschranze herauskehrte, waren die Würfel vermutlich schon gefallen. Aus den verschiedensten Provinzen des Reiches wurden Divisionen rund um die Hauptstadt zusammengezogen. Die Stunde der Volksbefreiungsarmee hatte geschlagen. Es begann eine Woche der unbeschreiblichen Verwirrung. Unbewaffnete Militäreinheiten wurden durch die Massen abgedrängt, stellenweise auch verprügelt. Die Uniformen wurden den Soldaten vom Leibe gerissen. An anderen Punkten kam es zu Verbrüderungsszenen, und die jungen Demonstranten ließen die Militärs hochleben. Insgesamt müssen die Beziehungen von Anfang an überaus gespannt gewesen sein. Die Regimenter, die erfolglos versuchten, zum Tian-An-Men vorzurücken, insbesondere die der 27. Armee, setzten sich aus ungebildeten Bauernjungen der Südprovinzen zusammen, die sich in der gewaltigen Metropole Peking ziemlich hilflos vorkommen mußten und sogar aufgrund der unterschiedlichen Idiome Schwierigkeiten hatten, sich mit den Demonstranten zu verständigen. Hinzu kam die überlieferte konfuzianische Kluft zwischen Intellektuellen und Soldaten. Erstere standen an der Spitze der gesellschaftlichen Ordnung – selbst wenn sie in Armut lebten –, letztere waren verachtete Büttel der Staatsgewalt, in früheren Zeiten meist zwangsrekrutiert, auf die man jedoch zur Wahrung des eigenen Systems leider nicht verzichten konnte.

Unser Kameramann, der in jenen Tagen eher zufällig in Peking weilte, nachdem er einen Kulturfilm über Xian abgedreht hatte, hat mir diese unglaubliche Atmosphäre der Konfusion sehr plastisch geschildert, als die geballte Menge alles blockierte, die quergestellten Autobusse das Vorrücken des Heeres verhinderten. Gestikulierende Gruppen von Jugendlichen hielten die Armee-Lastwagen an, die mit unbewaffneten Rekruten gefüllt waren, drehten sie in die entgegengesetzte Fahrtrichtung um und schoben sie auf den Stadtrand zu. Dabei ging es anfangs wie bei einer Kirmes zu. Doch aus den erstarrten Gesichtern der Soldaten sprach nackte Angst. Später sah der Kameramann eine Anzahl verletzter Militärs auf der Straße liegen, um die sich niemand kümmerte, während die Demonstranten, die unter den Salven der Militärs zusammenbrachen, ohne Verzug auf Bahren oder in Ambulanzwagen zum nächsten Hospital transportiert wurden. Das seltsame Zögern der Armee, ihre ursprüngliche Wehrlosigkeit, die die Wut der Soldaten entfachen mußte, dieses hilflose Zuwarten, das man bereits mit dem Verhalten einer Schildkröte verglich, die auf den Rücken gekehrt worden war, stellte – von seiten der Kommandeure – vielleicht die subtilste Form der Provokation, die raffinierteste Täuschung des allzu selbstbewußten Gegners dar.

Die Studenten von Peking hätten in jenen Stunden gut daran getan, die Schriften des großen Strategen Sunzi nachzulesen – Clausewitz und Machiavelli in einer Person –, der 500 Jahre v. Chr. gelebt hatte und heute noch die Grundregeln des militärischen Denkens im Reich der Mitte entscheidend beeinflußt. »Jede Kriegführung gründet auf Täuschung«, heißt es bei Sunzi. »Wenn wir also fähig sind anzugreifen, müssen wir unfähig erscheinen; wenn wir unsere Streitkräfte einsetzen, müssen wir inaktiv erscheinen; wenn wir nahe sind, müssen wir den Feind glauben machen, daß wir weit entfernt sind. Lege Köder aus, um den Feind zu verführen! Täusche Unordnung vor und zerschmettere ihn! Wenn der Feind in allen Punkten sicher ist, dann sei auf ihn vorbereitet. Wenn er an Kräften überlegen ist, dann weiche ihm aus. Wenn Dein Gegner ein cholerisches Temperament hat, dann versuche ihn zu reizen. Gib vor, schwach zu sein, damit er überheblich wird. Wenn er sich sammeln will, dann gib ihm keine Ruhe. Wenn seine Streitkräfte vereint sind, dann zersplittere sie. Greife ihn an, wo er unvorbereitet ist; tauche auf, wo Du nicht erwartet wirst!«

Die Armeeführung, so spekulierten in jenen dramatischen Stunden die Studenten und Journalisten, sei zutiefst gespalten. Im Gegensatz zu den Soldaten der 27. Armee – sie hatte im Februar 1979 die »Strafaktion« gegen Vietnam ausgeführt –, die zum Zerschlagen der Studentenrevolte entschlossen schienen, lehne die 38. Armee, die am Rande der Hauptstadt in Bereitschaft stand, jede Gewaltaktion gegen die Bevölkerung ab, würde eher meutern, als auf das Volk schießen. Schon meldeten die ausländischen Agenturen, es sei zu bewaffneten Zusammenstößen zwischen der 27. und 38. Armee gekommen. Man glaubte in der Ferne Geschützlärm zu hören. Klammheimlich hofften die Sympathisanten der Demokratiebewegung auf eine Selbstzerfleischung der Streitkräfte, ungeachtet der Tatsache, daß sich am Ende ein Bürgerkrieg unabsehbaren Ausmaßes abgezeichnet hätte. Die alten Dämonen Chinas standen auf dem Sprung.

Ein vielzitiertes Sprichwort aus den Zeiten der Tang-Dynastie besagt: »Du mußt ein Huhn töten, um eine Herde Affen zu erschrecken.« Die Dinosaurier der Partei waren keine Pazifisten und auch keine Philanthropen. Sie waren in jungen Jahren dem Tod mehrfach nur um Haaresbreite entronnen und waren bei der Beseitigung ihrer Gegner – Japaner, Kuomin-tang-Führer, Verräter in den eigenen Reihen – oft im Blut gewatet. Jetzt ging es ihnen nicht nur um die Erhaltung ihrer gutdotierten Einflußposten an der Spitze des Staates. Sie weigerten sich auch, die egalitär-sozialistischen Überzeugungen über Bord zu werfen, die ihr ganzes Leben begleitet hatten. Sie lehnten es kategorisch ab, einem aus Amerika importierten bürgerlichen Liberalismus zu huldigen, der ihrem intimsten Credo hohnsprach. Sollten denn alle Opfer, alles Leiden umsonst gewesen sein? Hatten sie alles falsch gemacht? Dieser Gedanke war unerträglich.

Natürlich habe ich diese Überlegungen nicht aus dem Munde jener Männer vernommen, die, in der Unnahbarkeit des Zhongnanhai verschanzt, die Geschicke des Reiches der Mitte mit ihren knöchernen Greisenhänden krampfhaft umklammerten. Aber in Hanoi hatten die Veteranen des vietnamesischen Befreiungskampfes gegen Franzosen und Amerikaner bei meinem letzten Aufenthalt im August 1987 ähnliche Befürchtungen und Seelenzustände geäußert. Mit den vietnamesischen Kommunisten, die durch das französische Erziehungssystem gegangen waren, ließ sich offener reden als mit den Hierarchen des Reiches der Mitte. Während die Militärexpedition Hanois in Kambodscha sich als Fiasko erwies und auch die vietnamesische Jugend – insbesondere die des aufmüpfigen Südens – sich anschickte, das obsolete marxistische Dogma auf den Abfallhaufen der Geschichte zu kehren, mußten auch die wackeren, unerbittlichen Männer von Hanoi am Sinn ihres Lebenskampfes, am Sinn der eigenen, entsagungsvollen Existenz verzweifeln. Aus den konfidentiellen Äußerungen der großen vietnamesischen Revolutionäre, dieser Überlebenden der Komintern, ergaben sich zwangsläufig Rückschlüsse auf die Geistesverfassung der chinesischen Gerontokratie.

»Zeig zuerst die Schüchternheit eines Mädchens, bis Dein Feind den ersten Zug gemacht hat«, hatte Sunzi gelehrt; »danach entwickle die Geschwindigkeit eines rennenden Hasen, und für den Feind wird es zu spät sein, sich zu widersetzen.« Das Foto- und Filmmaterial, das uns über den blutigen Höhepunkt des Tian-An-Men-Desasters zur Verfügung steht, ist zutiefst unbefriedigend. Die Kameraleute haben über das Abschlachten von Studenten, das sich mit Sicherheit nicht auf der nördlichen Hälfte des Platzes des Himmlischen Friedens vollzog, sondern allenfalls jenseits des Mao-Mausoleums und in den Seitenstraßen, wenig Dokumente geliefert. Dafür wurden die Bilder von gräßlich verkohlten und verstümmelten Soldaten immer wieder im chinesischen Fernsehen vorgeführt. Es war in den letzten kritischen Stunden des Zusammenpralls zu surrealistischen Szenen gekommen, die weltweit publiziert wurden. Da gab es jenen Armee-Lastwagen, der auf der Changan-Allee mit einem Motorschaden liegenblieb. Rasende Jugendliche stürzten sich auf das Fahrzeug und lynchten den Fahrer. Zur gleichen Zeit ratterte ein Schützenpanzer nur einige Meter neben dieser Gewaltszene vorbei, ohne daß dessen Mannschaft dem todgeweihten Kameraden im geringsten zur Hilfe eilte. Stimmt es tatsächlich, daß die ersten Panzerkolonnen ohne Munition in das Stadtzentrum vorgeschickt und somit zur leichten Beute von Molotow-Cocktails wurden?

Mit unglaublichem Mut haben sich einzelne Demonstranten gegen die stählernen Ungetüme der 27. Armee gestemmt. Das Foto des Jünglings mit der weißen Fahne, der sich einem riesigen Tank in den Weg stellt, ist rund um den Erdball gegangen. Jeder mußte annehmen, daß dieser unbewaffnete Held unter den Ketten zermalmt wurde. Ein ebenfalls existierender Filmstreifen vermittelt einen ganz anderen Ablauf: Der junge Mann geht unerschrocken auf den Tank zu, aber er wird nicht überfahren. Die ganze Kolonne hält an, und der unerschrockene Fahnenträger erklettert die vordere Stahlplattform, ohne daß ihm ein Leid geschieht. Ob er im nachhinein als Konterrevolutionär erschossen wurde, ist unbekannt und durchaus vorstellbar. Jedenfalls hat sich die angeblich unbestechliche Linse der Fernsehberichterstattung als unfähig erwiesen, die realen Zusammenhänge zu entlarven. Der Bildmanipulation war ein weites Feld belassen, und auch die chinesische Television sollte im nachhinein beweisen, daß sie die Methoden der propagandistischen Verdrehung meisterhaft beherrschte.

In der letzten Phase der Auseinandersetzung hatten die Studenten eine weiße Nachbildung der amerikanischen Freiheitsstatue vor dem Tor des Himmlischen Friedens aufgerichtet. Diese Göttin der Demokratie war kein gelungenes Kunstwerk, aber eine gewaltige Symbolik ging von ihr aus. Sie ragte präzis an jener Stelle, wo einst die Konterfeis der mythischen Gründerväter aufgestellt waren: Marx und Engels, Lenin und Stalin. Es schien sogar, als verdecke die Freiheitsstatue das Bildnis Mao Tsetungs über dem Eingang zur Verbotenen Stadt. Hier wurde der Kern dieser stürmischen Bewegung deutlich, die – von der akademischen Jugend angefacht – auf breite Kreise des Volkes übergegriffen hatte. Es war das Bekenntnis zu einer Freiheit westlichen Zuschnitts, eine Huldigung an die amerikanische Form der Demokratie und mehr noch an den »American way of life«. Neben der BBC war die »Stimme Amerikas« in jenen Tagen der meistgehörte Radiosender. Bedauerlicherweise war die »Voice of America« kein Vorbild gelassener Berichterstattung. Sie hatte nach dem 4. Juni die Zahl der Toten am Tian-An-Men auf mindestens zwanzigtausend aufgebauscht.

Immer wieder ist seit der Niederschlagung des Studentenaufruhrs beteuert worden, hier sei eine begrenzte Reform und kein radikaler Umbruch angestrebt worden. Ich glaube, man tut den Opfern des Platzes des Himmlischen Friedens unrecht, wenn man ihre Ziele auf solche Weise reduziert und verharmlost. Es war eine Revolution in Gang gekommen. Dafür bürgt das Blut der Märtyrer, das schon in der christlichen Liturgie als Samen der Veränderung und Bekehrung gefeiert wurde. Die Fossile des Politbüros sprachen natürlich von »konterrevolutionär«. Als die weiße »Göttin der Freiheit« unter den Panzerketten der Volksbefreiungsarmee zermalmt wurde, erhielt diese mißglückte Imitation plötzlich den Rang einer Reliquie.

Konsumrausch

Beim Bummeln durch die Straßen von Peking stellte ich fest, daß meine lange Abwesenheit – neun Jahre lag mein letzter Aufenthalt in der Volksrepublik zurück – auch Vorteile mit sich brachte. Ich hatte die sukzessiven Fortschritte der Reformpolitik, der »Vier Modernisierungen«, wie es unter Deng Xiaoping hieß, nicht in ihren verschiedenen Phasen beobachten können. Nun empfand ich die gewaltige Veränderung wie einen Kulturschock. Was sich seit 1980 vollzogen hatte, war tatsächlich ein »großer Sprung nach vorn«. Die Chinesen waren vom Konsumrausch gepackt, und daran schienen die blutigen Ereignisse des 4. Juni nichts zu ändern. Die großen Kaufhäuser an der traditionellen Einkaufsstraße Wangfujing Dajie boten alle nur erdenkbaren Verbrauchsgüter an. Im Gegensatz zu früher waren hier auch jene ausgewählten Artikel zu finden, die noch in den siebziger Jahren in sogenannten »Freundschaftsläden« Ausländern vorbehalten waren. Es lohnte sich kaum noch, diese Vorzugsgeschäfte aufzusuchen, wo in der speziell erfundenen Parallelwährung für Devisenbringer, »Foreign Exchange Currency«, bezahlt werden mußte.

Ein Fernsehgerät war längst kein Luxusartikel mehr. Bei ihren Familienbesuchen auf dem Festland – selbst in den entlegensten und ärmsten Provinzen – hätten die anreisenden, mit Geschenken bepackten Überseechinesen sich blamiert, wenn sie einen Schwarzweißempfänger mitgebracht hätten. Japanische Produkte waren aufgrund ihrer hohen Qualität besonders gefragt. Wie viele TV-Sets nun tatsächlich in dieser Milliardenbevölkerung vorhanden sind, kann wohl niemand glaubwürdig ermitteln. Tatsache ist, daß in Hohot, der Hauptstadt der Inneren Mongolei, die wir später besichtigen sollten, die lokale Herstellerfirma, ein Joint-venture mit einem japanischen Konzern, 400 000 Farbfernsehapparate pro Jahr auf den Markt wirft. Die chinesischen Ingenieure bedauerten lediglich, daß die Bildröhren fertig aus Nippon angeliefert würden, was dem japanischen Investor fette Gewinne garantiert und die einheimische Technologie-Entwicklung hemmt.

Besonders massiv, geradezu aufdringlich war das Angebot an Kühlschränken. Um die Käufer zu ermutigen, waren die Preise gerade um ein Drittel herabgesetzt worden, was auf große Vorräte schließen ließ. An dritter Stelle nach TV- Gerät und Ice-box kam die Waschmaschine, die für die durchschnittliche chinesische Hausfrau aber noch ein ferner Zukunftstraum blieb. Was uns von Anfang an frappierte, war die Diskrepanz zwischen den weiterhin erbärmlichen Durchschnittsgehältern und -löhnen und den stolzen Preisen der angepriesenen Produkte. Trotzdem sammelten sich nicht nur Gaffer, sondern auch viele Käufer vor den gefüllten Regalen. Die Inflation war im vergangenen Jahr fast auf dreißig Prozent geklettert, eine relativ bescheidene Rate für ein Dritte-Welt-Land, das sich in einer ungestümen Wirtschaftsexpansion befand. Sie hatte jedoch entscheidend zur Auslösung der politischen Unruhen beigetragen. Diese Preissteigerung deutete darauf hin, daß beachtliche Bargeldmengen gespart und gehortet wurden. Angesichts der unerklärlichen Widersprüche der chinesischen Nationalökonomie dürfte sich mancher westliche Experte die Haare gerauft haben.

Um es gleich vorwegzunehmen, die Hauptstadt Peking ist keineswegs ein Potemkinsches Dorf, ein gleißend erleuchtetes Schaufenster, das dem fremden Besucher reichliche Warenversorgung vortäuscht, während es dem übrigen Reich der Mitte weiterhin an allem mangelt. Ich habe unsere Reiseziele in China selbst ausgesucht, habe kurzfristig umdisponiert und so entlegene Gegenden wie die nordmandschurische Grenzregion oder die Steppen der Autonomen Region Innere Mongolei gewählt. Überall stieß ich auf diese verblüffende Quantität des Angebots – die qualitativ besten Erzeugnisse waren wohl für den Export vorbehalten –, und das Überflüssige wurde ebenso feilgeboten wie das Lebensnotwendige. In ganz China sind mir nicht nur die unzähligen Verkaufsstände privater Händler und Klein-Unternehmer aufgefallen, wo vom kitschigen Poster nach westlicher Vorlage bis hin zu selbstfabrizierten Möbeln im Stil unserer fünfziger Jahre alles vorhanden war. Die Nahrungsmittel, die die Bauern und deren Zwischenhändler aus ihren freien Überschußerträgen jenseits der Ablieferungsnorm auf den Markt karrten, türmten sich zu Bergen. Da war weder Mangel an Obst noch an Schweinefleisch oder gebratenen Hühnchen. In jenen Tagen waren die Trottoires von Peking durch Anhäufungen prächtiger Wassermelonen versperrt, so daß ein europäischer Korrespondent berichtete, man wolle mit dieser bevorzugten Belieferung den mißgestimmten Hauptstadt-Einwohnern wohl das Maul stopfen. Doch die gleiche Schwemme an Wassermelonen hat mich auf meiner ganzen Reise bis zur sibirischen Grenze und bis in die bescheidensten Dörfer begleitet.

Wenn der Abend hereinbrach, machten zahllose private Garküchen am Straßenrand ihre Geschäfte. Sie leuchteten malerisch aus der Dunkelheit, und die ansonsten eher muffige Stimmung der Flaneure von Peking hellte sich auf. Die Freude am Essen war immer noch ein Urinstinkt der Söhne des Himmels, die sich seit alters her mit der Frage zu begrüßen pflegten: »Hast du schon gegessen?« Nein, an Nahrung war kein Mangel, auch wenn uns die Preise für Pfirsiche und Trauben, an den offiziellen Verdienstmöglichkeiten gemessen, exorbitant erschienen.

Die Kampagne gegen die Pornographie, die vom Clan des Ministerpräsidenten Li Peng ausgelöst wurde und gegen die westliche, bourgeoise »Fäulnis« zielte, richtete sich wohl nicht nur gegen jene obszönen Illustrierten, die aus Hongkong in reicher Auswahl eingeschleust wurden. Unter dem Vorwand moralischer Sauberkeit wurde eine Vielzahl freimütiger Schriftsteller unterdrückt, ganze Kategorien von Büchern verboten, die nicht mehr systemkonform erschienen. Deshalb wunderte ich mich, im Verkaufs-Rayon für Schallplatten und Musikkassetten suggestive Werbeplakate für Madonna anzutreffen und eine entkleidete Nastassja Kinski, die sich lasziv von einer fetten Boa Constrictor umschlingen ließ. In Harbin stellten Busenschönheiten in Hotpants extravagante Automodelle aus den USA vor. Andere Plakate porträtierten kitschige Nackedeis im Stil der Jahrhundertwende. Der gefragteste Poster-Held war jedoch überall der muskelstrotzende Rambo.

Der gleiche Rambo verfolgte mich bis in mein Hotelzimmer, wo er über den »Selective Channel« angeboten wurde. Zur Auswahl lief ebenfalls ein amerikanisches Heldenepos über die Eroberung der Karibik-Insel Grenada, eine disproportionierte Kampfhandlung, die – wie ich an Ort und Stelle hatte feststellen können – wirklich kein Ruhmesblatt der Kriegsgeschichte war. Für die Versorgung mit weltweiten Nachrichten sorgte im Palace-Hotel der amerikanische Kanal CNN, der per Satellit ausgestrahlt wird. Bis zu den Tian-An-Men-Ereignissen hatte auch das staatliche chinesische Fernsehen seine internationalen Kurzberichte aus dieser Quelle bezogen. Anfang Juni – als die Zusammenstöße im Herzen Pekings über den Bildschirm flackerten – wurde dieses Abonnement offenbar gekündigt, und die chinesische Fernsehverwaltung suchte sich mit mäßigem Erfolg durch die Ausstrahlung sowjetischen Bildangebots über die Runden zu retten.

Das chinesische Fernsehprogramm war eine unerschöpfliche Quelle des Staunens, des Ärgers und der Erheiterung. Alles beherrschend war die Werbung. Hier war der Einbruch kapitalistischer Sitten mit Händen zu greifen. Alle nur denkbaren Firmen des In- und Auslandes beteiligten sich an diesem Wettbewerb. Raffiniert geschminkte chinesische Ansagerinnen – manchmal mit operativ geweiteten Augen – priesen die Vorzüge von Seife und Lotions, von Kühlschränken und Putzmitteln an. Die Häufung der Spots war so erdrückend, daß die Kommerzsender des Westens die Television der Volksrepublik darum hätten beneiden können. Nach einem global verbreiteten Rezept wurde den Söhnen des Himmels eine heile, glückliche Welt des Konsums vorgetäuscht. Was hier an Bewußtseinsveränderungen im kapitalistischen Sinne bei einer mehrheitlich recht unbedarften, der Publicity wehrlos ausgelieferten Bevölkerung bewirkt wurde, welche Wünsche, Träume und Ansprüche man hier weckte, läßt sich kaum ermessen. Die Umstimmung Chinas auf westliche Vorbilder findet mindestens ebenso eindringlich durch die Einwirkung der »Glotzkiste« statt wie durch die aufrührerischen Proklamationen der Intellektuellen.

Natürlich kam auch die Parteipropaganda zu ihrem Recht. Schon auf den Kinoplakaten der Städte war mir aufgefallen, daß neben verfilmten Peking-Opern und einem in Schanghai produzierten Reißer »Spionage ist nichts für Frauen« auch die Saga des »Langen Marsches« wieder aufgeführt wurde. Der junge Deng Xiaoping, Feldherr zu Pferde, wurde in der heldischen Attitüde porträtiert, die dem großen Abenteuer der Lößhöhlen von Yan'an angemessen war. Aber von dem Film ging keine hinreißende Wirkung aus. Der kleine, listige Kaiser, der binnen zehn Jahren seinen Landsleuten zu so bemerkenswertem Aufschwung verholfen und in einer Nacht militärischen Wütens so viel Prestige verloren hatte, taugte nun einmal nicht zum hieratischen Idol der Massen.

Deng eignete sich auch nicht als Telekrat. Nicht die Partei und ihre Hierarchen beherrschten in jenen Tagen den Bildschirm, sondern die Volksbefreiungsarmee. Die Streitkräfte bemühten sich krampfhaft, ihr ramponiertes Image wieder aufzupolieren. Das Ansehen war so weit gesunken, daß eine Vielzahl von Anekdoten und Gerüchten umging: ein Vater habe seinem Sohn verboten, seine Lieblingshose zu tragen, nur weil ihre grüne Tönung an die Uniform der VBA erinnerte; ein anderer Vater habe seinem Sohn den Arm gebrochen, um seine Rekrutierung zu verhindern.

Im Zuge der Rehabilitierungskampagne war der Fernsehzuschauer also dazu verurteilt, gütig lächelnde, vor Wohlwollen strotzende Offiziere und Soldaten in allen möglichen Verrichtungen zwischen den regulären Sendungen auftauchen zu sehen. Da wurden Militärs als begeisterte Zuhörer eines Pop-Konzerts gezeigt, um zu beweisen, daß die Armee auch Spaß verstehe. Da sah man Soldaten in geschniegelten Ausgehuniformen, die im Reisfeld den Bauern bei der Ernte halfen. Andere lauschten mit bedeutungsvollen Mienen den Erklärungen eines Fabrikdirektors und fraternisierten dann unbeholfen mit den Arbeitern. Glücklicherweise war die Zeit der spektakulären Verhaftungen und Schauprozesse vorbei, zumindest auf dem Bildschirm. In Wirklichkeit ging die Verfolgung der Opponenten wohl unerbittlich weiter. Aber man sah keine gefesselten, gedemütigten jungen Männer mehr, die mit zum Boden gekehrten Gesichtern, oft genug von Mißhandlungen gezeichnet, öffentlich erniedrigt wurden. Die Phase der Abschreckung, das hatte man an der Spitze wohl endlich erkannt, hatte sich kontraproduktiv ausgewirkt. Hingegen wurde in aller Ausführlichkeit die Pilgerfahrt einer Soldatenmutter aus Heilungkiang zum Platz des Himmlischen Friedens dargestellt. Die Frau hatte ihren Sohn während der Studentenunruhen verloren. Der Soldat war bei der Auseinandersetzung mit den Demonstranten getötet worden. Jetzt wurde die Mutter mit Ehrungen und Geschenken überhäuft. Eine erste Sammlung hatte Geldspenden in Höhe von 50.000 Yuan erbracht, eine astronomische Summe für Durchschnittsverdiener. Der unerträgliche, weil heuchlerisch wirkende Höhepunkt wurde erreicht, als das angetretene Offizierkorps mit Stahlhelm und Koppel dieser einfachen, untröstlichen Frau aus der Provinz mit steifer Verbeugung sein Beileid ausdrückte, während eine nebenbei massierte Kompanie den Schrei ausbrachte: »Wir werden unsere Kameraden rächen!«

Im ganzen war es dennoch ein recht munteres und vielfältiges Programm. So wurde ein Bodybuilding-Wettbewerb inszeniert, an dem sogar europäische Frauen teilnahmen. Als Sieger in diesem »contest« ließ ein amerikanischer Schwarzer seine Muskulatur spielen. Die Fernsehgewaltigen zeigten beileibe nicht nur erzieherische Eigenproduktionen. Zur »Prime-Time« lief oft ein amerikanischer Western, eine Walt-Disney-Produktion oder ein Kungfu-Film aus Hongkong. Besonderer Beliebtheit erfreute sich der deutsche Kriminalinspektor Derrick, dessen Serie dreimal wöchentlich ausgestrahlt wurde.

Eine gewisse Unsicherheit und Gespaltenheit merkte man den hohen Würdenträgern des Regimes im Gespräch an. Der Vizeminister für Außenhandel Li Lanqing war kategorisch mit seiner Beteuerung: »Die wirtschaftliche Öffnung geht weiter. Wir wollen nicht anders, und wir können nicht anders.« Er betonte die Rolle der Auslandschinesen beim ökonomischen Fortschritt. Ein Rückfall in die Selbstgenügsamkeit der Mandschu-Kaiser sei kaum noch vorstellbar. Im übrigen hätten die USA schon 1950 und die Sowjetunion 1960 mit allen Mitteln versucht, die Volksrepublik China in den Abgrund zu treiben. Das sei ihnen nicht gelungen. Li warnte die Bundesrepublik, das bereits unterschriftsreife Abkommen über den Bau der Untergrundbahn von Schanghai, ein Milliardenprojekt, nicht wegen »pseudomoralischer Bedenken« zurückzustellen. Es ständen genug andere Kandidaten auf dem Sprung. Nein, von Autarkie sei keine Rede, meinte er, schränkte dieses Eingeständnis jedoch plötzlich ein. China habe alle Krisen überlebt, und im Notfall könne man auch »aus eigener Kraft« die nötigen Veränderungen herbeiführen. Die alte maoistische Losung »aus eigener Kraft« wurde wieder zitiert. Am gleichen Tag gedachte übrigens die Pekinger Presse des Geburtstages des Konfuzius in durchaus anerkennenden Artikeln. An Widersprüchen fehlte es nicht in dieser Phase der »Normalisierung«.

Am Abend wurde ich von Mitarbeitern der Nachrichtenagentur Xinhua zum Abendessen in den ultramodernen Wolkenkratzer des Handelskonzerns CITIC eingeladen. Natürlich ist es ein staatliches Unternehmen, das den überwiegenden Teil des internationalen Austausches regelt. Aber das Management richtet sich hier nach amerikanischen Normen, und die Atmosphäre des gepflegten Dinners erinnerte mich an Taiwan. Die Serviererinnen trugen auch hier den hochgeschlitzten Qipao. Die chinesischen Kollegen gaben sich aufgeschlossen, genossen offensichtlich den Kontakt mit Ausländern. Gemeinsame Bekannte wurden erwähnt, so der ehemalige Botschafter der Volksrepublik in Bonn, Wang Shu, den ich 1962 in Leopoldville, wie Kinshasa damals hieß, als Xinhua-Korrespondenten kennengelernt hatte. Natürlich kam das Gespräch auf die Sowjetunion, auf Gorbatschow und die Perestroika. Wie dort eine Trennung zwischen Staat und Partei vorgenommen werden solle, konnte meinen Gastgebern nicht recht einleuchten. Gewiß, die Russen wurden in Peking wieder mit Wohlwollen betrachtet, aber über ihr wirtschaftliches Potential machte sich niemand Illusionen. Eine klare Sprachregelung lag offenbar nicht vor. Die Vorbehalte gegen die Kreml-Politik waren längst nicht alle ausgeräumt. Die Sowjets hätten immer noch nicht ihre Obstruktion gegen die Bildung einer Koalitionsregierung mit den »Roten Khmer« in Kambodscha aufgegeben, wurde getadelt. Moskau unterstütze weiterhin den vietnamesischen Expansionismus. Man denke nur an die Inselgruppen im Südchinesischen Meer, die Paracel- und die Spratley-Eilande. Ob denn diesem winzigen Archipel eine solche strategische Bedeutung zukomme, wollte ich wissen. Das wurde verneint. Im wesentlichen gehe es um gewaltige Erdölreserven, die in diesem seichten Meer vermutet würden, lautete die Antwort.

Kurz nach der Suppe, die das Essen beendet, und einem Nachtisch, der stets zweitrangig ist, erstirbt bei jeder chinesischen Einladung das Gespräch, und der Aufbruch ist nahe. Wir ließen uns vom CITIC-Building zu den nördlichen Außenbezirken der Verbotenen Stadt fahren. Die untergehende Sonne färbte den Himmel violett. Die hochragende tibetische Pagode, ein schneeweißer Stupa, war von einem Mandschu-Herrscher wohl als Wahrzeichen seiner ökumenischen Toleranz errichtet worden. In der milden Dämmerung hätte dieses buddhistische Heiligtum ein grandioses Schauspiel geboten, wenn nicht grasgrüne Scheinwerferkegel – wie Laserstrahlen verschlungen – ein ultramodernes und unpassendes Netz darum gesponnen hätten. Immer wieder muß der Reisende im heutigen China feststellen, daß die Technologie zum abscheulichen Kitsch mißbraucht wird und daß den Söhnen des Himmels – vermutlich schon seit den späten Jahren der Qing-Dynastie – der traditionelle Sinn für künstlerische Harmonie, für die notwendige Sparsamkeit aller Ästhetik abhanden gekommen ist.

Das Lampionfest, das in jenen Tagen für die Kinder der

Hauptstadt rund um die Wassergräben des Kaiserpalastes veranstaltet wurde, war ein prächtiger, fröhlicher Jahrmarkt. Hier war der Kitsch durchaus erträglich, wenn man in die vor Spaß glänzenden Augen der Kleinen blickte, die fasziniert waren von riesigen, tanzenden Panda-Bären aus Pappmaché, von bedrohlichen Dinosauriern, deren lange Hälse aus den Lotosblüten ragten und rot gefärbtes Wasser spieen. In normalen Zeiten wäre der Andrang der Familien viel stärker gewesen, ließen wir uns belehren. Die Kriegsrechtsbestimmungen, die häufigen Polizeikontrollen, die zu nächtlicher Stunde vorgenommen wurden, hätten viele Einwohner der Hauptstadt dazu bewegt, zu Hause zu bleiben. Es war dennoch eine dichte Menge, durch die wir uns drängeln mußten, und ich war angenehm berührt von der Freundlichkeit, ja Herzlichkeit, mit der die Pekinger den »langnasigen Barbaren« begegneten. Westliche Ausländer waren bevorzugte Ehrengäste seit den Ereignissen im Mai und Juni. Sogar die Kinder, die früher oft schreiend vor blonden, blauäugigen und dazu noch bärtigen Fremden davonliefen – die Hexen wurden traditionell mit gelbem Haarschopf dargestellt –, interessierten sich artig für die Arbeit des Kamerateams. Sie trugen oft leuchtende Plastikinsekten auf dem Kopf, die mit Hilfe von kleinen Batterien wie Leuchtkäfer blinkten.

Die geschwungenen Brücken waren durch Lichtbogen in allen Regenbogenfarben erhellt. Überall triumphierte die Neonröhre. In den Baumkronen strahlten die schönen roten Lampions, die dem Fest seinen Namen gegeben hatten. Hier bot sich ein gewaltiger, aufwendiger Luna-Park, und wir stellten mit Erleichterung fest, daß nirgendwo die geringste politische oder ideologische Anspielung, geschweige denn Indoktrinierung zu entdecken war. Neben Nachahmungen radfahrender kleiner Panda-Bären genossen die traditionellen Figuren des chinesischen Märchens besonderen Zulauf. Da waren natürlich freundliche Drachen in jeder Ausführung vorhanden – einer war aus drei Tonnen Zucker gegossen worden – und jene Heldengestalten aus dem Drama der »Drei Reiche«, deren gute Charakterveranlagung durch die karminrote Farbe des Gesichts angezeigt war. Die überdimensionale Darstellung des Affenkönigs aus der »Reise nach dem Westen« durfte nicht fehlen. Er drehte sich auf dem Karussell neben einem lustigen, grellbemalten Schwein. Auch Mao hatte übrigens den »Gold-Affen« in seinen Versen besungen.

Immer wieder posierten die Familien für Gruppenaufnahmen. Die Leidenschaft für die Fotografie scheint die Chinesen ebenso gepackt zu haben wie ihre japanischen Nachbarn. Mit Vorliebe wurden die Kinder geknipst. In der Stadt sind es meist Einzelkinder, denn im Gegensatz zu den bäuerlichen Regionen, wo die Familienplanung längst nicht so streng gehandhabt wird, wie die Partei es fordert, entgeht in Peking fast keine schwangere Frau, die bereits ein Kind besitzt, der Wachsamkeit der Häuserblockwarte oder der Mißgunst der Fabrikkolleginnen. Die Abtreibung wird dann zur Pflicht und im Notfall erzwungen. Überall im Land sind Plakate zu sehen, die für die glückliche Einkindfamilie werben. Sie verhalten sich artig und wohlerzogen, diese Knaben und Mädchen, die von ihrer Familie aufgrund ihres Seltenheitswertes verwöhnt und gehätschelt werden. Die möglichst adrette und aufwendige Einkleidung der Kinder ist zu einer Art Wettbewerb geworden, und die Eltern blicken liebevoll auf die hübschen, schlitzäugigen Puppengesichter, die manchmal so ernst und dann so verschmitzt wirken können. Welche soziologische Umwälzung sich hier auf die Dauer anbahnt, ist kaum zu ermessen. Dem konfuzianischen Ritendiktat zufolge mußte die Familie möglichst kinderreich sein. Die Söhne, Träger des Ahnenkultes, genossen natürlich Vorzug. Das Familienoberhaupt besaß nicht nur tyrannische Autorität, es entschied innerhalb seiner Sippe über alle Belange des Alltags. Diese Befehlsstrukturen, diese Sippenverkrustung, gegen die Mao Tsetung unentwegt Sturm gelaufen war, lösen sich nunmehr langsam, aber unaufhaltsam auf. Die bevorzugten Einzelkinder, größter Stolz ihrer Eltern, dürften die familiäre Unterwürfigkeit der Vergangenheit bald als unerträglich empfinden. Ihr hochgepäppelter Egozentrismus muß völlig ungewohnte, individualistische Reflexe erzeugen. Die Kampagne für das Einzelkind ist eine mächtige Waffe im langen mühsamen Kampf gegen das tief eingefleischte Sippenkonzept des Meisters Kong.

In der Vorstellungswelt der Kleinen haben die Standardprodukte der amerikanischen Unterhaltungsindustrie längst Einzug gehalten. Mindestens so beliebt wie der Panda-Bär und der Drachenfetisch ist die aus Hollywood importierte Mickey Mouse, die überall – selbst in den fernen Dörfern – als Maskottchen zu finden ist. Auf dem Lampionfest war Charlie Chaplin – die Chinesen sprechen ihn »Schapalin« aus – ein ganzer Pavillon gewidmet. Er drehte sich überlebensgroß mit Melone und Regenschirm. Im Hintergrund huldigten ihm ein paar Wasserstoffblondinen aus der Flimmerkiste der Neuen Welt. Natürlich erklang auch moderne chinesische Musik zu Füßen der angestrahlten tibetischen Pagode. Aber immer wieder wurden diese fernöstlichen Weisen durch angelsächsische Militärmärsche und den Beethovenschen Schlußchor an die Freude unterbrochen.

Es war gerade noch Zeit, eine Disco-Bar in der höchsten Etage des zentralen Kaufhauses in der Xi-Dan-Straße aufzusuchen. Wir waren die letzten Gäste, entrichteten den für örtliche Verhältnisse horrenden Eintrittspreis von 10 Yuan und traten in die schummerige Tanzdiele ein. Wir waren die einzigen Ausländer. Ausgelassen ging es hier nicht zu. Eine Sängerin mit kurzem grünen Rock und braver Bluse wimmerte chinesische Liebeslieder ins Mikrofon. Die Musik erinnerte mich an jene »Tangos chinois«, zu denen die Angehörigen des französischen Expeditionskorps in Indochina in den fünfziger Jahren die Taxi-Girls von Hanoi gegen Bezahlung zum Tanz aufforderten. Ebenso schwunglos und angestrengt bewegten sich hier die Paare, oft zwei Frauen, die Foxtrott, Paso doble, Tango und Walzer so exakt absolvierten, als befänden sie sich in einer Tanzstunde. Knallrote Neonröhren sorgten für ärmliche Effekte, und ein gleißendes Licht flackerte auf, in dem die weißen Hemden und Kleider knallhell aufstrahlten. Ein wenig fühlten wir uns auch zurückversetzt in die spießige Atmosphäre deutscher Biederkeit während der ersten Nachkriegsjahre. Trotz der gedämpften Stimmung schien sich das Publikum auf seine Weise recht gut zu amüsieren. Jedenfalls waren hier keine entfesselten Rock-Fans zugegen, deren allzu spektakuläres, prowestliches Musik-Engagement für die neue Prüderie, die im Zeichen der »Normalisierung« verordnet worden ist, nur noch schwer ertragbar schien. Sehr lange wurde nicht mehr »geschwoft« – der altmodische Ausdruck kam mir ganz spontan in den Sinn –, denn die harmlose Disco schloß relativ früh ihre Pforten. Die »Schmittchen Schleicher« von Peking hatten es eilig, nach Hause zu kommen, was auf verschärfte Kontrollen der Militärs längs der Ausfallstraßen schließen ließ.

Beim späten Night-Cup im Palace-Hotel kamen wir mit einer Gruppe Spanier ins Gespräch, Botschaftsangestellten und Geschäftsleuten. Die Iberier waren seit längerer Zeit ansässig und gut informiert. »Wir vergleichen die jetzige Herrschaftsphase Deng Xiaopings mit der endlosen Agonie General Francos«, sagte ein Katalane. Damals habe Spanien bereits erstaunliche wirtschaftliche Fortschritte verwirklicht, sei aber immer wieder politischen Rückschlägen ausgesetzt gewesen. Der Durchbruch der Kräfte der Erneuerung, so meinten alle, die Hinwendung zum westlichen Modell ließen in China allenfalls noch fünf, höchstens zehn Jahre auf sich warten. Die Partei sei zutiefst gespalten und das Zentralkomitee überwiegend reformerisch eingestellt, auch wenn die Modernisten sich jetzt vorsichtig duckten. Im übrigen, so meinte ein lebhafter Madrilene ziemlich unvermittelt, sei Amerika in China besser plaziert als Europa. Aus unserem alten Erdteil hätten die chinesischen Auslandsstudenten stets nur krause Ideen nach Hause gebracht, während in Amerika Praktiker der Politik herangewachsen seien. Man denke zum Beispiel an Sun Yatsen, den Gründer der Republik. Die Ereignisse am Tian-An-Men hätten eines besiegelt: die Volksrepublik China verfüge über keine brauchbare Staatsdoktrin mehr.

Häufig hat sich mir bei meinen diversen China-Reisen der Eindruck aufgedrängt, daß Chinesen und Franzosen manches gemeinsam hätten. Keine Geringere als Simone de Beauvoir schrieb über »Die Mandarine von Paris«. Der staatliche Zentralismus, den der Gründerkaiser Qin Shi Huangdi allen Nachfolgedynastien in die Wiege gelegt hat, ist bekanntlich auch ein Charakteristikum des französischen Staates, sei er nun monarchisch oder jakobinisch ausgerichtet gewesen. Was die Schule der Legalisten im Reich der Mitte darstellte, wurde in Gallien durch die »légistes du Roi« auf seltsame Weise widergespiegelt. Das System des »Concours«, des hoch angesetzten Prüfungsexamens, wo es mehr auf Bildung als auf handfeste Sachkenntnis ankam, rückte die französische Verwaltungselite in die Nähe der gehobenen chinesischen Hofkaste. Eine ausgeprägte Diesseitigkeit, eine der Metaphysik abholde Form der geistigen Spekulation, war am Yang Tsekiang wie an der Seine beheimatet. Vor allem die Begriffe des »bon sens«, der »commune mesure«, der »goldenen Mitte« waren – in unterschiedlicher Interpretation gewiß – hier wie dort zu Hause. Schließlich war jeder Präsident der Fünften

Republik der Versuchung ausgesetzt, sich wie ein neuer Sonnenkönig zu gebärden. Ähnlich wuchsen die großen Figuren der Kuomintang und der kommunistischen Revolution ganz automatisch in eine quasikaiserliche Rolle hinein. Der Vergleich ließe sich fortsetzen, aber er sollte auch nicht strapaziert werden. Der amerikanische Unterstaatssekretär Marshal Green, der seinerzeit mit der schier unmöglichen Regelung der Kambodscha-Frage befaßt war, hatte einmal wie folgt gespöttelt: Zumindest in dreifacher Hinsicht ähneln sich Chinesen und Franzosen; beide Völker sind überzeugt, daß sie über die einzig gültige Kultur verfügen; sie behaupten – vielleicht sogar zu Recht –, daß sie als einzige etwas von guter Küche verstehen, und beide wiegen sich in der Illusion, mit Prinz Sihanouk, dem quirligen Thronerben des Königreichs der Khmer, zurechtzukommen. »They both think they can handle Sihanouk.«

Nach meinem tugendhaften Abstecher in das Nachtleben von Peking war ich am nächsten Mittag vom Sprecher des Außenministeriums zum »déjeuner d'affaires« in ein historisches Restaurant am Rande der Verbotenen Stadt und des Gold-Flusses eingeladen. Im Reich der Mitte wie in Gallien werden ernsthafte Dinge am liebsten beim Essen besprochen. Der Alkoholgenuß – der männermordende Getreideschnaps Mao Tai ist aus irgendeinem Grunde selten geworden – beflügelt den Austausch und lockt die Söhne des Himmels, die nicht viel vertragen, aus ihrer angeborenen, vorsichtigen Reserve. Die Franzosen sind da sehr viel besser gewappnet gegen jede Form von Spirituosen, wenn es bei ihnen »entre la poire et le fromage« zur Sache kommt.

Der Sprecher des Außenamtes – wir wollen ihn Fang nennen – war kein angenehmer Mann. Er war sich offenbar der Antipathie, die er ausstrahlte, selbst bewußt. Obwohl er anfangs zu erkennen gegeben hatte, daß er fließend englisch sprach, drückte er sich nun auf chinesisch aus und überließ einer stammelnden Mitarbeiterin die Übersetzung ins Deutsche. Hier habe die Kaiserin Ci Xi am liebsten gespeist, begann das Gespräch. Sie habe sich häufig hundert Gänge servieren lassen und die meisten überhaupt nicht angerührt. Sie war eine böse, herrische Frau gewesen, diese Kaiserin Ci Xi, mit hoher Intelligenz begabt, aber unwiderruflich dem erstikkenden Ritual der Vergangenheit verfallen. Sie hatte zu Beginn unseres Jahrhunderts den fremdenfeindlichen, nationalistischen Geheimbund der Boxer begünstigt und es ganz gern gesehen, daß der Zorn des Volkes, der allen Grund hatte, sich gegen die korrupte, vermoderte Dynastie zu wenden, gegen die westlichen Imperialisten – dazu gehörten in erster Linie auch die christlichen Missionare – antobte. Während des Boxeraufstandes war die internationale Konzession von Peking durch rasende Volksmassen 52 Tage lang belagert worden, bevor das bunt zusammengewürfelte Expeditionskorps, das neben Kontingenten aller europäischen Mächte auch japanische und amerikanische Einheiten aufbot, sich den Weg zur chinesischen Hauptstadt freikämpfte. Ci Xi behauptete sich trotzdem auf dem Thron, den sie ihrem ungeliebten Sohn mit Hilfe finsterer Palastintrigen der Mandarine und Eunuchen vorenthielt. So haßerfüllt war ihre Abneigung gegen diesen legitimen, aber des Herrschens angeblich unfähigen Nachkommen, daß sie ihn einen Tag vor ihrem eigenen Tod umbringen ließ. Bertoluccis Film »Der letzte Kaiser« hat in prächtigen Bildern jene unglaublichen Szenen der Thronfolge rekonstruiert. Der zweijährige Prinz Pu Yi wird durch die Willkür der sterbenden Ci Xi zum Kaiser proklamiert und nimmt verspielt die kniefällige Huldigung des Hofstaates und der Palastwachen entgegen.

Die alte Ci Xi, so erklärte der Sprecher des Außenministeriums, sei nicht nur eine heimtückische, sie sei auch eine törichte

Frau gewesen. Als die Forderung am Hofe erhoben wurde, China müsse sich zur Abwehr der Barbaren mit einer modernen Flotte ausrüsten, habe sie das dafür eingetriebene Geld für den Bau eines monumentalen Schiffes aus Marmor verwendet, das heute noch zu den Sehenswürdigkeiten des Sommerpalastes zählt. Fang schüttelte sich vor Lachen über so viel kaiserliche Dummheit. Doch auch er huldigte auf seine Art der imperialen Überlieferung. So packte er mir den Teller mit fleischgefüllten Teigwaren voll, die der unheimlichen Ci Xi angeblich köstlich gemundet hatten.

Die Qualität der Mahlzeit war mäßig. Ich sollte überhaupt während dieses China-Aufenthaltes feststellen, daß die hohe Kochkunst in den meisten Restaurants stark nachgelassen hatte. Vielleicht hatte die ungewohnte Fülle des Nahrungsangebotes eine gewisse Verflachung oder Schluderigkeit mit sich gebracht. Nur bei ganz außergewöhnlichen Anlässen wurden noch raffinierte Delikatessen in jener dekorativen Perfektion serviert, die früher auch bei bescheideneren Einladungen gang und gäbe waren. Am Ende kamen wir zu dem Schluß, daß sich »Chez Wang« in der Rue de la Grande Truanderie von Paris besser speisen ließ als in den meisten Lokalen Kontinental-Chinas. Vielleicht wirkte sich die schleichende Überfremdung aus USA nivellierend und negativ aus. Vor dem Eingang der Hähnchen-Rösterei »Kentucky Fried Chicken« stauten sich die jungen Chinesen, um den fragwürdigen Gaumenfreuden der Neuen Welt zu frönen.

Das Tischgespräch nahm einen ziemlich unerfreulichen Verlauf. Die unhaltbare Regierungsthese, die Unruhen am Platz des Himmlischen Friedens seien die Folge eines imperialistischen Komplotts gewesen, wurde in schwer erträglicher Weise vorgetragen. Fang betonte geradezu aggressiv, daß allein die Kommunistische Partei Chinas in der Lage sei, den schädlichen Einflüssen des Westens einen Riegel vorzuschieben. Es folgte eine lange polemische Litanei gegen den Kolonialismus der Europäer, der das Reich der Mitte so schwer heimgesucht und zu mittelalterlicher Rückständigkeit verurteilt habe.

Die übrigen chinesischen Tafelgäste waren peinlich berührt, und es war Zeit zu reagieren. Natürlich unternahm ich keine Apologie des Kolonialismus. Der Opium-Krieg, den die Briten 1840 vom Zaun gebrochen hatten, war ein Schandfleck der europäischen Geschichte, und das gestand ich uneingeschränkt ein. Dabei stellte ich mit Erstaunen fest, wie wenig bewandert diese hochgestellten Beamten und Parteimitglieder in der eigenen Vergangenheit waren. Für den Opium-Krieg gaben sie das Jahr 1880 an, und als die Konversation auf die Taiping-Revolte abschweifte, die um die Mitte des vergangenen Jahrhunderts die Qing-Dynastie fast zum Kollaps getrieben hatte, war ihre Ahnungslosigkeit komplett.

Ich schnitt das Thema des Konfuzianismus an. Wie man sich heute zu dem chinesischen Sittenlehrer stelle, der nach zweieinhalbtausendjähriger geistiger Bevormundung der Söhne des Himmels von Mao Tsetung so leidenschaftlich bekämpft worden war. Die Theorien des Meisters Kong hätten ihre guten und ihre üblen Seiten, lautete die kasuistische Antwort Fangs. Positiv seien der Respekt vor dem Alter – ich mußte an die Greisen-Riege des jetzigen Politbüros denken –, die Wertschätzung der Bildung und vor allem die Betonung der Staatsautorität. Auch hier war der Bezug auf die Machtpolitik der Partei evident. Kritisiert wurde am Konfuzianismus vor allem die systematische Unterdrückung der Frau.

Fang kehrte immer wieder zu den blutigen Zwischenfällen am Tian-An-Men zurück. Seine Unterstellung, Amerikaner und Europäer hätten durch systematische Hetze die Krise geschürt, ja verursacht, grenzte an gezielte Grobheit. Bei mir machte sich der angestaute Ärger Luft. Ich hatte zu lange Jahre in der Dritten Welt verbracht, um die dort übliche Exkulpierung der eigenen Unzulänglichkeit durch die Berufung auf koloniale Ausbeutung, diese exklusive Schuldzuweisung an die europäischen Imperialisten widerspruchslos hinzunehmen. Wir seien alle zu einem gewissen Zeitpunkt kolonisiert worden, entgegnete ich, und die römische Fremdherrschaft habe sich am Ende – trotz aller Willkür der Prokonsuln – für das Abendland recht segensvoll ausgewirkt. Schließlich sei China in Fernost ja auch stets als imperiale Macht aufgetreten, die im Umgang mit den Barbaren nur Vasallen duldete. Wie sei denn die ungeheure Expansion des Han-Volkes, das ursprünglich an den Ufern des Gelben Flusses die ersten chinesischen Staaten gegründet hatte, bis nach Hinterindien, in die ferne Tatarei und auf das tibetische Dach der Welt zu erklären, wenn nicht durch eine kontinuierliche Ausdehnungsdynamik und durch sukzessive Annexionen? Die maritimen Expeditionen der Ming-Dynastien nach Südindien, Indonesien und Ostafrika brauche man in diesem Zusammenhang gar nicht zu erwähnen. Schließlich sei es nicht Schuld der Europäer und Amerikaner, wenn das gewaltige Reich der Mitte, das mehr Einwohner zähle als die gesamte weiße Menschheit und über eine uralte Zivilisation verfüge, aufgrund der hochmütigen Abkapselung seiner Dynasten in eine Situation der Wehrlosigkeit und technischen Rückständigkeit geraten sei. Man blicke doch nur nach Japan: Was dort in den letzten Dekaden des 19. Jahrhunderts die Öffnung nach außen, die Meiji-Revolution, binnen kurzer Frist bewirkt habe. Während China wiederholt kapitulieren mußte, hatte Nippon 1905 das stolze Zarenreich zu Wasser und zu Lande vernichtend besiegt. Es entstand peinliche Betroffenheit. Offenbar war die Meiji-Revolution meinen chinesischen Gesprächspartnern nur sehr oberflächlich bekannt. Auch ich hatte die Grenzen der Ziemlichkeit erreicht.

Fang fragte mich nach der Lage in Polen. Ich wußte, daß die Führung Pekings mit besonderem Interesse nach Warschau blickte. Eine Zeitlang hatte Deng Xiaoping auf General Jaruzelski große Hoffnungen gesetzt. Nach den letzten Veränderungen an der Weichsel waren die chinesischen Kommunisten auf ihre polnischen Parteifreunde schlecht zu sprechen. Aber sie waren neugierig, und hier bot sich die Gelegenheit, ein paar schmerzliche Wahrheiten an den Mann zu bringen. Jaruzelski, so erklärte ich dem Sprecher des Außenministeriums, sei als polnischer Patriot zu achten, da er durch die Ausrufung des Kriegsrechtes gegen die eigene Bevölkerung die Besetzung seines Landes durch die sowjetischen Streitkräfte habe verhindern wollen. Im übrigen hätten sich die Verhältnisse Polens so dramatisch verschlechtert, daß ein Regimewechsel unausweichlich geworden sei. Wenn eine Regierung und eine dominierende Partei nicht mehr in der Lage seien, den elementaren Bedürfnissen und Erwartungen der breiten Massen zu entsprechen, wenn das System nicht funktioniere und der Staat zerfalle, dann sei eben eine Ablösung der Herrschenden und ein radikaler Wechsel der Methoden notwendig. Schließlich gehe es nicht darum, eine etablierte Nomenklatura in ihren Privilegien zu erhalten, sondern »dem Volk zu dienen«. Der Ausdruck »dem Volke dienen« war während der Kulturrevolution die ständig wiederholte, gebieterische Losung Mao Tsetungs an die eigene Partei gewesen. Die Dolmetscherin zögerte mit der Übersetzung. Aber ich wiederholte die Formel dreimal. Es entstand sichtbares Unbehagen bei den chinesischen Gastgebern. Wir wechselten noch ein paar Worte über die aufkommende Unrast in der DDR. Ich erwähnte die Gefahr einer unkontrollierbaren »Implosion« im gesamten sowjetischen Machtbereich, und wir verabschiedeten uns frostig. Es schien fast, als sei das Gespenst der bösen Kaiserin Ci Xi bei diesem Mittagessen zugegen gewesen.

Das gute Modell von Szetschuan

»Alle sieben bis acht Jahre müssen die Rinderteufel und Schlangengeister ausgetrieben werden«, hatte Mao Tsetung verordnet und derart die schrecklichen Sturmfluten gerechtfertigt, mit denen er sein Reich und sein Volk heimsuchte. Heute steht die Führung der Kommunistischen Partei wieder vor einem Scherbenhaufen. Das Bekenntnis zu den vier Grundprinzipien, auf denen die Volksrepublik angeblich ruht, klingt reichlich anachronistisch angesichts der radikalen Umwälzungen, die sich der kommunistischen Welt andernorts bemächtigt haben. Es ist mehr als ein Symbol, daß auf dem Platz des Himmlischen Friedens die zerschmetterte »Freiheitsgöttin« der Studenten nun durch ein häßliches Denkmal im dürftigen Stil des sozialistischen Realismus ersetzt wurde. Da stürmen die Repräsentanten der proletarischen Gesellschaft – Bauer, Arbeiter, Soldat und Intellektueller – wie zu einem Laokoon-Knäuel aneinandergepreßt in eine glorreiche Zukunft. Über die vier Prinzipien – sozialistischer Weg, Vorherrschaft der Kommunistischen Partei, Diktatur des Proletariats, Festhalten am Marxismus-Leninismus und an den Mao-Tsetung-Gedanken –, deren obsolete Aufzählung selbst den hohen Hierarchen des Regimes heute schwerfällt, wird noch ausführlich zu sprechen sein.

Ich möchte an dieser Stelle zurückblicken auf bessere Zeiten, als die Erneuerungspolitik Deng Xiaopings noch ihre ersten Blüten trug. Den Beginn der Modernisierungskampagne, die China in zehn Jahren so erstaunlich weit gebracht hat,

durfte ich 1980 in der Pilot-Provinz Szetschuan beobachten.
Ein gewisser Zhao Ziyang – er ist anläßlich des Tian-An-Men-
Tumults als Generalsekretär der KP Chinas gestürzt worden –
waltete damals als Parteisekretär in dieser Region am oberen
Yang Tsekiang und genoß die Gunst Deng Xiaopings, der
ebenfalls ein Sohn Szetschuans war. Meine Impressionen, die
ich 1980 notiert habe, seien hier im Wortlaut wiedergegeben.

Volksrepublik China, Provinz Szetschuan im Herbst 1980.
Jenseits von Mao, so beginnen meine Aufzeichnungen.

Im buddhistischen Bao-Guang-Tempel, im »Tempel des
Heiligen Lichtes«, versammeln sich ein paar Bonzen zum
Frühgebet, noch ehe die Sonne über der Ebene von Chengdu
aufgeht und den Osten rot färbt. Diese alten Männer sind
Überlebende. Jahrelang war es ihnen verboten gewesen, sich
vor dem goldenen Bildnis Gautamas zu verneigen, die Räucherstäbchen anzuzünden, die ehrwürdigen Sutren aufzusa-
gen. Auf der Höhe der Kulturrevolution hatte Zhou Enlai ein
Bataillon der Volksbefreiungsarmee zum Bao-Guang-Tempel
beordert, um die Zerstörung dieses historischen Heiligtums,
das auf die östliche Han-Dynastie zurückgeht, durch die Rotgardisten zu verhindern.

Seit 1972 ist dieser Gebäudekomplex wieder geöffnet. Erst
seit 1978 ist der Tempel des Heiligen Lichtes wieder als Kultstätte freigegeben. Es sind allerdings nur zwölf Mönche mit
ihrem Abt, die sich hier dem Gebet und der Meditation hingeben. Zeichen der Toleranz: zwei junge Novizen, die noch nicht
die Robe tragen, durften sich ihnen beigesellen. Der Buddhismus ist keine Gefahr für das ideologische Fundament der
kommunistischen Volksrepublik China, das haben die Präze-
denzfälle Vietnam, Laos und Kambodscha bewiesen. Zudem
hatte sich im Reich der Mitte ähnlich wie in Vietnam der
Mahayana-Buddhismus verbreitet. Die Lehre des Großen

Fahrzeugs war schon zu Zeiten der mittelalterlichen Tang-Dynastie nach einer Periode großer Macht durch die hochoffizielle staatliche Sittenlehre des Konfuzianismus zu einer Art Volksreligion deklariert worden. Die bescheidene Wiedergeburt des Buddhismus im Tempel von Bao-Guang gibt – ohne daß die Mönche und auch die kommunistischen Funktionäre sich dessen bewußt würden – Zeugnis von der Vergänglichkeit aller fremden Heilslehren und aller ausländischen Ideologien im Reich der Mitte.

Die Besuchermengen des heutigen China drängen sich vor den Statuen der fünfhundert Luohan, die kaum 200 Jahre alt sind und auf die mandschurische Qing-Dynastie zurückgehen. Diese Galerie aus Gips und Kitsch, die unwillkürlich an den Tiger-Balm-Park von Singapur erinnert, stellt Fabelwesen, Heilige und Boddhisatvas dar, Gestalten, die in der Nachbarschaft frühchinesischen Dämonenglaubens und der Naturreligion des Taoismus verwurzelt sind. Nur ein Greis und eine Greisin verbeugen sich noch mit den Räucherstäbchen vor dieser bizarren Heiligengalerie. Aus den Gesichtern der Jüngeren spricht Neugier, Verwunderung und Spaß an diesen typisch chinesischen Verzerrungen. Der urchinesische Taoismus hatte den Buddhismus überwuchert. Der Tao selbst, früher einmal, zu Zeiten des legendären Laotse, eine hehre Philosophie menschlichen Abstandes von den Dingen, war zu einem wirren Pandämonium geworden. Wer kennt heute in China noch die Schriften des weisen Laotse? Und da stellt sich die Frage: Wie wird es morgen den Gedanken und Weisungen des großen Mao Tse ergehen, des »großen Steuermannes« Mao Tsetung?

Noch herrscht die Statue Mao Tsetungs über dem Paradeplatz von Chengdu, der Hauptstadt der Provinz Szetschuan. Die moderne Kongreßhalle im Hintergrund wurde an der Stelle eines schönen alten Kaiserpalastes errichtet, der dem

Vandalismus der Kulturrevolution zum Opfer fiel. »Ihr sitzt drinnen im Trockenen«, so soll der greise Mao den Erbauern dieser Kongreßhalle gesagt haben, »und mich laßt ihr draußen im Regen stehen.«

Eine seltsame Geschäftigkeit hat sich dieses Platzes von Chengdu am Vorabend des Nationalfeiertages der Volksrepublik China im Spätsommer 1980 bemächtigt. In den internationalen Zeitungskommentaren ist von Entmaoisierung die Rede, von dem Verzicht auf marxistische Propaganda-Embleme. Aber hier im Herzen Chinas, in der volkreichsten Provinz mit hundert Millionen Einwohnern, werden die Porträts der Parteigötzen wieder aufgehängt. Arbeiter hieven, einen nach dem anderen, die Väter der Revolution, Marx und Engels, Lenin und sogar den obsoleten Marschall Stalin, auf ihre alten Podeste. Handelt es sich um restaurative Tendenzen der Parteihierarchie von Szetschuan, die den Liberalisierungstendenzen der Zentralregierung von Peking zuwiderlaufen? Von höchster Stelle wird uns versichert, daß diese Zurschaustellung der alten Ikonen nur eine zeitlich befristete Geste sei, daß sie nach dem Jahrestag der Gründung der Volksrepublik wieder verschwinden würden. Ein subtiles Pendelspiel ist im Gang. Einerseits, um die Altkommunisten und Parteikader nicht total zu verunsichern und zu passivem Widerstand gegen die neue Linie zu reizen, proklamieren die Gefolgsleute des mächtigen Deng Xiaoping weiterhin ihre Treue zum Marxismus-Leninismus und zu den Mao-Tsetung-Gedanken. Andererseits wird in steigendem Maße dem neuen Pragmatismus gehuldigt, der neuen Theorie von konkretem, materiellem Fortschritt, der sich an Leistung und Produktivität messen läßt. Die Politik der Vier Modernisierungen ist zur Leitschnur des nach-maoistischen China geworden, das sich von den Exzessen der Kulturrevolution lossagt und die sogenannte Vierer-Bande für alle Fehler und Verbrechen der Vergangenheit verantwortlich macht. Leuchtende, westlich anmutende Plakate weisen in eine bessere Zukunft voller Wohlstand und Wissenschaft.

Im Rahmen einer restaurierten nationalen Vergangenheit, in der Pagode der Poetin Si Tao, treffen wir Jungkommunisten an, die zur ideologischen Debatte zusammengerufen wurden. Die Verwirrung dieser jungen Leute angesichts des Zickzackkurses aus Peking muß groß sein. Andererseits stellt dieses Schaukelspiel zwischen marxistischer Beharrung und modernistischer Sachlichkeit auch eine typisch chinesische Lösung dar, die Rückkehr zum konfuzianischen Prinzip des rechten Maßes, der goldenen Mitte. Im Park der Dichterin Si Tao, die im 8. Jahrhundert unserer Zeitrechnung ihre höfischen Verse schrieb, diskutieren die Jungkommunisten unter Anleitung eines Propagandisten der Partei über die Vier Modernisierungen in der Reihenfolge: Modernisierung der Landwirtschaft, der Industrie, Modernisierung von Wissenschaft und Technik und schließlich Modernisierung der Streitkräfte. Ein weites Feld.

Die Beherrschung des Wassers, die Bändigung der Ströme und die Irrigation stehen am Anfang der chinesischen Geschichte, der chinesischen Landwirtschaft und einer von der Natur erzwungenen Kollektivdisziplin, die Tausende von Jahren vor Mao Tsetung entstand. Das Bewässerungssystem von Dujiangyan, zu dem die Bevölkerung und die Besucher Szetschuans heute noch in Scharen pilgern, wurde im Jahre 256 v. Chr. durch Li Bing, den Gouverneur von Shu, und seinen Sohn Er Long errichtet. Dort, wo die Ebene des Guan-Kreises in unwirtliche Gebirge überleitet, wurden die Wasser des Minjiang-Flusses aufgefangen und kanalisiert. Am sogenannten »Fischmaul« wird der Minjiang durch den Feisha-Damm in zwei Flußbette geteilt. Das eine dient der Ableitung der Überschwemmungsfluten, das andere der Bewässerung der gesamten Reisebene von Chengdu. In jüngster Vergangenheit ist das System so konsequent erweitert worden, daß 530 000 Hektar durch den Minjiang irrigiert werden. Der alte Gouverneur Li Bing, der früher wie ein Halbgott verehrt wurde, hat an dieser Stelle, so besagt die Legende, einen bösartigen Drachen bezwungen, der den Fluß heimsuchte. Ob die Schüler und Jungpioniere, denen die Geschichte des frühen Reiches der Mitte wieder nahegebracht wird, auch um diesen mythischen Hintergrund wissen?

Von den gebändigten Wassern des Minjiang-Flusses lebt auch die Volkskommune Zhu Tiao in der Ebene von Chengdu. Hier wurden uns die Bemühungen um das Gelingen der Vier Modernisierungen auf dem Gebiet der Landwirtschaft vorgeführt, die dringende Priorität im nach-maoistischen China. In aller Stille vollzieht sich eine psychologische und auf lange Sicht gesellschaftliche Umkrempelung von weitreichenden Folgen.

Die 9. Produktionsbrigade, die uns hier vorgeführt wurde, umfaßt 7 000 Haushalte mit 27 500 Menschen. Ihr Gebiet erstreckt sich über 1 500 Hektar. Im wesentlichen wird Reis angebaut, aber auch Raps und Weizen im Frühling und Winter. Seit Zerschlagung der Vierer-Bande, also seit 1976, sei die Reisernte um etwa vierzehn Prozent gesteigert worden. Vor allem für die Kommune-Bauern haben sich seit Einleitung der Modernisierungspolitik erhebliche Veränderungen ergeben. Für Leistung und Überschreitung des Plansolls wurde ein System von Punkten und Prämien eingeführt. Das durchschnittliche Pro-Kopf-Einkommen der Kommune-Angehörigen hat sich in den letzten vier Jahren fast verdoppelt, bleibt aber mit einer jährlichen Barausschüttung von 93 Yuan im Jahr 1979 für unsere Begriffe noch erschreckend niedrig, denn es wird demnach pro Monat und pro Kopf der Gegenwert von weniger als 10 DM, ein Trinkgeld gewissermaßen, ausgezahlt.

Hinzu kommen allerdings Ergänzungen in Form von Naturalien, die den Wert von etwa 100 DM im Jahr darstellen. Selbst in dieser begünstigten Kommune in der reichen Reisprovinz Szetschuan lebt man also am Rande des Existenzminimums, und der Beobachter kann sich ausmalen, wie es in den von der Natur vernachlässigten Teilen Chinas aussehen mag.

Bemerkenswerte Korrekturen müssen berücksichtigt werden, vor allem das System der Privatparzellen, die von jeder Bauernfamilie der Kommune individuell bewirtschaftet und vermarktet werden können. Hier sind tatsächlich Neuerungen eingetreten. Von sieben Prozent der bewirtschafteten Gesamtfläche in der Volkskommune Zhu Tiao ist der Anteil der Privatparzellen auf zwölf Prozent angestiegen. Das sind kleine, oft winzige Felder oder – besser gesagt – Schrebergärten, auf denen die Bauern überwiegend Süßkartoffeln für die Schweine oder Sojabohnen in äußerster Intensität pflanzen. Das Gemüse der Privatparzellen steht dem Eigenbedarf zur Verfügung oder kann auf dem freien Markt zu guten Preisen verkauft werden. Vor allem aber dienen die kleinen eigenen Felder der Schweinezucht. Ein Kommune-Bauer darf heute so viel Vieh – Schweine, Kaninchen, Hühner – halten, wie er will und kann. Beim Verkauf des Schweinefleischs muß die Hälfte zu einem fixierten Festpreis an die zuständige staatliche Behörde abgeliefert werden, aber die übrigen fünfzig Prozent gehen zu freien Preisen auf den freien Markt. Das gleiche gilt für die Sojabohnenernte der Privatparzellen, so daß eine fünfköpfige Familie allein durch diese Mini-Privatwirtschaft auf einen Zusatzgewinn von 300 Yuan oder 360 DM im Jahr kommen kann.

Zusätzliche Vergünstigungen ergeben sich bei Überschreitungen des Plansolls auf den Kollektivfeldern. Wird – um eine willkürliche Zahl zu nennen – statt der vorgeschriebenen 100 kg Reis der doppelte Ernteertrag, also 200 kg, eingebracht, so werden diese zusätzlichen 100 kg wie folgt vermarktet: 30 kg aus dem Übersoll gehen an die staatliche Behörde, aber zu einem Preis, der um sechzig Prozent über dem Abgabepreis aus der laut Plan vorgeschriebenen Ernte liegt. Die übrigen 70 kg des Übersolls werden an die Mitglieder der Produktionsgruppe verteilt und können zu freien Preisen auf dem freien Markt verkauft werden. Da der Reis in China weiterhin rationiert bleibt, können die Kommune-Bauern auf dem freien Markt oft das Doppelte des offiziellen Reispreises erzielen. Gleiches gilt für das ebenfalls rationierte Speiseöl.

Eine zusätzliche Erweiterung der Privatparzellen wird allerdings in Szetschuan nicht ins Auge gefaßt. Angesichts der erdrückenden Bevölkerungsdichte dieser Provinz wäre eine totale Zersplitterung der Landwirtschaft zu befürchten. Eine radikale Rückkehr zum privaten Bodenbesitz würde zudem entscheidende und positive Errungenschaften des Maoismus in Frage stellen. Schnell würde sich die Mehrzahl der Kommune-Bauern wieder in Pächter und Tagelöhner verwandeln, die durch Wucherzins und Ausbeutung seitens der kleinen und großen Landlords bald in extreme Armut und Abhängigkeit gerieten.

Immer wieder begegnen wir Arbeitern und Bauern, die schwerste Lasten ziehen und schleppen, darunter die unentbehrlichen Karren mit menschlichen Exkrementen, die der Düngung dienen. Dieser Frondienst vermittelt einen Eindruck von der äußerst schmalen Marge, die in China das Existenzminimum der Massen abschirmt. Diese Menschen, die sich im Schweiße ihres Körpers und am Rande ihrer Kraft mühen, verfügen heute wenigstens über die Sicherheit des gefüllten Reisnapfes zu den drei Tagesmahlzeiten. Eine brüske Abwendung von den kollektiven Wirtschaftsformen des Maoismus könnte sie einer schrecklichen Unsicherheit ausliefern.

Schließlich haben sich die landwirtschaftlichen Volkskommunen in forciertem Tempo an die Schaffung von Werkstätten und kleinen Fabriken gemacht. Der Gewinn aus diesen Nebenbetrieben – Ziegelbrennereien, Lebensmittelverarbeitung, Herstellung von Baumaterial, Reparaturwerkstätten – erbringt für die jeweilige Produktionsbrigade die weitaus größte Summe, die vier Jahre lang durch keinerlei staatliche Abgaben, nicht einmal durch Steuern, belastet wird. Von den Einnahmen dieser Nebenbetriebe – immerhin 760 000 Yuan bei der 9. Produktionsbrigade – gehen vierzig Prozent für Neuinvestitionen ab, dreißig Prozent für landwirtschaftliche Verbesserungen, fünf Prozent als Rohstoffreserven für die Werktätigen, fünf Prozent für Wohlfahrtseinrichtungen. Zwanzig Prozent dieser Brigadeeinkünfte werden direkt an die beteiligten Bauern und Arbeiter ausgeschüttet.

Vor einer Plakatwand, auf der noch die verschwommenen Schriftzeichen zum Lob des Zentralkomitees und der Vier Modernisierungen zu erkennen sind und die nun mit einer schönen Landschaftsmalerei überdeckt werden soll, bemerkte der Verantwortliche der Brigade: »Es wird Zeit, daß wir mit den Parolen aufräumen und in den Tatsachen wurzeln.«

Dennoch hat die Partei der Rückkehr zum Privatgeschäft enge Grenzen gesetzt. In der Provinzhauptstadt Chengdu, deren Stadtkern von 1,5 Millionen Menschen bevölkert ist – mit den Außenbezirken beläuft sich die Zahl auf 3,3 Millionen –, gibt es 2 700 sogenannte Familienbetriebe. Dazu zählen vor allem die Reparaturwerkstätten für Fahrräder. Auch Schuster, Schreiner und Besitzer von kleinen Garküchen haben gelegentlich Privatunternehmen eingerichtet und vor allem die Hersteller von Papierkränzen für die Beerdigungen. Nur 6 000 Menschen insgesamt sind in diesen Familienunternehmen beschäftigt, selten mehr als zwei pro Betrieb, oft sind es Mann und Frau, Sohn und Vater oder zwei Brüder. Das

Gesamtkapital an Produktionsmitteln für diesen bescheidenen Wirtschaftszweig beläuft sich in ganz Chengdu auf 170 000 DM, und der Jahresumsatz übersteigt nicht 300 000 DM insgesamt, das sind 0,27 Prozent des totalen Geschäftsumsatzes der Stadt. Wenn diese Kleinstunternehmer heute im Gegensatz zur revolutionären Vergangenheit ermutigt werden, so soll damit vor allem die Arbeitslosigkeit eingedämmt werden, die die junge Generation belastet und demoralisiert.

Wirksamer als diese Mini-Privatisierung wirken sich jedoch die von Straßenkomitees gegründeten Unternehmen aus, von denen es in Chengdu 700 gibt und in denen 50 000 Werktätige – überwiegend Jugendliche – Arbeit gefunden haben sollen. Die Straßenkomitee-Betriebe werden in ihrer Eigeninitiative ebenso begünstigt wie die bereits erwähnten Industriezweige der Volkskommunen. Von einer ungezügelten Rückkehr zum freien Spiel der unternehmerischen und marktwirtschaftlichen Kräfte ist man auch in der Modellprovinz Szetschuan weit entfernt, wie uns der stellvertretende Provinzgouverneur He Haochu erklärte.

Immerhin hat die bescheidene Liberalisierung von Landwirtschaft und Handel in zahlreichen Provinzen Chinas, vor allem in Szetschuan, im Jahre 1980 zu einem Überangebot an Schweinefleisch geführt. Hier wirkte sich zweifellos die forcierte und liebevolle Schweinezucht auf den Privatparzellen aus. Hinzu kommt auch der Mangel an Kühlhäusern, so daß diese Schweinefleisch-Schwemme sofort nach der Schlachtung auf den Markt gerät und die Kommune-Bauern durch Prämien ermutigt werden müssen, ihre Tiere noch weiter zu halten und nicht zu kommerzialisieren.

Die malerische Landschaft am nördlichen Rande des »roten Beckens« von Szetschuan, wie der Geograph Richthofen es nannte, wird vom »Tempel der zwei Könige« beherrscht.

Ursprünglich handelte es sich um einen konfuzianischen Ahnentempel, der zu Ehren des großen Dammbauers und Gouverneurs Li Bing und seines tatkräftigen Sohnes Er Long errichtet wurde. Die Bilderstürmer der Kulturrevolution hatten die Standbilder dieser verdienten Vorväter zerstört. An ihre Stelle sind neuerdings kitschige Statuen in grellen Farben und im unerträglichen Stil des sozialistischen Realismus gesetzt worden. Dennoch wandert das Volk zu diesen idyllischen Stätten einer großen und unverstandenen Vergangenheit, deren Feudalstrukturen sich – den Regimekritikern zufolge – auch im heutigen, angeblich klassenlosen und sozialistischen System noch hintergründig spiegeln. Der Revisionismus kann dem Maoismus erst dann gefährlich werden, wenn er sich im ehrwürdigen Gewand der großen konfuzianischen Tradition bewegt.

Ewiges China jenseits von Mao, jenseits der Schrecken und der Gewalttätigkeit der »großen proletarischen Kulturrevolution«. In den Teestuben sitzen die Greise mit zerfurchten und weisen Gesichtern. Die ältesten von ihnen haben noch die letzten Jahre des Mandschu-Reiches erlebt, dann die nationalbürgerliche Revolution der Kuomintang, den Einfall der Japaner in das Reich der Mitte. Schließlich kam die Machtergreifung der Kommunisten. Jetzt steht im Zeichen der Teilliberalisierung eine neue Wende bevor.

Wir haben in Chengdu die Ateliers des chinesischen Fernsehens aufgesucht. Es wurden Werbespots gedreht. Seide aus Shandong wird den Konsumenten angepriesen. Drei für die lokalen Verhältnisse elegant zurechtgemachte Mannequins bewegen sich etwas verlegen zwischen den Ausstellungsobjekten. Werbung, Reklame, besser gesagt Kundenservice, soll das Interesse am Handel, den Drang zu Leistung und Verdienst ankurbeln.

Zur gleichen Stunde drängt sich ein breites bäuerliches

Publikum im Opernhaus von Chengdu. Ein tibetisches Märchen – in Ballettform dargestellt – steht auf dem Programm. Es geht um die Liebe der Lotusblütenfee zu einem heldischen Prinzen in diesem höchsten Gebirgsland am Rande des Himalaja. Für den europäischen Zuschauer wirkt der Prinz ein wenig wie ein Zigeunerbaron. Die böse Königin, die in Wirklichkeit eine Hexe ist, sucht das Glück der beiden Liebenden durch Zauber und Magie zu vernichten, aber am Ende triumphiert das Märchenpaar, und die Untertanen feiern dieses recht feudalistische Happy-End mit Gesang und Tanz. Wir sind hier unendlich weit entfernt von den Propagandaklischees der Mao-Witwe Jiang Qing, vom »roten Frauenbataillon«, vom »Azaleen-Berg« und anderen Bühnenproduktionen des proletarisch-revolutionären Kunstspiels aus der späten Mao-Ära. An ihre Stelle ist übrigens noch keine neue überzeugende Opern- oder Theaterdirektive getreten, sondern es vollzog sich die Rückkehr zum einfältigen Märchen und zum süßen Kitsch mit Revueausstattung. Das Spiel von der Lotusblütenfee erinnert immerhin daran, daß ein beachtlicher Teil der Gebirgsbevölkerung in der Provinz Szetschuan der tibetischen Minderheit angehört. Es ist auch bezeichnend, daß sämtliche Rollen durch reine Han-Chinesen interpretiert werden und daß kein Tibeter auf der Bühne zu entdecken ist.

Im Jahr 1980 war ganz China durch Wetterunbilden, durch Dürre im Norden, Überschwemmungen im Süden, heimgesucht. Die Landwirtschaft hat darunter gelitten, und das Reich der Mitte war gezwungen, Getreide aus Amerika zu importieren. Schlimmer als die Launen des Himmels, der Wolken und der Winde lastet das Problem der Überbevölkerung, der Bevölkerungsexplosion auf den Modernisierungsabsichten der neuen Mannschaft in Peking. Seit der maoistischen Machtergreifung im Jahr 1949 hat sich die Zahl der Chinesen fast verdoppelt, ist von 500 bis 600 Millionen auf die schwindelerregende Zahl von einer Milliarde Menschen geschnellt. Das Gedränge der Massen im unvorstellbar dichtbesiedelten Szetschuan ist bedrückend, wirkt sich auf den ausländischen Besucher am Ende wie ein Alptraum aus. Das Gewimmel in den Gassen, Straßen und Märkten muß die Grenzen des Erträglichen erreichen. »Wenn alles gut geht«, so sagen die um Geburtenkontrolle bemühten Behörden, »wird China im Jahr 2000 eine Milliarde zweihundert Millionen Einwohner zählen. Falls sich unsere Menschen jedoch ohne Einschränkung reproduzieren, erreichen wir im Laufe des 21. Jahrhunderts die absolute Katastrophenzahl von vier Milliarden Menschen, und dann kann uns kein Wunderprogramm und keine Modernisierung mehr helfen.«

Wird die Schlacht gegen die Bevölkerungsexplosion in den zahlreichen Apotheken entschieden, wo neben Wurzeln und Kräuterrezepten der altchinesischen Medizin Pille und Präservative kostenlos und in beliebigen Mengen verteilt werden? Auch an Unverheiratete werden neuerdings Verhütungsmittel ohne Nachfragen abgegeben. Den schwangeren Frauen wird in zahlreichen Kliniken die Möglichkeit zur Abtreibung nahegelegt, wenn sie nicht dazu gezwungen werden. Das Absaugverfahren soll weit verbreitet sein. Eine große Wand im Zentrum von Chengdu verkündet die Parole sogar auf englisch. In einer Stadt, wo nicht einmal der Direktor und die Telefonistin im Hotel für ausländische Gäste über elementare Fremdsprachenkenntnisse verfügen, ist auf dem Plakat, das vor unseren Augen entstand, in bestem Englisch zu lesen: »You'd better have one child only – Du solltest nur ein Kind haben!« Die Frau mit dem einzigen Kind auf dem Arm blickt hier in eine strahlende Zukunft.

Im 5. Kindergarten von Chengdu sind die Kleinen zwischen 3 und 6 Jahre alt. 9,3 Yuan, das sind etwa 11 DM pro Monat, müssen die Eltern zahlen, damit ihre Sprößlinge hier von 7 bis 17 Uhr versorgt und beschäftigt werden. Dazu kommen pro Halbjahr 5 Yuan für Schulgeld und Spielzeug. Unter den 300 Halbinternen des 5. Kindergartens befinden sich überwiegend Einzelkinder, die in jeder Hinsicht privilegiert sind. Höflich, diszipliniert, tapfer und ehrlich soll der junge Chinese von morgen sein. Seit dem Tode Maos hat man in diesen Institutionen endlich auf die peinlichen Militärpossen verzichtet, wo Vierjährige in der Uniform der Volksbefreiungsarmee mit Gewehr und Bajonett herumfuchtelten, wo der Reigen der Mädchen sich am Ende stets mit verzücktem Lächeln vor dem Porträt des »großen Steuermanns« verneigte.

In den Städten – so hört man – sei die Kampagne für die Familienbeschränkung auf ein Kind durch Prämien und im Falle von Zuwiderhandlung durch Geldbußen recht erfolgreich gewesen. Seit einem Jahr wird das Experiment auch konsequent auf die Landkommunen ausgedehnt, wo die Bauern aus Gründen der eigenen Altersversorgung, aber auch aus konfuzianischer Tradition auf zahlreiche Nachkommenschaft erpicht sind. In der Volkskommune Zhu Tiao, die wir besuchten, hatten sich von den 1 088 jungen Ehepaaren, die im Jahre 1979 geheiratet hatten, mehr als 90 Prozent durch Kontrakt dazu verpflichtet, nur ein einziges Kind zu zeugen. Bei Kontraktunterzeichnung wurde ihnen die relativ beachtliche Summe von 50 Yuan, das waren damals etwa 60 DM, ausgezahlt. Das Einzelkind erhält bis zum 14. Lebensjahr einen Zuschuß von monatlich 5 Yuan, dazu einen Privatparzellen-Anteil, der um 40 Prozent über der normalen Individualzuteilung liegt. Das Einzelkind erhält von Anfang an die volle Getreideration eines Erwachsenen. Kindergarten, Schule und medizinische Betreuung sind für diese kleinen Privilegierten frei, und die Eltern werden bei der Zuteilung begehrter Stellen begünstigt. Stellt sich jedoch, unter Mißachtung des Kontrakts, ein zweites Kind ein, dann müssen alle Prämien zurückgezahlt werden, und das Erstkind geht seiner Vorteile verlustig. Beim dritten Kind kommt ein abgestuftes System von Geldbußen und beruflichen Nachteilen hinzu.

Im 5. Kindergarten von Chengdu lernen die Kinder beim Glaskugelspiel fehlerfrei mit Stäbchen zu essen. Sie basteln, lösen einfache Rechenaufgaben, machen sich mit den ersten Schriftzeichen vertraut und treiben Sport. Bei unseren Streifzügen durch Chengdu konnten wir feststellen, daß andere Kindergärten ebenso großzügig ausgestattet waren wie der 5. Am Ende wurde zu unseren Ehren ein tibetischer Tanz von den chinesischen Kindern vorgeführt. Wieder einmal wurde im Hinblick auf die ethnischen Minderheiten eine kulturelle Harmonie demonstriert, die in dieser Idyllik reichlich überzogen wirkte.

In Tschungking, der betriebsamen Industrie- und Hafenstadt der Provinz Szetschuan, vereinigt sich der Jialing-Fluß mit dem mächtigen Yang Tsekiang, dem größten Strom Chinas. Das Wetter ist das ganze Jahr über ziemlich unerträglich in diesem Kessel, und jeder heimatkundliche Schulaufsatz beginnt hier mit dem Satz: »Tschungking ist neben Wuhan und Nanking einer der Glutöfen Chinas; Tschungking ist überdies eine Berg- und Nebelstadt.« Tatsächlich ist dieses Industrierevier zwischen Herbst und Frühjahr so dicht von Wolken und Dunst verhangen, daß die Hunde – dem Volksmund zufolge – bellen, wenn wirklich einmal ein Sonnenstrahl durchbricht.

Die jüngere Geschichte Tschungkings ist von Tragödien gezeichnet. Im chinesisch-japanischen Krieg zog sich die Kuomintang-Armee Tschiang Kaisheks vor den Soldaten des Tenno in die Gebirgsfestung Szetschuan zurück. Es verging kein halbwegs heller Tag, an dem die japanische Luftwaffe dieses Regierungszentrum der Nationalchinesen nicht bombardierte. Noch heute sind die Stollen und Tunnel im Felsgestein erhalten, wo die Bevölkerung Zuflucht vor dem wahllosen Bombardement suchte. Neuerdings spannt sich eine kühne Brücke über den Yangtse, die erst im Sommer 1980 eingeweiht wurde. Zu Füßen ihrer Pfeiler ist auf der Flußinsel noch die Rollbahn zu erkennen, die der Kuomintang und ihren amerikanischen Verbündeten im Zweiten Weltkrieg als prekärer Flugplatz diente. In diesen Jahren des verzweifelten Abwehrkampfes gegen den Herrschaftsanspruch Japans hatte Tschiang Kaishek mit äußerster Anstrengung zahlreiche Fabriken aus dem unteren Yangtse-Tal in Richtung Tschungking verlegen lassen. Die Industrialisierung dieses Reviers, das immer noch chaotisch wirkt, stammt aus jenen dramatischen Tagen. Damals gab es auch noch nicht jene asphaltierten Straßen, die heute in steilen Biegungen die abschüssigen Hänge befahrbar machen. Durch das Gewirr der ärmlichen Holzhäuser führten nur Treppen. Die Lasten wurden von Kulis auf dem Rücken geschleppt. Die Vornehmen und Vermögenden ließen sich in Sänften tragen. Noch heute sind die Steigungen der Straßen so abrupt, daß Tschungking wohl als einzige Siedlung der Volksrepublik eine Stadt ohne Fahrräder ist. Tschungking zählte 1980 zwei Millionen Menschen. Im umliegenden Ballungsgebiet drängten sich sechs Millionen.

In der Zeng-Jiayan-Straße werden alle Besucher zu einem unauffälligen Haus geführt. Dort hielt der spätere Ministerpräsident Zhou Enlai mit einem Stab der 8. Kommunistischen Feldarmee in der Zeit der antijapanischen Koalition Verbindung zu den Nationalisten Tschiang Kaisheks. Hierhin kam im Jahre 1945 auch Mao Tsetung in Person, als die Amerikaner einen letzten Versuch unternahmen, den Bürgerkrieg zwischen Weiß und Rot zu verhindern. Im November 1949 hielt die siegreiche Volksbefreiungsarmee ihren triumphalen Einmarsch in diese einstige Hochburg ihrer Gegner.

Damit sollten die Prüfungen der Menschen von Tschungking jedoch nicht beendet sein. Ganz offen wird heute über den Alptraum der Kulturrevolution gesprochen, die im Jahr 1966 ausbrach, sich hier jedoch länger austobte als in allen anderen Städten Chinas. Tschungking war in jenen Jahren Schauplatz eines rabiaten Bürgerkrieges, dem Tausende zum Opfer fielen. Die verschiedenen Fraktionen von Rotgardisten setzten sogar schwere Artillerie und Panzer bei der Austragung ihrer ideologischen Differenzen ein. Im Straßenbild sind nur noch wenige Spuren der damaligen Verwüstung aufzuspüren. Auf persönliche Weisung Maos sorgte schließlich die Volksbefreiungsarmee für Ordnung, nachdem eine große Zahl lokaler Parteifunktionäre füsiliert worden war. Aber die Bevölkerung bleibt weiter durch die Nachwehen der damaligen Feindseligkeit, des tiefen Hasses gezeichnet, der quer durch die Familien und Sippen verlief.

Ein Schaukasten im Zentrum von Tschungking illustriert die feierliche Rehabilitierung Liu Shaoqis, des großen Gegenspielers Mao Tsetungs vor der Kulturrevolution, der im Zuge des Tumults der Rotgardisten aller Ämter enthoben, ja eingekerkert wurde und schließlich in der Haft starb. Liu Shaoqi ist heute wieder in die Ahnengalerie der Volksrepublik eingereiht. Gleichzeitig jedoch wird mit Porträts und roten Wandplakaten den Mao-Tsetung-Ideen gehuldigt. Man unterscheidet neuerdings zwischen den heldischen und weitsichtigen Taten Maos vor dem »großen Sprung nach vorn«, und insbesondere vor der Kulturrevolution, sowie andererseits den Irrungen und Fehlern, denen der »große Steuermann« in seiner letzten Dekade unter dem angeblichen Einfluß der Vierer-Bande erlag. Für den Durchschnittschinesen, der sich sehr wohl an den idolatrischen Personenkult und an den hysterischen Rummel um das kleine Rote Buch erinnert, besteht da wohl Anlaß zur Bewußtseinsspaltung, es sei denn, er überspielt dieses propagandistische Wechselbad durch seine angeborene schauspielerische Begabung und eine kräftige Dosis kollektiver Heuchelei.

Hinter den schamhaft vorgehaltenen Emblemen der Vergangenheit vollzieht sich der Wandel gerade auch im Kulturellen. In Tschungking haben Behörden und Volk zur überlieferten Szetschuan-Oper zurückgefunden. Wir wohnten der Aufführung einer Art »Kabale und Liebe« bei. Das Theaterstück ist kaum zweihundert Jahre alt, stammt aus der Mandschu-Ära und schildert die traurige Geschichte einer schönen Schauspielerin, die von ihrem Fürsten begehrt wird. Zuerst wird ihr Ehemann, ebenfalls ein Akteur, in den Tod getrieben, dann kommt es zu einem Konflikt zwischen dem Fürsten und seinem einflußreichen Ratgeber, der hier die Rolle des Sekretärs Wurm spielt. Beide wetteifern um die Gunst der schönen Frau. Am Ende sterben sie alle. Die Wiederbelebung dieser Moritat aus der feudalen Vergangenheit erfreut die Masse der Zuschauer, aber eine gültige Alternative zur verpönten revolutionären Oper des Maoismus bietet sie kaum. Schon beschweren sich die chinesischen Jugendlichen der Hochschulen, daß jene aufsässigen und frechen Bühnenstücke, die die Mißstände der Gegenwart, vor allem die Korruption und die Arroganz der kommunistischen Funktionäre und Parteikader, kritisieren, sehr schnell wieder in den Untergrund gedrängt und aus den offiziellen Spielplänen verbannt wurden.

Das zentrale Warenhaus von Tschungking ist zum Tempel einer neuen Gesinnung, einer steigenden Konsumbesessenheit geworden. Zwanzigtausend Artikel werden hier von siebenhundert Angestellten zum Verkauf angeboten, und die Massen drängen sich. Als der starke Mann des heutigen China, Deng Xiaoping, kurz nach den Verheerungen der Kulturrevolution seine Heimatstadt besuchte, soll er in Tränen ausgebrochen sein. Die Bevölkerung hungerte in dieser reichen Provinz, und das Warenangebot war gleich Null. Seitdem hat sich dank der neuen Wirtschaftspolitik Zhao Ziyangs, der bis zum Sommer 1980 als verantwortlicher Parteisekretär für Szetschuan fungierte, ehe er zum Ministerpräsidenten der Volksrepublik berufen wurde, vieles gebessert. Noch kann das Warenangebot nur in Ausnahmefällen der internationalen Konkurrenz standhalten. Noch ist die jährliche Zuteilung an Baumwolltextilien pro Kopf auf vier Meter beschränkt. Aber der Verkauf von Seide und Kunststoffen ist frei, und der Umsatz dieses Warenhauses erreichte in den ersten acht Monaten des Jahres 1980 die Summe von 35 Millionen Yuan, das waren etwa 42 Millionen DM, ein gewaltiger Betrag für chinesische Verhältnisse. Das importierte Farbfernsehgerät aus Japan zu 1 500 Yuan können sich allerdings nur die Höchstbegünstigten des Regimes leisten.

Das boomende China des Jahres 2000 können die kleinen Leute in kitschig-dekorierten Fotoateliers vorwegnehmen. Hier wird eine glückliche Zukunft erträumt. Man versammelt sich zu einer Familien- oder Hochzeitsaufnahme vor der Attrappenkulisse einer bürgerlich ausgestatteten, halbwegs geräumigen Wohnung mit Fernsehapparat, Telefon, kunststoffbezogenen Möbeln, Spielzeug und Nippes. Eine Wolkenkratzer-Skyline amerikanischen Formats verstärkt die Illusion.

Die gigantische Volkshalle von Tschungking, im klassisch-chinesischen Stil errichtet, wurde – wie das angegliederte Hotel – bereits im Jahre 1953, vier Jahre nach der kommunistischen Machtergreifung erbaut. Während der Kulturrevolution soll der Architekt dieses Monuments, nicht aber seine Auftraggeber, unter der Anklage der Verschwendung hingerichtet worden sein. An der Innenseite des Portals steht noch der maoistische Leitspruch von einst: »Dem Volke dienen!«

Aber auf der Bühne der Volkshalle ertönen exotische Weisen aus dem Westen. Die Sonne Italiens verdrängt durch Belcanto den Nebel von Tschungking. Das schmalzige Lied »O sole mio« verzückt die Zuhörer im blauen Mao-Look.

Bergarbeiter fahren in der Umgebung von Tschungking in ihre Kohlengrube ein. Sie gehören auch heute noch zur gutbezahlten Vorhut der Arbeiterklasse. Aber mit ideologischen Sprüchen kann man sie nicht mehr zur Leistung anspornen. Hier zählt nur noch das Punkte- und Leistungssystem. Die Kumpels in den Zechen von Szetschuan lassen sich nicht mehr mit Parolen abspeisen. Bei ihnen könnte die polnische Gewerkschaft »Solidarnosc« Schule machen. Mit gemischten Gefühlen blicken die Regierenden von Peking auf die Ereignisse an der Weichsel. Einerseits begrüßt man die Schwächung der sowjetischen Position in Europa, andererseits befürchtet man ein Echo der polnischen Entwicklung bei der chinesischen Arbeiterschaft.

Die Zweite Modernisierung, die der Industrie, ließ sich im Sommer 1980 am Beispiel einer neubewirtschafteten Uhrenfabrik untersuchen. Das Hauptgewicht soll von der Schwerindustrie auf die Leichtindustrie verlagert werden. Damit will die Führung nicht nur dem drängenden Konsumwunsch der Massen gerecht werden. Von der Präzisionsarbeit in den Werkstätten der Leichtindustrie, von der systematischen Einführung rationeller Methoden und der progressiven Umstellung auf Datenverarbeitung und Computer verspricht sich die Volksrepublik die rapide Einpendelung auf moderne Technologie. »Das ist ein sehr kühnes Projekt, von dem wir in Tschungking noch weit entfernt sind«, sagte uns der Direktor der Uhrenfabrik. »Ohne aktive Mitarbeit des Westens und Japans ist eine solche Linie gar nicht durchzuhalten.« Man begreift das chinesische Interesse an Joint-ventures.

Ein einheitliches Modell für die Steigerung von Leistung

und Produktion in den industriellen Staatsbetrieben war offenbar noch nicht gefunden, aber es wurde unverdrossen experimentiert. In der Uhrenfabrik von Tschungking war eine Produktion von 300 000 Uhren im Plansoll für 1980 festgesetzt, wobei der Verkaufspreis einer Uhr zwischen 80 und 110 Yuan variierte. Das Ziel, eine halbe Million herzustellen, also 200 000 mehr als das Soll, wurde erreicht, so daß erhebliche Prämien ausgeschüttet werden konnten.

Etwa ein Fünftel dieser Uhrenfabrikation wurde 1980 bereits nach Südostasien exportiert. Man wußte natürlich, daß Qualität und Form verbessert werden müßten. Die Herstellung von Quarzuhren nach japanischen Vorlagen sollte in Angriff genommen werden, wie überhaupt die Präsenz von japanischen Waren auf dem chinesischen Inlandsmarkt sich als Stimulans und Vorbild auswirkte.

Die Behörden in Partei und Staat hatten damals erkannt, daß im Rahmen der Planwirtschaft zahllose und groteske Fehldispositionen getroffen worden waren. Künftig sollte ein unrentabler Betrieb nicht länger nutzlose Erzeugnisse herstellen, die spärlichen Absatz fanden. Der Betriebsleitung wurde in Abstimmung mit der Belegschaft die Aufgabe gestellt, das Unternehmen auf neue, markttüchtige Produkte umzustellen. Für die Zeit der Umdisposition bis zur Rentabilisierung wurde jede Form von Abgaben an den Staat, selbst in Form von Steuern, erlassen. Zur Errichtung eines funktionsfähigen Sozialismus, hieß es schon im Sommer 1980, müsse man vom Kapitalismus lernen, und ein anderer Slogan besagte: »Wir übernehmen vom Kapitalismus, was brauchbar und nützlich ist.«

Zu einer Kollektivhochzeit waren wir in einen Industriebetrieb zur Herstellung chemischer Apparaturen eingeladen worden. Die Veranstaltung stand unter dem chinesischen Schriftzeichen für »Ehe«, das auch »doppeltes Glück« bedeutet. Zehn junge Paare, Angehörige des Werks, wurden an den Ehrentisch auf der Bühne geleitet. Bescheidene Geschenke – eine Waschschüssel aus Emaille und eine Thermosflasche – wurden überreicht. Diese Betriebszeremonien wurden von der Partei ganz gezielt inszeniert. Sie sollten mit der Unsitte jener individuellen und höchst ruinösen Hochzeitsfeiern brechen, bei denen die Familien oft die gewaltige Summe von 1 000 Yuan springen lassen mußten und sich hoffnungslos verschuldeten. Auf dem Spruchband stand die Inschrift: »Die Ehe mit neuen Methoden feiern, um überholte Sitten zu verändern«.

Die Atmosphäre des Festes war überaus herzlich. Den Teilnehmern – darunter der verantwortliche Parteisekretär sowie Direktoren und Gewerkschafter – war nicht mehr anzumerken, daß auch diese Fabrik von der Kulturrevolution heimgesucht und in einen Strudel von Gewalt hineingerissen worden war. Dabei wurden die leitenden Angestellten schwer mißhandelt. Offenbar suchte man jetzt nach einer neuen Betriebssolidarität, einem Zwischenweg zwischen Sozialismus und Konfuzianismus, einer authentisch chinesischen Lösung.

Jedes der Brautpaare wurde zu einem bescheidenen künstlerischen Beitrag, zu einem Lied oder Tanz, aufgefordert. Unter der Vierer-Bande, so hörten wir, sei die Liebe der Geschlechter verpönt gewesen. Sie sei damals durch Liebe zur proletarischen Klasse verdrängt worden. Doch von solchen Verirrungen habe man sich jetzt abgewendet. In einer Ansprache ermahnte der Parteisekretär die jungen Eheleute, daß sie nur ein Kind haben dürften. Das wünsche er ihnen jedoch gesund, fröhlich und dick.

Auch bei dieser freundlichen Feier, wo die guten Menschen von Szetschuan ihr ansonsten recht aufbrausendes und zänkisches Temperament verdrängt hatten, spiegelten die Parteiparolen den ideologischen Widerspruch der neuen Situation.

»Das Denken befreien, die Wahrheit in den Tatsachen suchen«, stand auf dem einen Poster, während das andere immer noch an der Diktatur des Proletariats, am Marxismus-Leninismus und an den Mao-Tsetung-Gedanken festhielt.

Die chinesische Wirklichkeit von 1980, das waren auch immer noch jene Tagelöhner, die Steinlasten schleppten wie zur Zeit des Baues der Großen Mauer. Sie fügten eine wuchtige Brücke zusammen gemäß einer Technik, die in Europa bereits die alten Römer bei der Errichtung ihrer Aquädukte beherrschten. Für die Masse der chinesischen Arbeiterschaft konnte man sich schlecht einen radikalen Verzicht auf die Grundprinzipien des maoistischen Sozialismus, eine brutale Hinwendung zum ungezügelten Kapitalismus vorstellen, denn dann wäre aus diesen Werktätigen, die über feste Arbeitszeiten, über garantierte Reisrationen und bescheidene Sicherheit verfügten, wieder ein elendes Heer von Kulis geworden, wie in den Jahren vor der kommunistischen Machtergreifung.

Die Kombination planwirtschaftlicher Prinzipientreue mit marktwirtschaftlicher Praxis schien eines der Hauptprobleme der angekündigten Modernisierung zu sein. Ein Lösungsversuch wurde in der »Versammlung für Warenaustausch der Gesellschaft für Güter des täglichen Bedarfs« in Tschungking unternommen. Seit einem Jahr erst existierte diese Institution, die einer Mustermesse oder einer Warenbörse für die unterschiedlichsten Konsumgüter entsprach. Staat und Genossenschaftsbetriebe versuchten hier unter Umgehung der schwerfälligen Bürokratie und der kostentreibenden Zwischeninstanzen ihre Ware unmittelbar und zu günstigeren Bedingungen an den Konsumenten zu bringen. Diese Verbraucher waren im wesentlichen die Volkskommunen oder die Fabrikkollektive. Um die ausgestellten Produkte – Seide aus Hangzhou, Transistoren aus Schanghai, Küchengerät und vor allem Gebrauchsporzellan – entbrannten heftiges Feilschen und eifrige Preisdiskussion. Der Käufer verhandelte unmittelbar mit dem Hersteller, der mit offizieller Genehmigung seine Überproduktion auf diesen relativ freien Markt lenken konnte. So wurden binnen drei Tagen drei Millionen Stück Porzellan und mehr als eine Million Kochtöpfe zu Preisen verkauft, die etwa dreißig Prozent unter dem Warenhausangebot lagen. Die Genossenschaftsbetriebe führten dabei rund vierzig Prozent, die Staatsbetriebe sechzig Prozent ihres Erlöses an den Staat ab. Der Restgewinn konnte innerbetrieblich verteilt werden. In Szetschuan war niemand mehr gewillt, äußerste Armut als Ausweis echt revolutionärer Gesinnung zu preisen.

Einer der begehrtesten Artikel war der dickbäuchige, lachende Buddha aus Porzellan, auch »Gott des Glücks« genannt. Glück wurde im alten China mit Sättigung und Reichtum gleichgesetzt. Auf dieser Mustermesse drängte das händlerische Talent, die kaufmännische Urveranlagung der Söhne des Himmels, wieder an die Oberfläche. Verjagt war die Schimäre der maoistischen Askese. Schon sprach man von »Konkurrenz-Kommunismus«.

Dennoch ragte immer noch eine monumentale Mao-Statue im Nebel von Tschungking. Davor bewegten sich Studenten zur Morgengymnastik. Die meisten dieser jungen Leute hatten die ideologische Phraseologie endgültig satt, konnten das Wort »Revolution« nicht mehr hören. Ihr Streben ging nach mehr intellektueller Freiheit, vor allem nach mehr Konsum und Lebensgenuß. Wie beurteilten sie wohl rückblickend den »großen Steuermann«, der hinter ihnen den Arm zur leeren Geste ausstreckte?

In den Hörsälen, wo man sich der Dritten Modernisierung von Technik und Forschung widmete, herrschte jedenfalls wieder strenge Disziplin. Der Magister war hoch geachtet, ja verehrt, wie schon Konfuzius es vorgeschrieben hatte. Die

Zeit der Kulturrevolution, als ein Student der mandschurischen Hochschule von Heilungkiang beim Examen ein weißes Blatt abgab und deshalb in Anerkennung seiner proletarischen Gesinnung zum Rektor befördert wurde, schien um Lichtjahre entfernt zu sein. Doch schon regte sich auch Kritik an der triumphierenden Selbstsicherheit der unlängst durch die Rotgardisten gedemütigten Lehrerschaft. Diese Studenten hatten als kleine Pioniere das Rote Buch Mao Tsetungs geschwenkt. Seitdem waren sie zu Skeptikern, ja zu Zynikern geworden. Sie sträubten sich dagegen, daß immer noch ein Zehntel des Unterrichts mit ideologischer Schulung vergeudet wurde. Die Examen stellten wieder eine unerbittliche Auslese dar – außer vielleicht für jene privilegierten Söhne der roten Bonzen und Parteifunktionäre, die unabhängig vom Prüfungsergebnis die hohen Studien- und Unterhaltsgebühren von monatlich 50 Yuan, das Einkommen eines Arbeiters, aufbringen konnten. Ein hochqualifizierter Professor verdiente im Jahre 1980 bis zu 320 Yuan pro Monat. Er stand sich vermutlich besser als ein Minister. Daran störte sich wohl niemand in einer Studentenschaft, die nach westlichen Inspirationen suchte, die krampfhaft Englisch lernte und bemüht war, die verlorenen zehn Jahre der Kulturrevolution wieder wettzumachen.

Mit Hilfe der Elektronik, mit selbstgebastelten Computern suchten die jungen Akademiker Anschluß an die Technik der Gegenwart und der Zukunft. Am liebsten hätten sie das klassische Industriezeitalter übersprungen und sich ausschließlich der Elektronik und Spitzentechnologie des 21. Jahrhunderts gewidmet. Aber die Realität des chinesischen Alltags war dürftig und unerbittlich. Laut offiziellen Statistiken gab es in den chinesischen Städten zwanzig Millionen Arbeitslose. Die wirkliche Zahl lag sicher viel höher. Studentenunruhen, die im Frühsommer 1980 in der Universität von Changsha ausgebrochen waren, wurden als Vorboten kommender Stürme angesehen.

Auf einer idyllischen Landstraße von Szetschuan begegneten wir einer singenden Milizkolonne. Es gab sie also noch, diese bewaffneten Betriebskampfgruppen, die von der Vierer-Bande einmal als Gegengewicht zur Volksbefreiungsarmee verstärkt worden waren. Die Schießübung der Milizionäre, die wir aus der Ferne verfolgten, war Routine und gab keinen Aufschluß über die letzte, die Vierte, die problematischste Modernisierung, die der Streitkräfte.

Die regulären Armee-Einheiten stellten sich nicht zur Schau. Während wir einem Militärkonvoi mit recht altertümlichen Flugabwehrkanonen nachblickten, der über die Yang-Tsebrücke von Tschungking rollte, betonten unsere Begleiter – wie mir schien, mit etwas Schadenfreude –, daß das Budget der Volksbefreiungsarmee in diesem Jahr 1980 vom Pekinger Nationalkongreß nicht erhöht, sondern sogar um jenen Betrag gekürzt worden sei, der den Mehrausgaben des chinesisch-vietnamesischen Grenzkrieges im Februar 1979 entsprach. Die Modernisierung der Streitkräfte stand lediglich auf dem Papier, und so sollte es auch bleiben.

In der Hochstimmung der Revolution waren Partei und Armee so gut wie identisch gewesen. Das Militär war sogar als letzter Rekurs gegen das proletarische Chaos der Kulturrevolution eingesetzt worden. Seitdem war sein Prestige gesunken. Unterschwellig wurde Kritik laut am komfortablen Lebensstil der Armeeführung, an ihren Privilegien, an ihrer Überalterung, an den obsoleten Vorstellungen des Volks- und Massenkrieges unter Vernachlässigung moderner Waffensysteme. Schon wurden Gerüchte kolportiert, in der Armee sei man unzufrieden mit den neuen Richtlinien der Parteispitze und vor allem mit den Impulsen Deng Xiaopings. Man müsse mit spätmaoistischer Obstruktion rechnen.

Bei einem letzten Bummel durch Tschungking hatte ich die englische Übersetzung eines Gedichtbandes Guo Moruos erstanden. Der hochgebildete Schriftsteller Guo Moruo hatte als intimer Gefährte Mao Tsetungs gegolten und sich unter anderem mit seiner Goethe-Übersetzung einen Namen gemacht. Beim Blättern stieß ich auf das eigenartige Poem »Ich bin ein Götzenanbeter«. Guo Moruo hatte es 1920 verfaßt, als er Mao Tsetung noch gar nicht kannte, aber aus diesen Versen klang – so schien mir – eine späte, postume Hymne der Huldigung an den gewalttätigen Menschenerzieher und Umstürzler Mao Tsetung, der seinen jungen Gefolgsleuten und Rotgardisten befohlen hatte, die sakrosankte eigene Parteizentrale zu bombardieren, eine Hymne an Mao, der Bilderstürmer und Idol zugleich war.

»Ich bin ein Götzenanbeter«, beginnt das Gedicht Guo Moruos, »ich bete die Sonne an, die Berggipfel und das Meer; ich verehre das Wasser, das Feuer, die Vulkane, die Ströme; ich bete das Leben an, den Tod, das Licht und die Finsternis; ich verehre die Große Mauer und die Pyramiden, den Suez- und den Panamakanal« – später hätte der Dichter vermutlich Atomspaltung und Raumschiffahrt hinzugefügt. »Ich bete den schöpferischen Geist an«, so sagte Guo Moruo, »die Kraft, das Blut und das Herz; ich verehre Bomben, Trauer und Zerstörung, ich verehre die Bilderstürmer; ich bete mich selbst an, denn ein Bilderstürmer bin ich ja auch.«

Die Devotionalien veränderten sich bereits im China des Sommers 1980. Im gleichen Bücherladen entdeckte ich neben dem Porträt des Karl Marx eine Darstellung der Madonna mit dem Jesuskind. Die Glocken der römisch-katholischen St.-Josephskirche von Tschungking läuteten zur Sonntagsmesse. Seit Dezember 1979 war dieses Gotteshaus wieder für den Kult geöffnet. Die Eucharistiefeier wird in China noch nach dem alten präkonziliaren Ritual auf lateinisch vollzogen.

Die kommunistischen Behörden hatten gleich nach ihrer Machtergreifung eine katholische Nationalkirche ins Leben gerufen, deren Priester sich von Rom lossagen mußten und deren wenige Bischöfe der päpstlichen Bestätigung entbehren. An jenem Sonntag in Tschungking hatten sich etwa 150 Gläubige in St. Joseph eingefunden, fast nur Greise. Der Pfarrer selbst, Chen Chuzhong, war achtzig Jahre alt. Er war dem Bischof von Schanghai unterstellt. Vor 1949, so berichtete Chen, bekannten sich 3 Millionen Chinesen zum römischen Katholizismus, 700 000 zu den verschiedenen protestantischen Denominationen. Ähnlich wie im kommunistischen Vietnam leistete die verschworene und straff organisierte Gemeinschaft der Katholiken einen erbitterten, hinhaltenden Widerstand gegen den atheistischen Materialismus. In Szetschuan habe es einst 300 000 Katholiken gegeben. Davon bekannten sich in Tschungking allenfalls noch 3 000 zum Kreuz.

Die Pekinger Politik der neuen Toleranz war auch in dieser verhärmten Gemeinde zu spüren, aber der Konflikt mit dem Heiligen Stuhl, der weiterhin offizielle Beziehungen zu den Nationalchinesen von Taiwan pflegte, war keineswegs behoben. Als Kirche des Schweigens mußten sich diese Gläubigen weiterhin empfinden. Selbst jene Priester, die sich als »prêtres assermentés« den Separationsweisungen der Nationalkirche äußerlich beugten, sind oft unentwegte Bekenner geblieben. So trat der alte Pfarrer Chen Chuzhong beim Verlassen des Gotteshauses an mich heran, und auf lateinisch – damit der Dolmetscher ihn nicht verstehe – raunte er mir zu: »Credo in unam sanctam, catholicam et apostolicam ecclesiam.« Er hatte damit ein eindeutiges Treuegelöbnis zum Bischof von Rom abgelegt.

Auf einem Flußdampfer habe ich die Provinz Szetschuan in östlicher Richtung, in Richtung auf den Pazifischen Ozean, verlassen. Dabei passierten wir die drei Schluchten des Yang Tsekiang, die zur Ebene von Hubei überleiten. Heute ist die Provinz Szetschuan durch Straßen und Eisenbahn mit der Außenwelt verbunden, doch noch zur Zeit Tschiang Kaisheks war der große Strom der einzige Zugangsweg. »Man kommt leichter in den Himmel als nach Szetschuan«, hieß es einmal. Bei den Passagieren an Bord spielte sich chinesischer Alltag ab. Der Kapitän folgte den Winken des Lotsen, um die Riffe und Untiefen zu vermeiden. Eine Ansagerin, die auch als Reiseleiterin fungierte, gab den Fahrgästen über den Lautsprecher Weisungen, wie sie sich hygienisch zu verhalten hätten. Sie rief zu den verschiedenen Mahlzeiten auf und nannte die Sehenswürdigkeiten zu beiden Seiten des Yang Tse. Immer wieder legte die junge Frau Schallplatten auf, westliche Schlager und Chansons, oft aus den dreißiger Jahren, als Schanghai, das an der Mündung des Stromes liegt, noch ein Bollwerk des europäischen Imperialismus und Kapitalismus sowie ein abscheulicher Sündenpfuhl war. Keine politischen Parolen und keine heldischen Hymnen wie »Der Osten ist rot« kamen mehr aus dem Lautsprecher.

Hingegen erklang die Mississippi-Melodie »Old Man River« und – wir trauten kaum unseren Ohren – der Walzer von der Schönen Blauen Donau. Der Dampfer hatte die dritte Yang-Tse-Schlucht hinter sich und steuerte auf das große Industrierevier von Wuhan zu. In Wuhan war Mao Tsetung im Sommer 1966 in die Fluten des Yang Tsekiang gestiegen, hatte sich ein paar Kilometer vom Strom tragen lassen und damit symbolisch das Signal zum Auftakt der großen proletarischen Kulturrevolution gegeben. »Welcher Wandel seitdem«, schrieb ich in mein Tagebuch, »welche Vergänglichkeit!«

So lebte im Sommer 1980 die Provinz Szetschuan zwischen gestern und morgen, zwischen Hoffnung auf Heilung und der stillen Furcht vor neuem Rückfall in den radikalen Wahn. Der Bauer von Szetschuan richtete stets seinen Blick auf die niedrig hängenden Wolken, aber seine Füße waren in fruchtbarem Schlamm gefangen, in der mütterlichen Erde verwurzelt. Diese Landschaft der Reisfelder und Bambushaine, die stets in feuchte Nebel eingehüllt ist, hatte auch in ferner Vergangenheit widergehallt vom Streit der diversen philosophischen und staatstheoretischen Schulen. Die Kaiser pflegten die unbequemen Denker, die aufsässigen Dichter, die eigenwilligen Beamten des Hofes in diese kontinentale, schwer zugängliche Provinz zu verbannen. Zu ihnen zählte zur Zeit der großen Tang-Dynastie auch der Poet Li Bai, im Westen als Li Taipe bekannt, und er schrieb die Verse, die auch heute noch Gültigkeit haben könnten für die guten Menschen von Szetschuan: »Wer nach den Sternen greifen will, dem geht oft der Atem aus; dann legt der Vermessene seine Hände in den Schoß und seufzt.«

Absagen an Konfuzius

In diesem Sommer 1989 bin ich wieder einmal zum Tiantan, zum Himmelstempel, gepilgert. Unter allen Sehenswürdigkeiten Pekings erschien mir dieser Ort wie eine Art Kathedrale von Reims des chinesischen Kaisertums. Li hatte die Rolle des Führers übernommen. Das Spitzdach aus fünfzigtausend blau glasierten Ziegeln besitze weder Sparren noch Balken, erklärte er. Um eine der vier Drachenbrunnensäulen zu umspannen – gigantische Baumstämme, die glatt gerundet und tiefrot lackiert die Höhe von fast zwanzig Meter erreichen –, bedürfe es der Arme dreier Menschen. Hier fand sich zur Wintersonnenwende der Herrscher über das Reich der Mitte ein, um den Himmel um gute Ernten zu bitten.

Li machte mich auch auf die Hügel aufmerksam, die den Park des Himmelstempels, eine Fläche von 273 Hektar, nach Südwesten hin abgrenzten und die nur spärlich begrünt waren. Hier hatten die Baumeister Mao Tsetungs, die die Hauptstadt mit einem weitverzweigten Netz von Stollen und Bunkern für den Fall eines feindlichen Atomschlages unterwühlt hatten, die ausgeschachtete Erde und den Schutt auftürmen lassen. Li fragte mich, ob ich dieses Luftschutzsystem besuchen wolle, das im Notfall Millionen von Menschen Zuflucht bieten könne. Es stehe zur Besichtigung frei. Mao hatte sich in der ersten Phase seiner Herrschaft gegen jede Geburtenbeschränkung ausgesprochen. Je zahlreicher die Chinesen seien, desto mehr Chancen besäßen sie, den als unausweichlich angesehenen Nuklearkrieg zu überleben.

Immer wieder stoße ich auf die Kontinuität zwischen dem »großen Steuermann« der kommunistischen Revolution und den imperialen Ahnen. In jedem größeren Andenkengeschäft von Peking werden neuerdings naturgetreue Abbildungen jener Krieger und Hofbeamten zum Verkauf angeboten, die zu etwa siebentausend das gigantische Grabmal des Kaisers Qin Shi Huangdi nahe der uralten Stadt Xian bewachen und beschützen sollen. Jede dieser lebensgroßen Tonfiguren, die wie graue Gespenster der Vergangenheit nach zweitausendzweihundert Jahren des Vergessens den Höhlen von Xian entstiegen sind, trägt ein anderes Gesicht mit individualisierten Zügen. 700 000 Sklaven und Arbeiter, so heißt es, haben an der Totenstadt des ersten Qin-Kaisers geschuftet, der im Jahre 221 v. Chr., nachdem er alle anderen Fürsten besiegt hatte, das Reich zum ersten Mal mit eiserner Faust vereinte und dessen Besitzstand sich von der Schleife des Huang Ho bis zum südlichen Kanton ausdehnte.

Mao Tsetung hat sich diesem frühen Vorläufer, der bereits 200 Jahre v. Chr. versucht hatte, die konfuzianische Lehre, ihre Riten und Sitten auszumerzen, verwandt gefühlt. Auf dem Höhepunkt der Kulturrevolution zelebrierte er in einem Poem die frühe und kurzlebige Gründerdynastie der Qin-Kaiser und verwies darauf, daß alle späteren Imperatoren, bewußt oder unbewußt, in deren Fußstapfen getreten seien. Im Jahre 213 vor unserer Zeitrechnung hatte Qin Shi Huangdi, der Erste Kaiser, die Vernichtung aller konfuzianischen Schriften angeordnet. Fünfhundert konfuzianische Gelehrte ließ er bei lebendigem Leibe begraben. Die »große proletarische Kulturrevolution« hat an die Praktiken dieses fernen, schrecklichen Vorläufers mit mehr als zweitausend Jahren Abstand angeknüpft.

Im Jahre 1974 ist die pharaonische Gräberstadt von Xian entdeckt worden. Es war ein später Triumph Mao Tsetungs, der damals bereits vom Tod gezeichnet war, sich kaum noch artikulieren konnte und seinen seltenen Gesprächspartnern als hieratische Mumie entgegentrat. Zu jener Zeit soll der Einfluß der Madame Jiang Qing erdrückend gewesen sein. Ihr geschmeidiger Gegenspieler Zhou Enlai lag im Sterben. Im Frühherbst 1974 hatte ich die Geburtsstätte Maos im Dorf Shaoshan aufgesucht. Es war ein unerträglich heißer Tag. Klebrige Feuchtigkeit lastete auf den Reisfeldern der südlichen Provinz Hunan. Das Geburtshaus Maos war ein stattlicher Bauernhof. Rings um das Gehöft, das von Bambushainen gesäumt war, erstreckte sich die fruchtbare Landschaft Hunans in sanften Wellen. Wir waren natürlich nicht die einzigen Gäste. Hunderte von chinesischen Besuchern hatten die Wallfahrt angetreten, um dem »großen Steuermann« zu huldigen und um ein Familienfoto mit der Geburtsstätte im Hintergrund nach Hause zu bringen. Sie waren alle in Blau oder Armee-Grün gekleidet. Wir besichtigten pflichtgemäß die verschiedenen Räume des Anwesens und hielten uns etwas länger im Schlafzimmer der Eltern auf. Über dem breiten Holzkasten, der wohl als Bett gedient hatte, hingen verblichene Fotografien. Der Vater blickte hager, streng und unfreundlich aus seinem Rahmen. Er war ein recht wohlhabender mittlerer Bauer gewesen, der im Dorf zu Zinsen Geld verlieh, mit anderen Worten Wucher betrieb. Seine Familie hatte er, der Überlieferung zufolge, nach starren konfuzianischen Prinzipien bevormundet und tyrannisiert, was beim jungen Mao Tsetung heftigen Widerspruch geweckt habe. Die Mutter hingegen hatte ein rundliches, auf bäuerliche Weise liebliches Gesicht. Sie soll im buddhistischen Volksglauben Trost vor den Zornausbrüchen ihres Mannes gesucht haben und wurde von ihren Kindern hochgeachtet und geliebt. In jenen frühen Jahren häuslicher Despotie und familiärer Konflikte mögen die antikonfuzianischen Vorstellungen Mao Tsetungs, seine

Thesen von der eminent revolutionären Rolle der Frau gekeimt sein. Keiner der chinesischen Hagiographen ist jedoch auf den Gedanken gekommen, einem verborgenen Ödipus-Komplex in den Knabenjahren des großen Revolutionärs nachzuspüren.

Der 25. Gründungstag der Volksrepublik China war am 1. Oktober 1974 als großer Jahrmarkt gefeiert worden. Die Kulturrevolution schien bereits der Vergangenheit anzugehören, noch ehe die Pekinger »Volkszeitung« offiziell verkündet hatte, daß die ideologischen Auseinandersetzungen zugunsten einer neuen Linie der politischen Eintracht und der gesteigerten Wirtschaftsproduktivität zurücktreten müßten. Beim Jubiläum der Volksrepublik sah man statt der üblichen Massenaufmärsche und des hemmungslosen Heroenkultes nur entspannte und heitere Spaziergänger. Peking schien weit entfernt von der erbitterten, kämpferischen Grundstimmung der vergangenen acht Jahre. Das Volk gab sich sorglos und jubelte am späten Abend dem Feuerwerk zu. Schon damals blickten die ausländischen Diplomaten nachdenklich auf das veraltete Führungspersonal und stellten die Frage nach der Erbfolge nicht nur des hochbetagten Mao Tsetung – er war 81 Jahre alt –, sondern auch des schwer erkrankten Zhou Enlai. Als Schlüsselfigur des Übergangs – das hielt ich im Herbst 1974 in meinen Notizen fest – galt der stellvertretende Premierminister Deng Xiaoping, ein harter Verhandlungspartner, wie Henry Kissinger zu berichten wußte, ein Mann von beachtlicher Autorität, der erst vor Jahresfrist mit seiner Aufnahme ins Politbüro voll rehabilitiert worden war. In den westlichen Botschaften wurde in jenen Tagen lebhaft darüber diskutiert, ob das Treffen zwischen US-Präsident Gerald Ford und dem Generalsekretär der KPdSU Leonid Breschnew, das kurz zuvor in Wladiwostok stattgefunden hatte, von den Chinesen als Affront, möglicherweise als Ansatz einer Verschwörung empfunden wurde. Immerhin hatte die Gegend rund um das heutige Wladiwostok bis 1860 zum Reich der Mitte gehört. Anläßlich einer seiner letzten Begegnungen mit Henry Kissinger hatte selbst der moderate Zhou Enlai eine bemer-. kenswerte Warnung ausgesprochen, die als seine persönliche Absage an Konfuzius gewertet werden mag: »Die internationale Lage ist gekennzeichnet durch große Unordnung unter dem Himmel. Aber unserer Ansicht nach ist diese weltweite Unruhe eine gute und keine schlechte Sache.«

»Absagen an Konfuzius«, so hatte ich auch den Fernsehfilm betitelt, den ich den verworrenen Vorgängen im roten Reich der Mitte nach Abschluß meiner Reise widmete. In der ersten Hälfte des Jahres 1974 hatten die ausländischen Besucher in Peking überrascht reagiert, als urplötzlich neue Wandzeitungen, sogenannte Dazibao, auftauchten und Kritik übten an Hierarchie und Bürokratie nicht nur in der Verwaltung, sondern auch in der Volksbefreiungsarmee. Diese anfangs spontanen Unmutsäußerungen waren über Nacht abgefangen und umgeleitet worden in die offizielle Kampagne »Pi Lin – Pi Kong«, in die Kritik an Lin Biao und Konfuzius. Auf Weisung der Partei wurde plötzlich in allen Fabriken, Landkommunen, Häusergemeinschaften und Kasernen über die Fehler und Verbrechen des Armeeoberbefehlshabers und designierten Mao-Nachfolgers Lin Biao debattiert. Lin Biao hatte nach einem gescheiterten Putschversuch in die Sowjetunion flüchten wollen und war angeblich über der Mongolischen Volksrepublik mit seinem Flugzeug abgestürzt. Der unheimliche Lin Biao war eine der treibenden Kräfte der Kulturrevolution gewesen und später als unerbittlicher Würgeengel der tollwütigen Rotgardisten aufgetreten. Nun wurden alle Fotos und Filmstreifen aus den staatlichen Archiven verbannt, die diesen Verräter im freundschaftlichen Gespräch mit Mao Tsetung oder beim Schwenken des »roten Büchleins« zeigten.

Noch unverständlicher war die Assoziation dieses Kommunisten der ersten Stunde und Gefährten des Langen Marsches mit der altehrwürdigen Persönlichkeit des Meisters Kong. Eine Wesensverwandtschaft herzustellen zwischen Lin Biao und Konfuzius, das war ein extravaganter Akt hoher chinesischer Akrobatik. Im Sommer 1974 war am Kunming-See nahe dem Sommerpalast ein großes Schwimmfest veranstaltet worden. Ganze Kompanien der Volksbefreiungsarmee waren in voller Uniform mit militärischer Disziplin ins Wasser gestiegen und hatten ihre spektakuläre Schwimmübung dazu benutzt, Schmährufe auf die Heimtücke des Marschalls Lin Biao und die ideologischen Verfehlungen des Philosophen Konfuzius auszustoßen. Nautische Übungen hatten in China eine besondere Bedeutung, denn sie knüpften an jene ungewöhnliche Schwimmleistung Mao Tsetungs im Yang Tsekiang an. Mehr als zweitausend Jahre lang waren die Chinesen zum Geburtstempel des Konfuzius in der Provinz Shandong gepilgert. 1974 versammelten sich dort auf höchstes Geheiß zahllose Protestgruppen und verlangten im Sprechchor nach einer grundlegenden Umkehr des überkommenen Weltbildes und der ererbten Sittenlehre. In einer letzten Zuckung rechnete der sieche Mao Tsetung mit seinem Erzfeind und Gegenspieler Konfuzius ab. Es war wie ein Wink des Schicksals, daß just in diesem Jahr 1974, dem Jahr der Kampagne »Pi Lin – Pi Kong«, die chinesischen Archäologen, die vom »großen Steuermann« gebieterisch aufgefordert waren, nach Überresten der verblichenen Qin-Dynastie zu suchen, das grandiose Mausoleum des Gründerkaisers Qin Shi Huangdi bei Xian entdeckten.

Ich hatte mich in Changsha mit einem bescheideneren Grabbesuch zufriedengeben müssen. Aber der Fund, dem ich im Provinzmuseum von Hunan begegnete, die beinahe perfekt erhaltene Leiche einer etwa 50jährigen Frau, die zur Zeit der westlichen Han-Dynastie, also unmittelbar nach dem Zusammenbruch des Qin-Reiches, gelebt hatte, war eindrucksvoll genug. Der Körper war zweitausend Jahre lang von mehr als zwanzig Lagen Seide und Leinen im inneren Sarg umhüllt und deshalb wohl auf so erstaunliche Weise konserviert worden. Er ruhte in einem gläsernen Kasten, der grünlich ausgeleuchtet war wie ein Aquarium. Geschichte war nicht mehr tabu in China, seit dem Vandalismus der Rotgardisten ein brutales Ende gesetzt worden war. In seinen Schriften, die vieldeutig sind wie alle sakralen Texte, zumal seine Poeme meist in der Ausdrucksweise der Tang-Dynastie abgefaßt sind – zeitlich etwa unseren Karolingern entsprechend –, hatte Mao doziert, man müsse aus der Geschichte lernen, und schon war dieses Wort oberstes Gesetz.

Ich hatte bei meinem Dolmetscher darauf gedrungen, ein Gespräch über die maoistische Einstellung zum Konfuzianismus und zur viertausendjährigen Geschichte zu führen. Am Abend vor der Ausreise nach Hongkong wurde mir dieser Wunsch in Kanton gewährt. In einem der renommiertesten Restaurants der großen Hafenstadt trafen wir mit einem gewissen Mister Hu zusammen, einem urbanen Mann von etwa fünfzig Jahren, von dem ich nicht wußte, ob er – wie er vorgab – einer historischen Fakultät oder dem Sicherheitsdienst angehörte. Seine Selbstsicherheit legte letztere Hypothese nahe. Das Restaurant breitete sich in einer großen Parkanlage mit Wasserbecken, geschwungenen Brücken und grell bemalten Pavillons aus. Der warme Abend, die lauthals vorgetragene Fröhlichkeit der zahlreichen Gäste, der kitschige Dekor – so manches hier erinnerte mich an Cholon, die chinesische Zwillingsstadt Saigons. Zu unserem Menü gehörte ein Gang mit Schlangenfleisch, das recht schmackhaft zubereitet war. Es brauchte einige Zeit, ehe Hu, ein korpulenter Südchinese mit dicker Hornbrille, zur Sache kam.

Natürlich hatte ich versucht, mich auf das Thema vorzubereiten, soweit es einem Nichtsinologen zugänglich ist. In meinen Tagebucheintragungen, die ich im Hinblick auf den zu produzierenden Film jeden Abend abfaßte, hatte ich notiert: Meister Kong war kein prophetischer Künder einer Erlösungsreligion. Er war jeglicher Metaphysik abhold und begründete seine Auffassung von der Tugend, dem rechten Maß, von der Pietät, ja sogar der notwendigen Harmonie zwischen Himmel und Erde in der Natur des Menschen. Konfuzius hatte 500 Jahre v. Chr. zu einer Zeit schrecklicher feudalistischer Wirren und ununterbrochener Fehden des chinesischen Adels gelebt. Dieser Unordnung hatte er sich entgegengestellt, indem er vorschlug, die Führung des Staates in die Hände eines waffenfeindlichen elitären Literatenstandes zu legen, der nur dem Sohn des Himmels untergeordnet war. Die Mandarine – der Ausdruck stammt aus dem Portugiesischen (mandar = befehlen) – wurden ausschließlich durch literarische und schöngeistige Prüfungen rekrutiert, die theoretisch auch den Angehörigen der unteren Klassen offenstanden. Diese Examen waren dem System des französischen Concours verwandt. Zentraler Punkt der konfuzianischen Lehre war die Subordination des Untertans unter den Kaiser, des Sohnes unter den Vater, des Schülers unter den Lehrer, der Frau unter den Mann. Ungeheure Bedeutung wurde der Unveränderbarkeit der Riten beigemessen. »Wenn die Riten nicht befolgt werden, wozu gibt es da Riten?« hatte Meister Kong kategorisch gelehrt. Vor allem schloß diese einmalige Gesellschaftsstruktur, die natürlich im Laufe der Jahrhunderte durch fremde Einflüsse alteriert wurde, sie jedoch stets assimilierte und verdaute, jeden Fortschritt aus. Meister Kong huldigte einem rückwärtsgewandten Utopismus, trachtete nach der Wiederkehr jenes fernen goldenen Zeitalters, das angeblich unter den legendären Dynastien Shang und Zhou existiert hatte und dessen perfekte Harmonie es wieder herzustellen galt.

»Sie fragen, was für uns der Konfuzianismus bedeutet«, hob Hu an, nachdem wir ein Glas Mao Tai mit dem üblichen »Kampei« geleert hatten. »Da muß ich an meine Schulzeit denken, als wir uns mit unseren Tuschpinseln mühten, halbwegs schöne Schriftzeichen zu malen. Dann trat unser Lehrer, ein wahrer Tyrann, von hinten an uns heran, versuchte uns den Pinsel aus der Hand zu reißen, um festzustellen, ob wir ihn vorschriftsgemäß fest umklammerten. Meistens gab es dann Hiebe.« Er lachte und fügte hinzu: »Damit werden Sie als Europäer aber nicht viel anfangen können.«

Hu holte zu einem weiten historischen Fresko aus, wie ich es ihm gar nicht zugetraut hatte. China heiße von alters her »Reich der Mitte«, weil es sich als Zentrum des Universums betrachtete, aber auch weil dieser Ausdruck das konfuzianische Streben nach Mäßigung und Ausgleich, nach dem rechten Maß festschreibe. Eine völlig irreführende Definition sei das übrigens, denn die Geschichte Chinas sei immer wieder durch schreckliche Exzesse und leidenschaftliche Ausschreitungen gezeichnet gewesen. »Wie Sie wissen, reden wir sehr viel vom Himmlischen Frieden«, fügte Hu verschmitzt hinzu; »aber auch bei Ihnen spricht man sicher am liebsten von Zuständen und Eigenschaften, die man gar nicht besitzt, ja die einem am schmerzlichsten fehlen.«

Mao Tsetung haßte die konfuzianische Zwangsjacke, in die China seit mehr als zwei Jahrtausenden gepreßt war, ebenso glühend wie der Gründerkaiser Qin Shi Huangdi. Mit ähnlichen Methoden wie sein Vorläufer sei der »große Steuermann« gegen die vorherrschende gesellschaftliche Verkrustung angegangen. Selbst der »große Sprung nach vorn« – eine Phase, die nicht mehr gern erwähnt wurde – sei in diesem Zusammenhang zu sehen. Die Schaffung der Volkskommunen sei den Westlern als absolute Neuerung, als Hinwendung zum utopischen Kommunismus in der Landwirtschaft erschienen, weit hinausgehend über das sowjetische System von Kolchosen und Sowchosen. Aber schon Qin Shi Huangdi habe zweihundert Jahre vor der Zeitrechnung mit Hilfe seiner streng zentralisierten Beamtenschaft und der Schule der »Legalisten« den Grund und Boden – damals die einzige Quelle des Wohlstandes – zum Eigentum des Staates erklärt, zumindest die totale Kontrolle über die landwirtschaftliche Produktion verfügt. Der Handel mit Getreide, Salz und Eisen sei ein kaiserliches Monopol gewesen. Qin Shi Huangdi habe am Ende der anarchischen, alles verwüstenden Periode der »kämpfenden Königreiche«, die fast ein Viertel Jahrtausend gedauert hatte, mit extremen Mitteln die Autorität des Staates, das heißt des Kaisertums etabliert. Davon zehre – Hu bezog sich auf das Gedicht Maos – die chinesische Reichsstruktur noch heute, allen konfuzianischen Rückfällen späterer Dynastien zum Trotz.

Was Hu nicht ausdrücken konnte, war die despotische und willkürliche Natur des Legalisten-Systems unter den Qin. Die Ordnung und Kohäsion des Staates wurde schon damals durch die absolute, quasi vergöttlichte Ausstrahlung des Kaisers garantiert. Zwischen dem Herrscher und den Untertanen war jeder Gleichheitsbezug völlig undenkbar. »Zittere und gehorche!« so endeten bis in die Neuzeit alle imperialen Dekrete. Für die Schule der Rechtsphilosophen des Qin Shi Huangdi gründete sich die Stärke des Reiches auf die Schwäche des Volkes. Der Erste Qin-Kaiser wird von manchen Historikern als konfuse Persönlichkeit geschildert, die noch den Bräuchen des Schamanentums und – wie so viele heutige Chinesen nach ihm – dem krausen astrologischen Aberglauben verhaftet war. Seine Vorstellung, er selbst sei das Symbol des Himmels und ihm obliege es, möglichst wenig selbst zu agieren, sondern durch seine bloße, furchtgebietende Präsenz auf den Lauf der Dinge einzuwirken, ist tatsächlich von allen seinen Nachfolgern, so sehr sie ihn schmähen mochten, befolgt und übernommen worden. Im Rückblick verschwimmen überdies die Trennungslinien zwischen Konfuzianern und Legalisten. Bei Meister Kong heißt es: »Ohne große Männer und Vorbilder gibt es keine Tugend und keinen Wohlstand des Volkes.«

Immerhin war es Qin Shi Huangdi mit machiavellischer Ruchlosigkeit und militärischem Genie gelungen, seine Feinde und Rivalen zu vernichten und das erste festgefügte chinesische Großreich zu schaffen. In entsetzlicher Fronarbeit ließ er die Große Mauer errichten, nachdem er die Xiongnu, die Vorfahren der Hunnen, geschlagen und nach Norden abgedrängt hatte. Im Innern brach er die Macht des Adels, vereinheitlichte die Schrift, verfügte sogar eine feste Norm für die Achsenbreite von Pferdewagen und Karren. Last not least, drückte er China den Namen seiner Qin-Dynastie auf. Die Legalisten des Qin-Kaisers gemahnten mich an jene »légistes du Roi«, die in unermüdlicher Archivarbeit die territorialen Ansprüche der französischen Könige zu untermauern suchten, die dem Monarchen zur Seite standen, um die »Fronde« des Adels zu bändigen, und – in Vorwegnahme des Colbertismus – die Zentralisierung des Staates und seine permanente dirigistische Intervention in sämtlichen Wirtschaftszweigen förderten. In manch anderer Hinsicht, so schien mir, hatte Qin Shi Huangdi eine Art imperialen Kommunismus praktiziert, wie Mao instinktiv erkannt hatte. Rückblickend erscheint diese mythische Gestalt der Frühgeschichte als ein faszinierend moderner Tyrann.

Ich mußte an jene bewundernden Kommentare denken, mit denen die liberalen Gazetten des Westens 1957 den »großen Sprung nach vorn« begleitet hatten. Sehr viel später entdeckte man erst, welch aberwitziges Experiment hier angelaufen war. Mit Hilfe einer Vielzahl selbstgebastelter Schmelzöfen, die in den Dorfkommunen von den Bauern bedient wurden, sollte China zu einem bedeutenden Stahlproduzenten katapultiert werden. Jedes Eisengerät, dessen die politischen Kommissare, die »ganbu«, habhaft wurden, fiel dieser Aktion zum Opfer. Zu jener Zeit kam niemand auf die Idee, den Vergleich mit dem vorchristlichen Qin-Kaiser herzustellen, der – seiner Rolle als Vorläufer getreu – das Staatsmonopol über den Besitz und den Verkauf von Eisen verfügt hatte.

Die Zusammenfassung der Bauernhöfe in Volkskommunen, die Schaffung des integralen Kommunismus in der Landwirtschaft, die im gleichen Jahr 1957 dekretiert worden war, gingen ebenfalls konform mit den Vorschriften der Legalisten, denen zufolge alle Produkte der Landwirtschaft Gemeinschaftsbesitz des Staates, das heißt Eigentum des Kaisers waren. Das grenzenlose Wirtschaftschaos, das diesem absurden maoistischen Kraftakt des »großen Sprungs nach vorn«, diesem gespenstischen Weltverbesserungsversuch zwangsläufig folgte, hat damals die größte Hungersnot im China der Neuzeit ausgelöst. Die Bauern waren durch pausenlose ideologische Schulung am Einbringen ihrer Ernte gehindert worden. Zwischen zwanzig und dreißig Millionen Menschen sollen beim »großen Sprung nach vorn« ums Leben gekommen sein. Aber für Mao Tsetung – wie für seinen fernen Mentor – spielte die Zahl der Toten offenbar eine untergeordnete Rolle.

Durch einen seltsamen Zufall der Geschichte fügte der maoistisch gefärbte Kommunismus sich ziemlich nahtlos in das bereits existierende Modell der Legalisten ein: absolute politische Macht, Staatsmonopol der Produktionsmittel und ideologische Diktatur. Doch auch hier ist das Erbe des Qin Shi

Huangdi vom Sittenkodex des Konfuzius nicht säuberlich zu trennen. Eine Vielzahl gewaltiger Bauernaufstände hat die chinesische Geschichte immer wieder aufgewühlt und durchzieht sie wie ein roter Faden. Sie haben den Dynasten oft genug vor Augen geführt, daß ihr himmlischer Auftrag erschüttert war, und sie wurden von Mao Tsetung zu Recht als Vorboten seiner eigenen kommunistischen Revolution beansprucht. Diesen ostasiatischen Agrarrevolten haftete stets ein irrationaler und mystischer Grundzug an. Ihre Inbrunst taumelte – ähnlich wie der »Bundschuh« des ausgehenden europäischen Mittelalters – in apokalyptischer Endzeitstimmung. Natürlich wandten sich die fanatisierten Massen der »Gelben« und der »Roten Turbane«, später der Taiping, gegen das elitäre, das Volk verachtende System des konfuzianischen Mandarinats. Mao Tsetung hat sich diese eschatologischen Neigungen, die tief im chinesischen Volk zu wurzeln scheinen und im Zeichen eines namenlosen Elends zur Explosion drängten, zunutze gemacht. Er hatte den Chinesen das kommunistische Paradies auf Erden versprochen. Dabei griff er widerstrebend und vielleicht wider sein eigenes Wissen zwangsläufig auch auf die steife Lehre des Meisters Kong zurück, der in seinem »Buch der Riten« die »große Eintracht« zwischen Himmel und Erde als utopische Zielsetzung, als perfekten und rundum friedlichen Endzustand der Menschheit rühmt.

Der »große Sprung nach vorn« war kein Thema für Mister Hu. Aber die Kulturrevolution war noch nicht ganz abgeschrieben in jenem Herbst 1974. Mao lebte noch, und Madame Jiang Qing schien eisern entschlossen, die rote Sturmflut bei jeder sich bietenden Gelegenheit wieder zu entfesseln. Über Konfuzius äußerte mein Kantoner Gesprächspartner, Mister Hu, ziemlich nuancierte Ansichten. Nicht Meister Kong in Person, der in seiner Sozialhierarchie immerhin die Bauern unmittelbar nach den Schriftgelehrten und Intellektuellen einordnete, sondern seine Scholaren hätten den regierenden Literatenstand, der häufig über ausgedehnten Landbesitz verfügte, dem Landvolk entfremdet. Erst die späteren Kommentatoren des Konfuzius hätten der Herrschaftskaste den verächtlichen Abscheu vor jeder Art körperlicher Arbeit eingetrichtert. Zum Zeichen der Vornehmheit habe man sich noch bis ins 20. Jahrhundert lächerlich lange Fingernägel wachsen lassen, die jede manuelle Verrichtung verhinderten.

Mao Tsetung, der bei den Kadern der Kommunistischen Partei allzubald die Ansätze eines neuen Mandarinats erkannte, fuhr Hu fort, habe hier dank der Kulturrevolution mit letzter Konsequenz durchgegriffen. Jeder Parteifunktionär, jeder Intellektuelle wurde nunmehr mehrere Wochen oder Monate im Jahr zu körperlicher, oft mühsamer Arbeit in den Fabriken und vorzugsweise auf dem Lande verpflichtet. Das Kriterium für echte Befolgung der Mao-Tsetung-Gedanken sei der schonungslose Einsatz der Privilegierten bei den demütigsten Verrichtungen und Dienstleistungen gewesen. »Ein Vornehmer ist kein Werkzeug«, hatte der konfuzianische Philosoph Menzius doziert. Mit dieser Mentalität sollte endgültig gebrochen werden.

Erntearbeiten der Schulklassen und der Studenten blieben auch nach Abklingen der radikalsten Phase der Kulturrevolution eine patriotische Selbstverständlichkeit. Kein Oberschüler wurde zum Hochschulstudium zugelassen, wenn er nicht mindestens zwei Jahre als Arbeiter oder Bauer geschuftet hatte. Nicht irgendein erlesenes Kollegium elitärer Literaten unterzog mehr den Studienkandidaten einer esoterischen Prüfung und ließ ihn spitzfindige Abhandlungen über die klassischen Werke des Konfuzius und dessen Jünger redigieren, sondern die Versammlung der Arbeiter oder Bauern befand darüber, ob der Universitätsanwärter durch ideologischen Eifer und vor allem auch durch selbstverleugnenden Arbeitseinsatz die Voraussetzung für seine Berufung erfüllt habe.

In den sogenannten Kaderschulen des 7. Mai wurden die Parteifunktionäre und Schöngeister endgültig von ihrem Podest gestürzt. Bei härtester körperlicher Fron mußten sie »von den Massen lernen« und dem konfuzianischen Ideal des müßigen, literarisch gebildeten Gentleman, des vornehmen Dilettanten auf asketische Weise entsagen. Selbstkritik und intellektuelle Selbsterniedrigung, verbunden mit ständig wiederholtem Prüfungs- und Auslesestreß, waren allerdings schon im alten Mandarinatsdrill die Regel gewesen. Vielleicht konnte nur deshalb die Brutalität der maoistischen Umerziehungsmethoden von dem Betroffenen ertragen werden.

Das Gespräch war ins Stocken gekommen, als uns schlüpfrige Seegurken gereicht wurden, die ich mit meinen Elfenbeinstäbchen kaum greifen konnte. »Ein anderer wichtiger Aspekt in der ideologischen Abkehr vom Konfuzianismus, in der Kampagne ›Pi Lin – Pi Kong‹«, so setzte Hu wieder an, »ist die Gleichstellung der Frau, ihre Erlösung aus traditioneller Erniedrigung.« In Peking hatte ich ein paar Tage zuvor einer Aufführung der von Jiang Qing neu kreierten Oper »Azaleenberg« beigewohnt, und ich wußte also, was er meinte. Das spätmaoistische Theater wurde immer noch seiner Aufgabe als sittliche Anstalt gerecht. Die rund zwanzigtausend Bühnenstücke der herkömmlichen chinesischen Schauspielkunst, wo von Kaisern, Mandarinen, Eunuchen, Konkubinen und Feldherren, vor allem aber von haarsträubenden Palastintrigen die Rede war, blieben 1974 noch aus dem Spielplan verbannt. Alles beherrschend in der Jiang-Qing-Oper »Azaleenberg«: die Rolle der Frau als revolutionäre Heldin. Die weiberfeindliche Lehre des Meisters Kong hatte die totale Unterwerfung der Frau unter den Mann geboten. Der Familienvater besaß die Entscheidung über Leben und Tod. Überzählige Töchter wurden in Zeiten der Hungersnot verkauft oder umgebracht.

Doch in der Oper »Azaleenberg« – wie auch in dem unermüdlich wiederholten Ballett »Rotes Frauenbataillon« – ist aus dem versklavten Objekt männlicher Willkür und Lust eine zündende Vorkämpferin der proletarischen Erhebung geworden, die – von den Bajonetten einer reaktionären Soldateska umringt – ihre Ketten sprengt. Hier ist die Hauptdarstellerin nicht nur die gleichberechtigte Partnerin und Kampfgefährtin des Mannes. Sie zeigt sich klüger in der Gefahr und tapferer im Gefecht als andere rote Partisanen. Sie ist die »bessere Hälfte des Himmels«, wie man neuerdings betonte. Immerhin übten schon zu kaiserlichen Zeiten die Lieblingskonkubinen maßgeblichen Einfluß bei Hofe aus, und man zitterte vor den Launen der Kaiserinmutter. In der bombastischen Schlußszene bezieht sich die Oper »Azaleenberg« ganz eindeutig auf das Komplott des Marschalls Lin Biao. In die Reihen der bäuerlichen Krieger mit dem roten Stern hat sich ein Verräter eingeschlichen. Dieser Bühnen-Lin-Biao wird durch die junge, strahlende Heldin entlarvt. Er versucht zu entkommen, wie Lin Biao in die Sowjetunion, doch das Strafgericht des Volkes setzt seinen ruchlosen Machenschaften ein Ende.

Der Höhepunkt der feministischen Emanzipation war in diesem Sommer 1974 wohl erreicht, als geschlossene Einheiten der Volksbefreiungsarmee sich durch weibliche Agitatoren der Partei die Kampagne »Pi Lin – Pi Kong« erklären lassen mußten. Im Sprechchor plärrten die Soldaten die Thesen nach, die ihnen langzöpfige Pasionarias vorgekreischt hatten.

Das Abendessen in Kanton hatte sich über vierzehn Gänge hingezogen. Der Geduld und Mitteilungsfreudigkeit meines Gastgebers waren Grenzen gesetzt. Ich versuchte eine letzte

Themenausweitung. Ob wohl die Jesuitenpatres am Hofe der Ming- und Qing-Kaiser je eine Chance gehabt hätten, die kollektive Bekehrung des Reiches der Mitte zum Christentum zu bewirken, wenn sie den konfuzianischen Ahnenkult akzeptiert hätten? Hu absolvierte die parteiübliche Tirade gegen die christliche Missionierung in China, die ja nur auf eine verkappte Einflußnahme der westlichen Imperialisten hinausgelaufen sei. Im übrigen gingen die noch in China vorhandenen christlichen Minderheiten – die von den Pekinger Behörden mit unverdienter Toleranz behandelt würden – nicht auf die frühen Bemühungen der Societas Jesu im 17. und 18. Jahrhundert zurück, sondern auf die Zwangskonvertierung der sogenannten »Reis-Christen«. Das seien bedauernswerte Außenseiter der verflossenen chinesischen Feudalgesellschaft gewesen, die Ärmsten der Armen, oft sogar ausgesetzte Findelkinder, deren sich die Missionare bemächtigt hätten. Mit der Taufe hätten sie diesen Verzweifelten den Zugang zum täglichen Reisnapf verschafft. Es sei jedoch nicht abzustreiten, daß insbesondere die Katholiken einen erstaunlichen Zusammenhalt bewiesen hätten, als sie sich in ihrer »Verblendung« dem maoistischen Gedankengut widersetzten.

Hu zögerte eine Weile, ehe er fortfuhr. Ich hatte ihn im Verdacht, in früheren Jahren eine Missionsschule besucht zu haben, denn offenbar kannte er sich im Christentum ganz gut aus. Der Ahnenkult, so meinte Hu und brach damit den ungewöhnlichen ideologischen Dialog ab, wäre mit dem Christentum schwer vereinbar gewesen. Wie negativ und gesellschaftszersetzend sich diese ausschließliche Abkapselung und Begrenzung auf die eigene Familie und Sippe für China ausgewirkt habe, sei erst von Mao Tsetung mit letzter Konsequenz aufgedeckt worden. Dem Ahnenkult und dem Sippenegoismus habe Mao die proletarische Solidarität aller Werktätigen entgegengesetzt. Dazwischen gäbe es keinen Kompromiß. Die meisten Ahnengräber seien zerstört worden. Der chinesische Patriot von heute habe dem Volke und nicht der Familie zu dienen. Vielleicht habe Jesus mit dem Gebot der Nächstenliebe einmal etwas Ähnliches angestrebt, aber die Christen hätten seine karitative Lehre ins Gegenteil verkehrt, zum Zerrbild verkommen lassen.

Ich ließ mich in mein schwüles Hotelzimmer am Perl-Fluß zurückfahren. Der letzte Satz Hus ging mir nach. Schon André Malraux, Autor der »Condition humaine«, hatte über das mangelnde Sozialbewußtsein der Han-Rasse geschrieben: »Ein Chinese fühlt sich nur innerhalb seiner Familie betroffen.« Damit meinte er, daß Solidarität und Nachbarschaftshilfe den eigenen Verwandten vorbehalten blieb. Wie oft haben es westliche Ausländer in Taiwan und Hongkong erlebt, daß Verkehrsopfer auf der Straße schwerverletzt liegen blieben, daß sich zwar dichte Trauben von Neugierigen um sie drängten, aber keiner auch nur den geringsten Beistand leistete, es sei denn, ein Sippenangehöriger sei als Samariter aufgetaucht. Mao Tsetung hatte diesen schrecklichen Familien-Egoismus mit Stumpf und Stiel ausrotten, die Verantwortlichkeit eines jeden für jeden, die große proletarische Solidarität an deren Stelle setzen wollen. Auf seine Weise hatte der »große Steuermann« mit den Zwangsmitteln eines unerbittlichen Terrors und auf dem Umweg über die marxistische Umerziehung versucht, die »Caritas«, die christliche Nächstenliebe, in China heimisch zu machen. So abstrus war diese geistige Assoziation übrigens nicht, stand doch die diesseitige Utopie des Marxismus – mit der klassenlosen Gesellschaft, dem Paradies der Werktätigen als Endstufe der Menschheitsentwicklung – in direkter Nachfolge zur jenseitigen Heilsvorstellung der christlichen Kirchen. Der frühere algerische Staatspräsident Ahmed Ben Bella, einer der Helden des Unabhängigkeitskampfes, der sich in späten Jahren dem islamischen Fundamentalismus zuwandte, hatte mir einmal in seiner Exilwohnung von Neuilly gesagt, er betrachte den Marxismus als »einen entarteten Sohn des Christentums«.

Um die schreckliche Selbstsucht der chinesischen Sippen zu zerschlagen, ihrer Indifferenz gegenüber dem Unglück des Nächsten entgegenzuwirken, hatte der Gewaltmensch Mao Tsetung ein ideologisches Trommelfeuer und brutalste Zwangsmethoden gegen diesen restriktiven Sittenkodex angeordnet, der alle nur denkbaren Erneuerungsversuche überdauert hatte. Mit der Verherrlichung der breiten Gemeinschaft des Volkes hat Mao versucht, das verkarstete System der exklusiven Verwandtschaftsbezüge zu sprengen, und damit eine wahrhaft revolutionäre Tat vollbracht. Ob sie von Dauer ist, bleibt leider mehr als ungewiß.

Irgendeine menschliche Scheu hatte mich daran gehindert, meine Diskussion mit Mister Hu auf die Taiping-Revolte zu bringen, und ich ärgerte mich nachträglich über diese Unterlassung. Der Aufstand der Taiping unter ihrem wirren Propheten Hong Xiuquan, der sich als jüngerer Bruder Jesu bezeichnete, das Aufbäumen des nationalen China gegen die mandschurischen Fremdherren auf dem Drachenthron, die Übernahme eines mißverstandenen Christentums und die skurrile Verzerrung dieser westlichen Religion, all das erschien mir in mancher Hinsicht als ein merkwürdiges Prodrom des großen kommunistischen Aufbruchs im 20. Jahrhundert. Taiping – das »Himmlische Reich des ewigen Friedens« – war ebenso wie der Maoismus und alle früheren Umsturzbewegungen der chinesischen Geschichte im Bauerntum gezeugt und vom asiatischen Bundschuh getragen worden. Die Taiping-Revolte des 19. Jahrhunderts trug Züge einer ideologischen Verwirrung, eines mystischen Wahnsinns, wie man sie diesem nüchternen, gewitzten Volk gar nicht zugetraut hätte. Gleichzeitig offenbarten sich in den

Anweisungen des Himmlischen Kaisers und Jesu-Bruders Hong Xiuquan, in der quasikommunistischen Egalität, die er seinen Jüngern auferlegte, in der Gleichberechtigung, die er den Frauen zugestand, im Zwang zur körperlichen Arbeit, die Meister Kong so geringgeachtet hatte, in der Prüderie zwischen den Geschlechtern, im Bibel-Fetischismus, der die Vergötzung des berühmten Roten Buches vorwegnahm, all jene Merkmale und Absonderlichkeiten, die hundert Jahre später die Exzesse der großen Kulturrevolution charakterisieren sollten. Hätte der Taiping-Aufstand gesiegt, wäre das ganze Reich der Mitte zu einer ziemlich absurden Form des Christentums übergetreten, und für den Maoismus wäre vermutlich kein Nährboden mehr gewesen. Nüchternen Aussagen britischer Zeitgenossen zufolge hatten diese Bewegung und ihre Niederschlagung mindestens dreißig Millionen Menschen das Leben gekostet.

Auf der anderen Seite, so grübelte ich an jenem Abend, rückte der »große Steuermann«, wenn er sich mit aller Kraft gegen die konfuzianischen Schablonen aufbäumte, in die Nachbarschaft jener taoistischen Weisen, die sich von der Pedanterie, der moralisierenden Besserwisserei, der heuchlerischen Prüderie der Jünger des Meisters Kong stets abgestoßen fühlten. Gewiß, Mao hielt nicht viel von der stoischen Weltabgewandtheit des legendären Laotse, noch stand er jenen taoistischen »Hippie«-Gestalten nahe – skurrile Einsiedler, fröhliche Trunkenbolde, närrische und dennoch gewitzte Greise, Außenseiter, die zu den magischen Kräften der Erde Kontakt hielten und in vielfältiger, oft exzentrischer Darstellung beim abergläubischen Volk beliebt und verehrt waren. Aber selbst der große Revolutionär Mao Tsetung hat einmal den resignierten Satz geprägt: »Ich bin nur ein alter Mönch unter einem zerschlissenen Regenschirm.«

Am Fluß des Schwarzen Drachens

Der Strom ist breit. Die Ufer sind flach und grün bewaldet. Es ist ein typisch sibirisches Gewässer, das sich da träge nach Nordosten wälzt. Auf beiden Seiten schimmern die weißgefleckten Stämme der Birken. So ähnlich sieht auch der Ob bei Nowosibirsk aus. Das Wasser ist dunkelbraun, und deshalb haben die Chinesen den Amur, der hier die Grenze zwischen Mandschurei und Sowjetunion bildet, Heilungkiang, Fluß des Schwarzen Drachens, genannt.

In Peking hatte ich mir meine Reiseziele im Spätsommer 1989 selbst aussuchen dürfen. Ich hatte jene Regionen Chinas benannt, die ich noch überhaupt nicht aufgesucht hatte, die Nördliche Mandschurei und die Autonome Region Innere Mongolei. Die Behörden hatten sofort zugestimmt, auch als ich den Wunsch äußerte, einen chinesisch-sowjetischen Grenzübergang im äußersten Norden zu besichtigen. Im Verlauf unserer Tour habe ich kurzfristig zusätzliche Ortschaften auf das Programm gesetzt und bin niemals auf Widerspruch gestoßen. Das deutsche Kamera-Team, das mich begleitete, ist kein einziges Mal in seiner Arbeit behindert worden.

Mit einer Iljuschin waren wir nach Heihe, dem chinesischen Flußhafen am Amur, geflogen. Die Fahrt vom bescheidenen Airport zum Hotel dauerte eine halbe Stunde. Die buckelige Asphaltstraße führte durch Taiga-Gehölz. Die Stadt Heihe lebte im Bau-Boom und machte einen chaotischen Eindruck. Überall wurde gemauert und zementiert. Die Straßen waren von Kanalisationsarbeitern aufgerissen. Die Wohnblocks waren nach den trüben Schablonen einförmiger Kastenarchitektur ausgerichtet. Mir fielen vor allem die riesigen, vollverglasten Veranden auf, die an jeder Häuserfront wie Wintergärten klebten, aber bei näherem Hinsehen mit einer wahllosen Anhäufung von Hausgerät, auch mit gehorteten Lebensmitteln vollgepfropft waren. Diese gläsernen Vorratskammern eigneten sich, unseren chinesischen Begleitern zufolge, vorzüglich für das Überleben im nordmandschurischen Winter. Die Temperatur am Amur schwankt dann zwischen minus 25 und minus 41 Grad.

Natürlich strebten wir gleich dem sibirisch-mandschurischen Schicksalsstrom zu. Es traf sich gut, daß unser Hotel direkt am Ufer lag. Auch an dieser Stelle waren umfangreiche Erdarbeiten im Gange, und man warnte uns am Empfang, daß das Wasser im Hotel nur während zwei Stunden am Tag fließen würde. Es war später Nachmittag. Über dem Fluß des Schwarzen Drachens spann sich ein blaßblauer, unendlicher Himmel. Nach Nordwesten, auf der sowjetischen Seite, stiegen sanfte Hügel an. Das chinesische Ufer war zu einer Art Promenade ausgebaut. Der Baumwuchs war spärlich. Die Menschen, die uns begegneten, waren bunt und sommerlich gekleidet. Diese chinesischen Siedler des äußersten Nordens genossen sichtlich die milde Luft des Sommerabends. Die Männer hatten oft die Hemden ausgezogen. Die Mädchen trugen Miniröcke und leichte Blusen. Es war jene Ausgelassenheit in der Luft, die ich vor vielen Jahren bei einem kurzen August-Aufenthalt auch in Nowosibirsk erlebt hatte. Der Winter würde mindestens acht Monate lang dauern, und der klirrende Frost setzte den Einwohnern so schrecklich zu, daß sie die kurze Schönwetterpause wie eine Gnadenfrist auskosteten.

Ursprünglich hatte ich mir gelobt, ein symbolisches Bad im Amur zu nehmen. Aber angesichts der trüben Farbe der Fluten und der Fabriken, die auf beiden Ufern ihre giftigen Abwässer in den Fluß abließen, ganz zu schweigen von den menschlichen Exkrementen, habe ich davon Abstand genommen. Die ortsansässigen Chinesen empfanden keine solchen ökologischen Bedenken. Sie stürzten sich in Scharen in die trübe Soße und ließen sich kilometerweit treiben. Auf der Nordseite verhielten sich die Russen ähnlich. Dort erkannten wir in der sinkenden Dunkelheit die Umrisse und die auf-flackernden Lichter der Stadt Blagowesčensk, die mittels einer Gleisabzweigung an die große Transsibirische Eisenbahn angeschlossen war. Die chinesischen Spaziergänger hielten uns offenbar für Russen. Wir waren nicht wenig erstaunt, als wir in dieser Grenzzone, die zehn Jahre zuvor noch am Rande eines bewaffneten Konfliktes zwischen den beiden kommuni-stischen Giganten stand, mit großer Freundlichkeit begrüßt wurden. Immer wieder hörten wir den Willkommensruf »zdravstvuite«. Ein kleiner, putzig gekleideter Junge bot uns Süßigkeiten an, wohl in der Hoffnung, daß er durch irgend-welche Sputnik- oder Kosmos-Abzeichen, wie die russischen Jungpioniere sie gern am Hemd tragen, belohnt würde.

Das Hotel von Heihe war eine ziemlich fürchterliche Her-berge. Der Bau war neu, aber auf betrübliche Weise herunter-gekommen. In der düsteren Eingangshalle waren chinesische Putzfrauen unermüdlich beschäftigt, mit trockenen, ausge-fransten Besen Staub und Dreck hochzuwirbeln. Wenn sie das Erdgeschoß auf diese wenig wirksame Weise durchge-schrubbt hatten, nahmen sie die Arbeit von neuem wieder auf, denn jetzt hatte sich der Schmutz wieder gesetzt. Nur die jun-gen Etagen-Beschließerinnen, die lächelnd hinter ihrem Schreibtisch saßen, fielen mit ihren blitzsauberen rot-weißen Kleidern aus dem Rahmen. Die Zimmer rochen muffig, und die Toiletten waren ein Ort des Grauens, wo bei Betätigung der Spülung die Abgründe der Kanalisation nach oben gespült wurden. Aus den röhrenden Wasserhähnen, deren Zufuhr durch endlose Reparaturarbeit blockiert war, fielen Scharen von Kakerlaken ins Waschbecken. Mit Ausnahme der großen Ausländer-Hotels Pekings, die oft nach dem Muster von Joint-ventures funktionieren, waren die Herbergen Chinas wieder in jenen Zustand der Verwahrlosung zurückgefallen, der für die prämaoistische Zeit charakteristisch war. Die große Kampagne für Sauberkeit und Hygiene hatte den »großen Steuermann« offenbar nicht überlebt. Seinerzeit war der gesamten Bevölkerung Chinas die pausenlose Jagd auf Ungeziefer, Mücken, Fliegen, ja sogar auf Spatzen als proletarische Pflicht auferlegt worden. Davon war man jetzt weit entfernt. Um mit der chinesischen Unsitte des Spuckens zu brechen, um seine Untertanen wenigstens davon abzubringen, mit langgezogenem Röcheln ihren Speichel auf Gehsteige und das Parkett der Gemeinschaftsräume auszusondern, war der Spucknapf von den Revolutionsbehörden zum unverzichtbaren Requisit eines jeden Zimmers und zum Mahnmal einer neuen Gesittung erklärt worden. Selbst der große Mao ließ sich stets neben einem solchen Topf abbilden. Doch auch diese bescheidene Hygieneregelung wurde jetzt nicht mehr beachtet. »Verjagt die natürliche Veranlagung«, sagen die Franzosen, »sie kommt im Galopp zurück.«

Am nächsten Morgen hatten die Lokalbehörden uns zu einer Besichtigung des Flußhafens von Heihe eingeladen. An dieser Stelle, so war uns schon in Peking mitgeteilt worden, fand ein reger Grenzverkehr mit der gegenüberliegenden sibirischen Stadt Blagoweščensk statt. Uns fielen am Ufer sofort die Frachtkähne und Dampfer mit dem Wappen der Sowjetunion auf. Aber das Hauptinteresse richtete sich auf zwei kleine plumpe Ausflugsdampfer, die sich in der Mitte des Stromes kreuzten und auf das jeweils andere Ufer zutuckerten. Jeden Morgen setzten vierzig Chinesen nach Blagoweščensk über, und vierzig Sowjetbürger statteten Heihe einen Besuch ab. Sie blieben bis zum Abend und waren mit einem bescheidenen Devisenkontingent, das im realen Gegenwert bei knapp 100 DM liegen mochte, ausgestattet.

Das russische Boot legte gerade an. Vierzig Sowjetbürger gingen ohne nennenswerte Kontrolle an Land. Es waren überwiegend Frauen mittleren Alters, die für diesen Ausflug ihre besten Kleider angezogen hatten und wohl vorher beim Friseur gewesen waren. Eine von ihnen trug ein silbergewirktes Lamé-Kleid. Auf ihren hohen Absätzen erkletterten die Touristinnen den Pfad zur Straße, wo ein Bus auf sie wartete. Überall wurde der Gruß »zdravstvuite« ausgetauscht. Was mich besonders frappierte, war der rein europäische, slawische Typus der Anreisenden. Dem Aussehen nach hätte es sich übrigens auch um Farmer aus dem nordamerikanischen Mittelwesten oder aus dem kanadischen Saskatchewan handeln können. Nur verhielten sich diese Russen leise, diskret, ein wenig zaghaft, und unsere Kamera-Arbeit schien ihnen anfangs nicht sonderlich zu behagen. Eine einzige junge Frau wies in ihren Gesichtszügen einen mongolischen Einschlag auf.

Später haben wir die Touristengruppe in den beiden großen Kaufhäusern und in der Markthalle von Heihe eingeholt, uns mit ihnen radebrechend vertraut gemacht und sie auch ausgiebig gefilmt, ohne daß die geringste Mißstimmung aufkam. Ein stämmiger Mann, der etwas Deutsch sprach – seine Mutter war Wolgadeutsche –, erklärte, daß er von Ussurysk in der russischen Fernostprovinz bei Wladiwostok angereist und am Ussuri beheimatet sei. Die Frauen waren natürlich die treibende Kraft des Einkaufs. Die Fülle des Lebensmittelangebots zog sie zwar magisch an, aber sie ließen sich – bei ihrer knappen Geldkontingentierung – allenfalls zum Kauf von ein paar Süßigkeiten hinreißen. Die Textilien hingegen – zumal wenn sie rosarot getönt waren – wurden eingehender Inspektion und langen Preisdiskussionen unterzogen. Bevorzugter Attraktionspunkt war der Verkaufsstand für Kosmetika. Stark geschminkte chinesische Verkäuferinnen, deren Make-up einer Nachtbar-Hostess von Hongkong alle Ehre gemacht hätte, hielten jene vielfarbigen Maquillage-Kästchen mit eingebautem Spiegel parat, die uns schon in Peking aufgefallen waren. Die Lotions und Parfums – für westliche Ansprüche viel zu aufdringlich – waren das Ziel begehrlicher Blicke.

Wir verstanden jetzt, warum das Außenministerium uns so bereitwillig an diese einst sorgfältig abgeschirmte und bedrohliche Grenze hatte reisen lassen. Wir sollten als Augenzeugen feststellen, wie überlegen die chinesische Versorgungslage und das chinesische Konsumangebot sich von der Mangelsituation abhoben, die die Sowjetunion heimsuchte. Andererseits wollte man uns aber auch vorführen, daß die Beziehungen zwischen Peking und Moskau sich tatsächlich erwärmt hatten, ja daß entlang der einst heißumstrittenen Grenze zwischen Mandschurei und Sibirien neuerdings eitel Frieden und Harmonie herrschten. Mochten Amerikaner und Westeuropäer nach dem Blutvergießen am Tian-An-Men-Platz mit Sanktionen drohen und das Pekinger Regime schmähen, das Reich der Mitte besaß ja noch andere Partner, und die Normalisierung des Verhältnisses zu Moskau schuf endlich jene Äquidistanz der Beziehungen – USA einerseits, Sowjetunion andererseits –, die die Unabhängigkeit der chinesischen Diplomatie unanfechtbar machte.

Natürlich wußten unsere einheimischen Begleiter wie auch die Beamten des chinesischen Außenhandelsministeriums, daß der sowjetische Partner keinen annähernden Ersatz für das gewaltige Produktions- und Handelspotential bieten konnte, das sich im Westen und insbesondere in Japan zusammenballte. Die Ziffern des kleinen Grenzverkehrs von

Heihe–Blagowesčensk waren in dieser Hinsicht aussagekräftig. Im stillosen Betonbau der Außenhandels-Administration dieser Übergangsstation wurde uns von einem betagten chinesischen Funktionär mit müder Geste die Statistik seiner lokalen Organisation präsentiert. Seit dem 1. September 1987 sei der kleine Grenzverkehr wieder in Gang gekommen. Im Jahre 1988 habe sich der Austausch zwischen dem Nord- und dem Südufer auf einen Gegenwert von 32 Millionen Schweizer Franken belaufen. Wohlweislich wurde weder in Rubel noch in Yuan abgerechnet. Der US-Dollar wirkte als Zahlungseinheit zwischen zwei kommunistischen Staaten irgendwie störend, und so hatte die helvetische Währung herhalten müssen. In den ersten Monaten des Jahres 1989, inklusive August, sei dieser »Troc« immerhin auf 37 Millionen Schweizer Franken geklettert. Die jeweiligen Planungsbehörden achteten strikt darauf, daß ein präzises Gleichgewicht zwischen Einfuhr und Ausfuhr gewahrt blieb. Die Russen lieferten überwiegend Holz, Zement, Glas, Düngemittel und Stahl. Die Chinesen schifften neben landwirtschaftlichen Produkten – Bohnen, Kartoffeln, Äpfel, Erdnüsse – überwiegend Konsumgüter – Textilien, Schuhe, elektrische Haushaltsgeräte, Wohnungseinrichtungen und vieles mehr – nach Blagowesčensk. Die Natur dieses Austausches belegte eindeutig, daß die höhere ökonomische Entwicklungsstufe paradoxerweise auf dem Südufer des Amur erreicht worden war.

Am Hafen waren die Importwaren gestapelt. Baumstämme aus Sibirien, Plastikhüllen mit chemischem Düngegut und vor allem Zement. Chinesische Docker – fast hätte ich »Kulis« gesagt – entluden einen russischen Frachter. Die Zementsäcke waren teilweise geplatzt, so daß die Arbeiter, von schäbigen Lappen schlecht geschützt, über und über mit Staub verkrustet waren. Die Gesichter unter den grauen Kapuzen – mit Ausnahme der lebhaften Schlitzaugen – waren seltsam erstarrt in dieser düsteren Verhüllung. Die Docker von Heihe sahen aus, als seien sie eben als Zementfiguren des Kaisers Qin Shi Huangdi aus irgendeiner Grabhöhle aufgetaucht. Daneben waren die chinesischen Zollbeamten und Grenzpolizisten in ihren grünen Uniformen mit den gelben Streifen und den Goldlitzen fast geckenhaft hergerichtet. An Bord eines Frachtkahns hatten wir ein paar russische Flußmatrosen gesichtet. Sie verhielten sich betont teilnahmslos. Als sie ins Suchfeld unserer Kamera gerieten, waren sie sichtlich geniert. Es wäre mir unschicklich vorgekommen, wenn wir Europäer aus West und Ost stumm und abweisend – möglicherweise zur stillen Erheiterung unserer asiatischen Beobachter – nebeneinander verharrt hätten. Ich ging deshalb auf den Mann im rotkarierten Hemd zu, der als Kapitän fungierte, begrüßte ihn mit den drei Brocken Russisch, die mir geläufig waren, und schüttelte ihm die Hand.

Wer dachte heute noch daran, daß das Städtchen Heihe – damals hieß der bescheidene Umschlagplatz An Hui – in den ersten Jahren unseres Jahrhunderts dem zaristischen Machtbereich einverleibt gewesen war. Erst nach der Eroberung der Festung Port Arthur durch die Japaner und der zaristischen Flottenniederlage bei Tsushima waren die Moskowiter über den Amur nach Norden vertrieben worden. Im häßlichen, aufgewühlten Stadtkern von Heihe – die Einwohnerzahl wurde einmal mit 67 000, dann mit 100 000 angegeben – waren mir ein paar alte russische Holzhäuser aufgefallen. Die massiven Bohlenwände waren zum Schutz gegen den Frost tief in den Boden eingelassen, so daß die Gebäude noch geduckter erschienen. Die Simse waren liebevoll geschnitzt, und es ging von diesen baufälligen Überresten europäischer Präsenz in Heihe eine fast anheimelnde Wohnlichkeit aus. Diese Gemütlichkeit fehlte den neuen, brutalen Betonklötzen, die überall aus dem Boden schossen, schmerzlich, was den Chinesen mit

Sicherheit wenig ausmachte. Während der Sommerabende tummelte sich die Jugend auf einem zementierten Rollschuhplatz. Im Winter liefen sie vermutlich Schlittschuh, denn die Eisdecke des Flusses des Schwarzen Drachens erreichte dann die Dicke von vier Metern.

Auf einem Motorboot haben wir uns dem sibirischen Ufer des Amur bis zur Mitte des Stromes genähert und ein paar Kilometer lang die sowjetische Seite inspiziert. Filmen durften wir nicht. Aus der Distanz machte Blagoweščensk einen recht stattlichen Eindruck. Wir sichteten eine Zementfabrik und ein Elektrizitätswerk, moderne Wohnblocks im Einheitsstil und einen momumentalen Rundbau, der als Theater oder Oper dienen mochte. Ein riesiger Fernsehmast, mit einer Vielzahl von Antennen und Radarschüsseln ausgestattet, erlaubte es den Russen, bis weit in die mandschurische Ebene hineinzuspähen. Fasziniert war ich von den Wachttürmen, die sich in regelmäßigen Abständen bis zum Horizont ablösten. Ob sie mit sowjetischen Grenztruppen bemannt waren, konnten wir nicht erkennen. Auf chinesischer Seite war weit und breit nur ein einziges Eisengerüst zu sehen, das notfalls als Beobachtungsposten geeignet war. Jetzt kamen ganz deutlich die russischen Befestigungsanlagen und Bunker in unser Blickfeld, die Blagoweščensk nach Süden hin abschirmten. Daneben sonnten sich Zivilisten am schwärzlichen Strand. Andere badeten im Fluß. Am Vorabend war uns schon ein sowjetisches Patrouillenboot aufgefallen, das mit abgedeckter Kanone seine Strecke abfuhr. Zusätzlich entdeckten wir ein Kriegsschiff größerer Tonnage, das mit Raketenwerfern bestückt war.

Sehr aufregend war das alles nicht, und es gehörte schon einige Phantasie zu der Vorstellung, daß wir uns an einer der schicksalsträchtigsten Nahtstellen der Welt befanden, am Schnittpunkt zweier – trotz gemeinsamer Ideologie – total konträrer Kulturkreise. Wieder kam mir der Orakelspruch de Gaulles in den Sinn, den er anläßlich einer Pressekonferenz im November 1959 von sich gegeben hatte. Der General hatte die Unvereinbarkeit der Ambitionen skizziert zwischen Rußland einerseits – »weiße Nation in einem Teile Asiens, mit Boden und Reichtümern wohl ausgestattet« – und China andererseits: eine immense Zusammenballung gelber Menschen – unzählbar und bedürftig, unzerstörbar und ehrgeizig; die Chinesen zielten – laut de Gaulle – unter unsäglichen Prüfungen darauf ab, eine Macht zu bauen, die unermeßlich wäre, und sie ließen bereits ihre begehrlichen Blicke über jene Weiten schweifen, in die sie sich eines Tages ergießen müßten.

Der Abend senkte sich über dem Amur, über dem Fluß des Schwarzen Drachens, aber nicht einmal der verwaschene Sonnenuntergang brachte Konturen in diese gesichtslose Landschaft der Taiga. Ich befand mich nicht zum ersten Mal in diesem Raum. Im Sommer 1973 war ich von Tokio mit einer Aeroflot-Maschine nach Khabarowsk geflogen und hatte dort zwei Tage am Zusammenfluß von Amur und Ussuri verweilt, ehe ich mit dem Transsibirien-Expreß nach Irkutsk weiterrollte. Khabarowsk war, ähnlich wie Blagowesčensk, eine rein russische Stadt. An der Hotel-Theke wurden Schnitzereien aus Rentierknochen angeboten, die von den Ureinwohnern der sibirischen Weiten – Tungusen, Jakuten, Tschuktschen – angefertigt wurden. Es waren dürftige, ziemlich kitschige Produkte. Ich mußte an gewisse kommerzielle Indianer-Souvenirs in Nordamerika denken. Nur waren die Asiaten in Khabarowsk noch spärlicher vertreten als die Indianer in Minneapolis oder Kansas-City. Khabarowsk mit seinen baumbestandenen Alleen und der gepflegten Uferpromenade am Amur besaß den altmodischen Charme der Jahrhundertwende. Bemerkenswert war das Museum, nicht wegen der einfallslosen Revolutionsrelikte, sondern wegen eines großen Ölgemäldes, das die Annexion dieser fernöstlichen Region durch das kaiserliche Rußland glorifizierte. General Murawjow mit breiten goldenen Epauletten, ein Hüne an Gestalt, beugte sich herrisch über den Tisch, auf dem eine Landkarte des Amur-Gebietes ausgebreitet war. Ihm gegenüber saß in geduckter Haltung ein eingeschüchterter chinesischer Hofbeamter in der himmelblauen Seidentracht der Mandarine. Murawjow war so dargestellt, als würde er dem schmächtigen Asiaten einen heilsamen Schrecken einjagen. Mit einem dicken roten Stift beschrieb der Beauftragte des Zaren die zukünftige Grenze zwischen den asiatischen Besitzungen Sankt Petersburgs und den schrumpfenden Nordprovinzen Pekings. Es war ein Bild zur Verherrlichung des Kolonialismus und der imperialen Landgewinnung.

Auch die Taiga dieser Region war mir nicht unbekannt. Der Transsibirien-Expreß folgt in relativ geringem nördlichen Abstand dem Lauf des Schwarzen-Drachen-Flusses, das heißt der chinesischen Grenze. Während der drei Tage endloser und am Ende eindrucksvoller Monotonie von Khabarowk bis Irkutsk wurden nur wenige Ortschaften berührt. Es war mir dabei vergönnt, das autonome Gebiet von Birobidschan in Augenschein zu nehmen. In dieser gottverlassenen Gegend hatte Stalin in einer seiner unberechenbaren Tyrannenlaunen ein geschlossenes jüdisches Staatsgebilde im hintersten Sibirien schaffen wollen. Die Juden der Sowjetunion hatten sich natürlich gegen dieses absurde Pionier-Experiment am Amur mit allen Kräften gesträubt. Sie müssen die Gründung dieser wahnwitzigen Verwaltungseinheit am Ende der Welt als eine schreckliche Bedrohung für ihre Glaubensgemeinschaft empfunden haben. Am Ende sind relativ wenig Sowjetbürger mosaischen Glaubens in Birobidschan ansässig geworden. Die Frommen unter ihnen träumten ohnehin von Eretz Israel im Gelobten Land und von der goldenen Stadt Zion. Heute machen die Juden nur einen bescheidenen Prozentsatz der Bevölkerung von Birobidschan aus. Zur Zeit meiner Durchreise waren die hölzernen Schuppen, die sich als Bahnhöfe zu erkennen gaben, mit kyrillischen Buchstaben, auf Russisch, aber auch mit hebräischen Schriftzeichen ausgeschildert. Als unlängst der libysche Oberst Kadhafi in einer seiner sprunghaften Eingebungen Alaska als Wohngebiet für die Juden Israels vorschlug und damit Erstaunen und Entrüstung wachrief, hat kaum einer der Kommentatoren bedacht, daß ein nicht minder wahnwitziges Projekt von Josef Stalin in Ansätzen bereits realisiert worden war, ohne daß die Weltöffentlichkeit daran seinerzeit Anstoß genommen hätte.

Die für uns zuständigen Partei- und Kommunalbehörden von Heihe hatten zu einem Abendessen eingeladen. Das Lokal, das wegen seiner Delikatessen berühmt war, starrte vor Schmutz. Dieses Essensritual begleitet jeden China-Besucher, denn die üppigen Bankette, die zu seinen Ehren abgehalten werden und die er selber mit harter Währung finanziert, bieten den örtlichen Funktionären die willkommene Gelegenheit, jene aufwendigen Leckerbissen der chinesischen Küche zu genießen, für die ihr schmales Gehalt ansonsten nicht ausreicht. Leider sind die Gerichte der Mandschurei und auch der Inneren Mongolei alles andere als bekömmlich. Die undefinierbaren Gänge – mit Innereien und Kuddeln durchsetzt – schwimmen in dickem Fett, was möglicherweise als Abwehr gegen die sibirische Kälte des Winters Sinn macht, aber einem europäischen Magen hart zusetzt. An diesem Abend wurde uns eine besondere Rarität geboten: Bärentatzen. Den ganzen Tag hatten unsere Begleiter schon von dieser Köstlichkeit geschwärmt, der unter anderem aphrodisische Eigenschaften zugeschrieben werden. Die Bärentatzen wurden in winzigen Portionen serviert, eine gelatineähnliche Masse mit Knorpeln, auf die auch mein leidgewöhnter Gaumen mit abscheulichem Ekelgefühl reagierte. Glücklicherweise war sechzigprozentiger Schnaps in Reichweite, um diese Delikatesse zu desinfizieren und hinunterzuspülen.

Am späten Abend trieb es mich noch einmal an das Ufer des Amur. Immer noch lärmten Jugendliche in der düsteren Flut. Frauen wuschen ihre Kleider im Fluß. Kinderrufe hallten wie Vogellaute durch die Weite. Der Alkohol hatte mich in eine besinnliche Stimmung versetzt. Während der mächtige Strom des Schwarzen Drachens sich nach Nordosten wälzte, wo die Nacht bereits von der Taiga Besitz ergriffen hatte, wandte ich mich dem Westen zu. An dieser Stelle – die Scheinwerfer des russischen Ufers von Blagoweščensk waren längst eingeschaltet – kam mir wieder die Formel vom »gemeinsamen europäischen Haus« in den Sinn, auf die Gorbatschow so gern zurückgriff. Der Ausdruck stammte übrigens von dem früheren Außenminister Gromyko, der sich nicht gerade durch die Versöhnlichkeit seiner politischen Linie ausgezeichnet hatte. Aber seit »Gorbi« das große europäische Haus zur Debatte gestellt hatte, gehörte das Wort zum Repertoire auch so manchen deutschen Politikers. Nur war es unzureichend umrissen, dieses ominöse Gebäude, in dem die Russen – als slawisches Volk unbestreitbar den Europäern zugehörig – eine gewaltige Zimmerflucht beanspruchten. In Kiew, Leningrad, vielleicht auch noch in Moskau mochte man mit dem Gedanken spielen, daß auch das alte Rußland in irgendeiner Form an der paneuropäischen Konföderation beteiligt werden könnte. Doch die russische Sowjetrepublik hörte eben nicht an der Wolga und auch nicht am Ural auf. Durch ganz Sibirien zog sich ein geschlossener slawischer Siedlungsraum über Omsk, Tomsk, Nowosibirsk, Irkutsk und Blagoweščensk bis Wladiwostok am Pazifischen Ozean hin. Sollte das »gemeinsame europäische Haus« in der Vorstellung Gorbatschows, der ja seine russischen Landsleute in Nordasien zweifellos nicht von seinen geopolitischen Neugestaltungsplänen ausschließen wollte, denn bis zum Meer von Ochotsk und bis zur Behring-Straße reichen? Die Vorstellung erschien absurd. In jener Abendstunde am Amur war es nicht nur der reichlich genossene Schnaps, der mich am »gemeinsamen europäischen Haus« Michail Sergejewitsch Gorbatschows zweifeln ließ.

Mein freundlicher Austausch mit den Chinesen beschränkte sich auf ein paar russische Vokabeln: »charascho, zdravstvuite, spasiba«. Am Ende begab ich mich in die düstere Hotelbar. Der Fernsehapparat war eingeschaltet. Ein amerikanischer Zeichentrickfilm ging gerade zu Ende. Es folgten die obligaten Werbespots. Plötzlich lief ein heldisches Zelluloidepos aus dem Jahre 1959 an. Ein Offizier der Volksbefreiungsarmee mit Ballonmütze und rotem Stern füllte den Bildschirm und brüllte: »Nach Schanghai!« Der Film schilderte die Eroberung der kosmopolitischen Hafenstadt Schanghai durch die Soldaten Mao Tsetungs im Sommer 1949. Es war eine sehr passable Inszenierung, und sie schilderte recht objektiv den tatsächlichen Ablauf dieser Schlacht, die nach anfänglichen heftigen Gefechten mit der raschen Kapitulation des Kuomintang-Befehlshabers endete. Der Film war übrigens während der Kulturrevolution und der Umtriebe der Vierer-Bande verboten gewesen, weil er dem nationalchinesischen Kommandeur von Schanghai ein paar menschliche Züge abgewann. Noch heute sind im Umkreis von Schanghai jene Betonbunker zu sehen, die Tschiang Kaishek zur Verteidigung dieser lebenswichtigen Megalopolis an der Mündung des Yang Tsekiang gegen den Ansturm der Roten hatte bauen lassen. Die Eroberung Schanghais, dieses Schmelztiegels westlicher und fernöstlicher Kulturen und Laster, muß in der Tat ein aufregendes, ja weltbewegendes Ereignis gewesen sein. Der französische Korrespondent Robert Guillain hatte seinerzeit die Männer der Volksbefreiungsarmee als »Marsmenschen« geschildert, so kraß und total unterschieden sich ihre Disziplin, ihre Korrektheit und revolutionäre Tugend von der bisher üblichen Verwahrlosung chinesischer Militärhorden, die unter dem Befehl ihrer käuflichen »Warlords« sich weniger auf das Kämpfen als auf das Morden, Plündern und Vergewaltigen verstanden.

Den Ablauf des Films konnte ich auch ohne chinesische Sprachkenntnisse mühelos verfolgen. Es blieb vor allem ein dramatischer Höhepunkt haften. Die Arbeiter einer großen Fabrik hatten zur Unterstützung der anrückenden Kommunisten den Generalstreik beschlossen und bereiteten sich – mit unzureichenden Mitteln – zum Widerstand gegen die Soldaten Tschiang Kaisheks vor. Ein Bataillon der Nationalarmisten der Kuomintang – an ihren Stahlhelmen zu erkennen – drang schwerbewaffnet und wild schreiend in die Werkhallen ein, drängte die revoltierenden Arbeiter zusammen und war drauf und dran, das Feuer auf diese Wehrlosen zu eröffnen, als ein Offizier der maoistischen Streitkräfte wie ein »deus ex machina« eintraf, die Kapitulation Schanghais verkündete und in letzter Stunde das Massaker verhinderte.

Plötzlich drängte sich mir eine seltsame Gedankenassoziation auf. Diese ferne Geschichtsszene aus Schanghai erschien mir in beklemmender Aktualität. Nur waren es in den ersten Junitagen des Jahres 1989 keine wild feuernden Kuomintang-Soldaten gewesen, die chinesische Zivilisten, Studenten und Arbeiter zusammenschossen, sondern es waren die Erben jener ruhmreichen Volksbefreiungsarmee, die das rote Banner der Revolution vierzig Jahre zuvor über den imperialistischen Trutzburgen des »Bund« am Huangpu gehißt hatte. Seltsame Verkehrung der Geschichte, deren sich die veraltete Führung im Zhongnanhai offenbar gar nicht bewußt wurde.

In Heihe war mir keine einzige Militäreinheit aufgefallen. Die Kampfkraft der VBA, so behaupteten die ausländischen

Militärattachés in Peking, sei in sträflicher Weise heruntergekommen. Das Material sei veraltet, und für die Anschaffung moderner Technologie fehle es an Krediten. Allerdings hätten sich die chinesischen Militärs auf die Produktion billigen und leicht zu handhabenden Kriegsgeräts für Länder der Dritten Welt spezialisiert, insbesondere auf die Fabrikation von Boden-Boden-Raketen. Während des Golfkrieges hatten die Chinesen sowohl Bagdad als auch Teheran mit ihren »silkworms« ausgerüstet.

Die Volksbefreiungsarmee, so hörte man in den westlichen Botschaften von Peking, sei in keiner Weise befähigt, einem sowjetischen Ansturm standzuhalten. Doch an Ort und Stelle, an den Ufern des Amur und des Ussuri, an der Grenze zwischen Innerer und Äußerer Mongolei, sah die Wirklichkeit ganz anders aus. Der russische Polarbär hatte seine Aggressivität verloren, und seine Pranken taugten nicht einmal mehr für Drohgebärden, seit die Rote Armee in Afghanistan zum Rückzug gezwungen worden war und die Fremdvölker der Union sich in bürgerkriegsähnlichen Zuckungen gegenüberstanden. Die chinesische Führung – in den Lehren des Meisters Sunzi geschult – blickte mit größter Gelassenheit nach Norden und hielt für das gelegentliche Aufbegehren irgendwelcher Sowjet-Matadore nur das überlegene Lächeln des Wissenden parat.

Natürlich habe ich die Kriegsmaschine Chinas nur am Rande erlebt. Wer verfügte schon über eine intime Kenntnis dieser Streitmacht, die so altertümlich und zukunftweisend zugleich wirkte? Doch sie ist mir – unter den verschiedensten Facetten – in meinem langen Reporter-Dasein immer wieder begegnet.

Die Macht aus dem Gewehrlauf

Eine französische Landungsflotte hatte sich im März 1946 vor dem nordvietnamesischen Hafen Haiphong versammelt. Die bizarren, wie mit Moos überwachsenen Felsen der Halong-Bucht, die aus der dunklen See ragten und deren Spitzen mit Nebeln verhangen waren, boten einen eindrucksvollen Dekor für dieses kriegerische Unternehmen. Aber es kam nur zu einer kurzen Kanonade zwischen den Küstenbatterien und einem französischen Kreuzer. Der Widerstand gegen die Rückkehr der französischen Streitkräfte nach Tonking wurde zu jener Zeit nicht von den vietnamesischen Kommunisten Ho Tschi Minhs getragen, sondern von den nationalchinesischen Divisionen Tschiang Kaisheks, die laut Beschluß der Potsdamer Konferenz nach der japanischen Kapitulation im nördlichen Indochina einmarschiert waren. Als wir mit den ersten Vorhuten die Hafenanlagen von Haiphong besetzten, sahen wir uns nicht nur den rostbraun gekleideten und schlecht bewaffneten Partisanen des »Viet Minh« – so nannte man damals die Gefolgsleute des »Onkel Ho« – gegenüber, sondern einer beachtlichen Streitmacht der Kuomintang-Armee.

Die Chinesen Tschiang Kaisheks waren angeblich zur Ablösung der japanischen Besatzungsmacht nach Hanoi und bis zum 16. Breitengrad vorgerückt. Sie sollten die Vietnamesen, die damals noch Annamiten hießen, sowohl von den Soldaten des Tenno als auch von den Überresten gallischer Kolonialherrschaft befreien. So hatte Franklin D. Roosevelt es sich vorgestellt. In Wirklichkeit war Ho Tschi Minh, dessen politisches Gespür keiner Schulung mehr bedurfte, schon im Frühjahr 1946 zutiefst davon überzeugt, daß die Präsenz eines französischen Expeditionskorps in diesem Winkel Asiens zeitlich eng begrenzt sein würde, daß Vietnam jedoch alles Interesse daran hatte, sich der chinesischen »Befreier«, welcher politischen Couleur sie auch angehören mochten, auf schnellstem Wege zu entledigen. Seit zweitausend Jahren behaupteten die Annamiten mit äußerster Zähigkeit ihre Autonomie gegenüber dem Reich der Mitte, waren der totalen Assimilation mit knapper Not entgangen. So kam der vorübergehende Pakt zwischen Ho Tschi Minh und dem französischen General Leclerc zustande, dessen Voraussetzungen hinfällig wurden, als Kolonisatoren und Kolonisierte nach Abzug der Eindringlinge aus dem Norden sich wieder in zähnefletschendem Dialog gegenüberstanden.

Es war mein erster Kontakt mit Ostasien, und ich blickte fasziniert auf diese Horden, die aus der chinesischen Südprovinz Yunnan wie Beutegeier über das Delta des Roten Flusses gekommen waren. Yunnan besaß damals eine weitreichende Autonomie von der nationalistischen Zentralregierung in Nanking, und der Militärgouverneur war ein selbstherrlicher Kriegsherr, ein »Taifu« alten Stiles. Auch seine Soldaten entsprachen den Vorstellungen, die die Vietnamesen sich stets von den Heerscharen des Nordens gemacht hatten, seit der Mongolen-Kaiser Kublai Khan bei ihnen eingefallen war. Sie plünderten und vergewaltigten, als befänden sie sich in einem erbeuteten feindlichen Land. Den Franzosen gegenüber wurde ein wenig Disziplin gemimt. Die horizontblau uniformierten Bataillone der Kuomintang-Armee traten jeden Morgen zur Gymnastik auf den großen Plätzen Hanois und Haiphongs an und erfüllten die Städte mit ihrem rhythmischen Gebrüll. Die einfachen Soldaten trugen meist kurze Shorts, und die Waden waren durch dicke Wickelgamaschen geschützt. Die Marschstiefel trugen sie in der Regel auf der Schulter, denn diese Bauernburschen waren es gewohnt, barfuß zu gehen. Ihr Material war fast ausschließlich amerikanischen Ursprungs – durch japanisches Beutegut angereichert –, was ihnen jedoch bei dem bevorstehenden Existenzkampf mit der Volksbefreiungsarmee Mao Tsetungs wenig nutzen sollte. Ich erwähne diese Episode nur deshalb, weil dieses mein erster, aber sehr eindringlicher Kontakt mit einer chinesischen Truppe war und damals im Reich der Mitte der Bürgerkrieg tobte. Die periodische Selbstzerfleischung gehörte zu den permanenten Lebenselementen dieses maßlosen Landes, und ein mögliches Wiederaufflackern solcher Wirren hält bis auf den heutigen Tag atavistische Ängste in der Bevölkerung wach.

Im Frühjahr 1951 – fünf Jahre später – begleitete ich zwei französische Offiziere und eine kleine Truppe von Thai-Partisanen ins abgelegene Hochland von Tonking, jenseits der Schluchten des Schwarzen Flusses, wo die Franzosen im Umkreis des Marktfleckens Lai Tschau eine letzte vorgeschobene Stellung am südlichsten Ausläufer der Chinesischen Volksrepublik hielten. Die tugendhaften Bauernsoldaten Mao Tsetungs hatten längst die Grenze von Tonking erreicht, und eine französische Randposition nach der anderen wurde seitdem durch den Viet Minh, der nunmehr über rotchinesische Unterstützung verfügte, überrannt, unter anderem auch die Stadt Lang Son. Wir waren in diesem April 1951 etwa vierzehn Tage lang in der unmittelbaren Nachbarschaft Yunnans unterwegs. Oberst Coste, der unser Detachement führte, zahlte den Sold an die wenigen Gebirgspartisanen aus, die noch unter der Trikolore fochten. Meist waren es wilde Meo-Krieger, die sich von ihren Steinschloßflinten nicht trennten, abends zu schamanischen Bräuchen zusammenfanden, während sie uns die Opiumpfeifen stopften. Zwischen den grauen Wolken der »Haute Région« leuchteten die Mohnfelder in herrlichen Farben.

Die Grenze zwischen Französisch-Indochina und Yunnan war durch einen kleinen Fluß, die Nam Kun, markiert. Hier behaupteten sich zwei isolierte französische Unteroffiziere mit einer Handvoll Thai-Partisanen gegen die bedrohliche und erdrückende Nachbarschaft der Volksbefreiungsarmee. Das Hauptquartier der Roten befand sich nur vierzig Kilometer entfernt in dem Städtchen Monzeu. Auch hier ging Colonel Coste geheimnisvollen Tätigkeiten nach. Er lieferte Infanteriewaffen und Geld an eine nationalchinesische Widerstandsgruppe, die sich noch jenseits des Flusses auf chinesischem Boden behauptete. Es war ein wirres Gemisch aus verängstigten Feudalherren, die ihre Pächter und Lehnsleute recht und schlecht gegen die Kommunisten bewaffnet hatten. Den Ausschlag gaben jedoch berufsmäßige Banditen und Abenteurer, wie sie in den südlichen Gebirgen Chinas seit Menschengedenken ihr Unwesen getrieben hatten und sich gelegentlich auch als fernöstliche Robin Hoods gebärdeten. Von einem einzigen Thai-Freischärler begleitet, der auch als Dolmetscher unentbehrlich war, bin ich damals durch eine Furt der Nam Kun nach China hineingeritten. Im »Befehlsstand« der Nationalisten traf ich auf Gestalten, die alles andere als vertrauenerweckend waren. Sie trugen die blaue Kleidung der chinesischen Bauern und hatten dicke Patronengurte über der Brust gekreuzt. Immerhin entdeckte ich hier auch einen Offizier der regulären Tschiang-Kaishek-Armee, einen vorzeitig gealterten Hauptmann, der sichtlich an Malaria litt und seine Uniformmütze durch einen Schlapphut ersetzt hatte. Lange bin ich in dieser zwielichtigen Umgebung, der man nicht über den Weg trauen konnte, nicht geblieben, sondern im Eiltrab und Galopp nach Ban Nam Kun zurückgeritten. Ich ahnte an jenem Tag nicht, daß die Vorposten der Volksbefreiungsarmee, die sich an diese letzte Tschiang-Kaishek-Stellung bereits auf Sichtweite herangeschoben hatten, meinen für sie verdächtigen Aufenthalt bei den Nationalisten drei Tage später zum Vorwand nehmen würden, um ihrerseits über die Grenze vorzustoßen. Sie besetzten den kleinen Fürstensitz Phong To, beschlagnahmten die Opiumernte und entführten die beiden französischen Sergeanten von Ban Nam Kun ins Reich der Mitte. Als marokkanische Gebirgstruppen, sogenannte »Tabors«, in einem überstürzten Luftlandeunternehmen nach Lai Tschau eingeflogen wurden, hatte sich der rote Spuk bereits verzogen.

Ein Jahr danach, im Sommer 1952, sollte ich die Heerscharen Mao Tsetungs in einer ganz anderen Dimension kennenlernen. Ich war als Kriegskorrespondent in Korea eingetroffen und in der Nähe des alten Königspalastes in einer Schule einquartiert worden, wo das gesamte internationale Pressekorps auf Feldbetten nächtigte. Fast die ganze Stadt Seoul lag in Trümmern. Die militärische Lage hatte sich in der Nähe des 38. Breitengrades stabilisiert. Die Divisionen der Volksbefreiungsarmee waren bedrohlich nahe an die Hauptstadt Südkoreas herangerückt, aber in dem Flecken Panmunjom wurde bereits über die Einstellung der Kämpfe verhandelt. Die Atmosphäre war jedesmal aufs äußerste gespannt, wenn die Emissäre der chinesischen Volksbefreiungsarmee, sekundiert durch nordkoreanische Offiziere, mit ihren amerikanischen Counterparts zusammentrafen, die ein ganzes Sammelsurium internationaler Kontingente unter der blauen UN-Fahne repräsentierten und sich ihrerseits durch Südkoreaner begleiten ließen. Für die amerikanischen Divisionen, die unter dem Befehl General Mac Arthurs den ersten Ansturm der Nordkoreaner vor der Hafenstadt Pusan gerade noch aufgefangen hatten und die dann unaufhaltsam bis zur nord-chinesischen

Grenze am Yalu vordrangen, war es eine schreckliche Überraschung, als sich plötzlich – in einer eisigen Winternacht – die Menschenflut Chinas ohne jede Vorwarnung gegen die vorgeschobenen US-Stellungen in Bewegung setzte. Die Offensive der Volksbefreiungsarmee fand bei klirrendem Frost statt. Die Chinesen stürmten in ihren wattierten Uniformen und Pelzkappen wie Gespenster durch die Nacht, die nur durch das Artilleriefeuer erhellt war. Am unheimlichsten waren die Hornsignale, die unermüdlich zum Angriff bliesen. In heilloser Auflösung ist damals die US-Army nach Süden geflüchtet und wurde erst vor den Toren Seouls zum Stehen gebracht. Im Sommer 1952 habe ich den Mittelabschnitt der Front aufgesucht. Durch den Feldstecher – von einem amerikanischen Major gebrieft – starrte ich lange nach Norden auf die Gräben und Ausschachtungen, die sich in die vom Artilleriefeuer kahlgeschlagenen Gebirgshänge hineinfraßen. Dort stauten sich die Sturmregimenter Mao Tsetungs. Zu diesem Zeitpunkt war die kriegerische Tätigkeit auf Stoßtrupps und Granatenduelle beschränkt. Der Waffenerfolg der Chinesen – auch wenn er hier am 38. Breitengrad eingedämmt werden konnte – erinnerte irgendwie an jenen fulminanten Sieg der Japaner über das zaristische Heer und die zaristische Flotte im Jahre 1905. Von nun an wußten die weißen Supermächte – Amerikaner und auch Sowjets –, daß mit der Volksbefreiungsarmee nicht gut Kirschen essen sei, daß die Zeit der militärischen Spaziergänge im Reich der Mitte endgültig der halbkolonialen Vergangenheit angehörte. Die Volksrepublik war durch ihre Masse, durch die Opferbereitschaft ihrer Soldaten, die kompakt ins feindliche Feuer gestürmt waren und sich mit der erdrückenden Wucht ihrer »human waves« durchgesetzt hatten, zu einem militärischen Machtfaktor erster Ordnung geworden.

Den Himalaja-Konflikt entlang der indisch-tibetischen

Grenze, der im Herbst 1962 ausgetragen wurde, habe ich nur am Rande wahrgenommen und aus größter Entfernung. Doch ich erinnere mich noch sehr genau daran, welche Konsternation sich des indischen Kontingents der Vereinten Nationen am Kongo bemächtigte, als die Nachricht des chinesischen Waffenerfolges bis nach Zentralafrika hallte. Ich befand mich seinerzeit in Katanga, wo Delhi unter anderem ein vorzügliches Gurkha-Regiment eingesetzt hatte. Die indischen Offiziere schäumten vor Wut, als sie von der Umzingelung ihrer besten Gebirgstruppen und deren durch chinesische List erzwungene Kapitulation in den eisigen Schluchten des Himalaja erfuhren. Der Stratege Sunzi hatte bei diesem Sieg der Volksbefreiungsarmee Pate gestanden. Die ersten Provokationen längs der umstrittenen Grenze mit Tibet waren eindeutig von den Indern ausgegangen. Den Chinesen war es dann gelungen, diesen anmaßenden Nachbarn im Süden, die sich als regionale Großmacht gebärdeten, einen Denkzettel zu verpassen, sie tief zu demütigen. Peking begnügte sich mit bescheidenen Grenzkorrekturen und hütete sich, seine Divisionen in die nunmehr ungeschützte Ebene von Assam vorzuschicken. Das Kriegsziel war geographisch eindeutig auf die Steilhänge des Himalaja begrenzt geblieben. Dort waren die indischen Regimenter erfolgreich eingekesselt worden. Mao Tsetung hatte Jawaharlal Nehru ins zweite Glied verwiesen.

Ich erwähne diese sporadische Kampagne lediglich, weil sie im Februar 1979 offenbar als Modell gedient hat für die großangelegte chinesische »Strafaktion« gegen Vietnam. Hanoi sollte gezüchtigt werden, weil es gegen den Willen Pekings in einem Blitzkrieg über Kambodscha hergefallen war und das Horrorsystem der Roten Khmer in Phnom Penh durch eine den Vietnamesen genehme Marionettenregierung ersetzt hatte. Die 27. Chinesische Armee war beauftragt worden, diesen überraschenden Feldzug gegen die tonkinesische Grenzregion zu führen. Es war die gleiche 27. Armee, die zehn Jahre später mit der unrühmlichen Niederschlagung des Tian-An-Men-Aufstandes betraut wurde. Aber die Vietnamesen – durch einen dreißigjährigen Krieg gegen die Franzosen und auch die allmächtige US-Army gestählt – waren schwierigere Gegner als die Inder am Himalaja. Sie hüteten sich, ihre Elite-Divisionen, die rund um das Delta des Roten Flusses massiert waren, eilfertig gegen die chinesischen Invasoren ins Gefecht zu werfen. Es waren Territorialverbände, teilweise örtliche Milizen, die sich dem Massenansturm der Volksbefreiungsarmee in den Weg stellten und ihn erfolgreich bremsten. Das schwierige Terrain, ein perfekt getarntes Tunnel- und Bunkersystem, die größere Kampferfahrung kamen den Verteidigern zugute. Die Chinesen hatten von Anfang an verkündet, daß ihre Ziele eng begrenzt seien, daß sie einen Gürtel von zwanzig Kilometer Tiefe nicht zu durchbrechen gedachten und schon gar nicht auf Hanoi marschieren wollten. Mit dieser Zusicherung wollte das Pekinger Politbüro wohl verhindern, daß die Sowjetunion in Ausübung ihrer Freundschafts- und Bündnispflicht gegenüber Vietnam ihrerseits zu einer Großoffensive gegen das Reich der Mitte antrat. Vorsorglich waren ein paar besonders exponierte Randbezirke in Chinesisch-Turkestan von der Zivilbevölkerung geräumt worden. Die KP Chinas, in der Deng Xiaoping bereits das Sagen hatte, begab sich gegenüber Moskau dennoch in ein überaus waghalsiges Pokerspiel.

An der Front im Süden kam die Offensive nur unter schwersten Verlusten und einigen beschämenden Rückschlägen voran. Die vietnamesischen Grenzstädte Lao Kay, Cao Bang und Dong Dang waren zwar durch massiven Einsatz von Infanterie, Panzern und Raketenwerfern überrannt und zerstört worden. Doch irgendwie schlug das beabsichtigte

Umzingelungsmanöver fehl. Die Territorialregimenter Hanois entzogen sich jedem Zugriff. Erst nach zehn Tagen gelang es der 27. Armee, unter hohem Blutzoll die Schlüsselstellung Lang Son zu erobern, jene Schwelle zum fruchtbaren Reis-Delta des Roten Flusses, die den Invasoren theoretisch den Weg nach Hanoi öffnete. Damit hatte die chinesische Generalität zwar bewiesen, daß sie – unter Einsatz erdrückender Mittel – in der Lage gewesen wäre, den vietnamesischen Nachbarn ins Mark zu treffen. Doch ein so weitreichender Feldzug paßte keineswegs in den vorsichtig abgemessenen Rahmen dieser Operation. Nur einen halben Tag lang wurde Lang Son besetzt gehalten und zum großen Teil zerstört, dann trat die Volksbefreiungsarmee aus freien Stücken den Rückzug an. Nach drei Wochen erbitterter Kriegführung war die »Strafaktion« beendet und der territoriale Status quo ante wiederhergestellt.

Deng Xiaoping und seine Genossen im höchsten Militärausschuß konnten nun Betrachtungen darüber anstellen, daß die Zeit des maoistischen Volksbefreiungskrieges, daß der Glaube an den unwiderstehlichen Schwung des revolutionären Massenaufgebots der Vergangenheit angehörte. Luftwaffe war bei den Kämpfen so gut wie nicht eingesetzt worden. Die chinesische Truppe litt nicht nur unter der Unzulänglichkeit ihrer Panzerwaffe und ihrer Artillerie. Das Versagen der Fernmeldetechnik und der operationellen Koordinierung hatte sich stellenweise katastrophal ausgewirkt. Das Offizierkorps war überaltert und in selbstgefälliger strategischer Dogmatik erstarrt. Konfusion entstand auch durch die totale optische Gleichschaltung der Ränge. Ein Bataillonskommandeur war nur durch persönliche Kenntnis seiner Untergebenen von einem Gemeinen zu unterscheiden. Am Ende der »Strafaktion« hatte zwar die Volksbefreiungsarmee bewiesen, daß sie notfalls in der Lage wäre, das sehr viel kleinere Vietnam auszubluten und sogar zu überrennen. In der Schlacht von Lang Son mußte Hanoi schließlich doch zwei reguläre Divisionen ins Feuer werfen. Insgesamt bewertet, hatte sich der chinesische Drache jedoch als ein recht schwerfälliges Ungeheuer erwiesen. Die Lorbeeren Mao Tsetungs schienen verwelkt zu sein.

Zu jenem Zeitpunkt hielt ich mich im kambodschanischen Grenzgebiet auf und versuchte, einen ersten Kontakt mit den Roten Khmer herzustellen. Ich eilte nach Bangkok zurück, wo der chinesische Militärattaché, General Mao – er sollte zwei Jahre später meinen Dschungeltrip zu den Steinzeit-Kommunisten des schrecklichen Pol Pot in der Provinz Siem Reap organisieren helfen –, nach Peking kabelte, um für mich ein Visum und die Genehmigung einer Frontbesichtigung zu erwirken. Das Visum erhielt ich. Die Inspektion der Kampfzone hingegen wurde mir verweigert. Die Volksbefreiungsarmee war bekannt für ihre Unnahbarkeit gegenüber Ausländern. Sie war – ähnlich wie die Armée française zur Zeit ihrer »grandeur« – »la grande muette, die große Schweigende«. Als ich dann doch mit einer Gruppe Kollegen von Peking nach Kunming, der Hauptstadt der Südprovinz Yunnan, fliegen durfte, war die 27. Armee bereits auf nationalen Boden zurückgekehrt. Die Kameraleute des Heeres hatten die Begrüßungszeremonie gefilmt, wie diese Soldaten als siegreiche Helden gefeiert wurden. Da waren Gruppen von Jungpionieren aufgeboten worden, die rote Papiergirlanden und Blumen schwenkten und ihre Halstücher um die Kanonen der Panzer knoteten. Drachen-Tänze wurden aufgeführt, und Schauspieler mit der breiten Pappmaché-Maske des lächelnden Buddhas umringten die ernst blickenden Krieger.

In Kunming wurde uns im Konferenzsaal unseres Hotels eine kleine Gruppe von Soldaten vorgestellt, die sich besonders bewährt hatten. Ein Transparent war über die Rückwand gespannt: »Wir begrüßen den großen Sieg bei unserer Aktion der Selbstverteidigung.« Die Gesichter der »Helden« der Volksbefreiungsarmee, so wurden sie offiziell vorgestellt, waren starr und ausdruckslos unter der grünen Ballonmütze mit dem roten Stern. Die Helden hatten ihre Lektion gut gelernt. »Die revisionistische Le-Duan-Clique von Hanoi hat behauptet«, so begann der erste, »daß ein vietnamesischer Soldat dreißig Chinesen wert sei. Wir haben den Provokateuren gezeigt, daß sie Papiertiger sind.« Le Duan war damals der Generalsekretär der KP Vietnams. Nahkampfszenen wurden beschrieben. Ein Unteroffizier hatte mit der bloßen Hand ein feuerndes Maschinengewehr aus einer feindlichen Höhle gerissen. Seine Finger waren dabei verbrannt. Wie sie sich verhalten hätten, wenn sie in Gefangenschaft geraten wären, fragten wir. Die Antwort kam prompt. »Ich hätte mit allen Mitteln versucht auszubrechen«, trug ein Held vor; »wenn das unmöglich gewesen wäre, hätte ich den Freitod gesucht, aber vorher mindestens einen revisionistischen Feind umgebracht.«

Wir waren uns damals nicht recht bewußt, daß bei diesen Kämpfen zwischen Yunnan und Tonking ein glorreiches Kapitel der Volksbefreiungsarmee endgültig umgeblättert wurde. Auch hier hatte man der reinen maoistischen Lehre den Rücken gekehrt. Der große kommunistische Verkünder hatte ja auch im militärischen Bereich mit den verhaßten Vorurteilen des Konfuzianismus gebrochen. War bei Meister Kong der Soldat ein geringgeschätzter, fast verachteter Außenseiter innerhalb einer hochgesitteten Gesellschaft gewesen – meist ein Barbar oder ein Bandit –, so hatte Mao ihn zum leuchtenden Vorbild erhoben, zur Verkörperung aller Tugenden der solidarischen Hingabe an das Volk und des revolutionären Eifers. Im Sommer 1974 waren wir – wie so viele andere ausländische Besucher – nach Tientsin in die

Kaserne einer Vorzeige- und Musterdivision gekarrt worden. Wir hatten militärischen Übungen beigewohnt, wie jede Armee sie praktiziert. Dann war es zwischen gepanzerten Kriegern zu akrobatischen Kämpfen mit Bambusstöcken im besten Kungfu-Stil gekommen. Die Darbietung war sehr eindrucksvoll. Es war Maos Absicht gewesen, eine militärische Elite proletarischer Samurais zu züchten. Nebenbei hatten die Offiziere uns auch ihre landwirtschaftlichen Anlagen und den riesigen Schweinestall der Division gezeigt. Das Prestige der Armee, deren Werdegang mit dem der Kommunistischen Partei Chinas von Anfang an so gut wie identisch war, stand damals noch im Zenit. Jedesmal, wenn ich beim Besuch einer Schule die Knaben mit dem roten Halstuch nach ihrem Lebensziel und Idealberuf fragte, sagten die Aufgewecktesten unter ihnen: »Ich will Soldat der Volksbefreiungsarmee werden.«

Unser Ausflug nach Kunming wurde durch eine Landreise zu dem Städtchen Pan Qi erweitert. Der Ort lag an jener Eisenbahn, die einst von französischen Ingenieuren trassiert worden war, als die Dritte Republik noch hoffte, ganz Yunnan unter ihren Kolonialeinfluß zu bringen. Etwa zweihundert vietnamesische Kriegsgefangene waren in der Kaserne von Pan Qi in vorbildlich sauberen Baracken untergebracht. Sie waren einer intensiven propagandistischen Bearbeitung und Gehirnwäsche durch lächelnde chinesische Politkommissare ausgesetzt. Aber als sie sich abends vor unserer Kamera zum Gruppengesang niederhockten, klang es trotzig und patriotisch aus ihren Kehlen. Sie sangen das Lied »Vietnam, Ho Tschi Minh«, das mir ach so vertraut war.

Schon damals wurde spekuliert, der relative Mißerfolg der 27. Armee bei ihrem Feldzug gegen Vietnam sei für Deng Xiaoping ein Geschenk des Himmels gewesen. Von diesem Februar 1979 datierte der allmähliche Niedergang des Ansehens dieser revolutionären Truppe, die sich bislang strikt geweigert hatte, den technologischen Anforderungen moderner Strategie Rechnung zu tragen. Das schlechte Abschneiden der im reinen Maoismus gestählten Generalität bot dem Reformer Deng eine Chance, seine These der Vierten Modernisierung der Streitkräfte als zwingende Notwendigkeit vorzutragen. Aber Deng Xiaoping war Realist genug, um die fatalen Kosten einer konsequenten technologischen Erneuerung der VBA von Anfang an richtig einzuschätzen. Die Vierte Modernisierung fand nicht statt. Die aufgeblähten Mannschaftsbestände wurden radikal reduziert. Das Offizierkorps war frustriert, kam sich teilweise düpiert vor und wartete auf seine Stunde. Die Armee stand abseits bei der dynamischen Erneuerungs- und Liberalisierungswelle in Wirtschaft und Industrie, die unweigerlich zu unkontrollierbaren Randauswüchsen führen mußte. Andererseits entwickelte sich nach und nach jener militärisch-industrielle Komplex, den wir bereits erwähnten und der auch den hohen Militärs Beteiligung am Profit, am steigenden Lebensstandard, ja eine Serie materieller Privilegien einbrachte. Die glorreiche Volksbefreiungsarmee – bei feierlichen Anlässen mit Operettengalons und gleißenden Rangabzeichen ausgestattet – fing an, auf verdächtige Weise jenen anderen Armeen der Dritten Welt und vor allem Südostasiens zu gleichen, deren Generale nicht nur als Truppenkommandeure, sondern auch als industrielle Unternehmer, wenn nicht gar als Zwischenhändler ein komfortables Auskommen fanden. Thailand und Indonesien waren plötzlich gar nicht mehr so fern. Die weißen Nummernschilder mit den schwarzen Ziffern, die die Armeefahrzeuge kennzeichnen, wurden immer häufiger an kostspieligen importierten Luxuslimousinen gesichtet.

Zehn Jahre lang mußten sich die Militärs dennoch zurückgesetzt fühlen. Deng Xiaoping – er war selbst altgedienter

Politkommissar der Armee – wußte seit dem mißlungenen Putsch des Marschalls Lin Biao gegen den greisen Mao Tsetung um die Versuchungen der Gewalt, die jeder chinesischen Truppe innewohnen. Von Mao stammte ja auch das vielzitierte Wort, wonach »die Macht aus dem Gewehrlauf kommt«. In der Stunde der Staatskrise, als die kommunistische Führung vom Kollaps bedroht war, blieb den Greisen des Zhongnanhai nichts anderes übrig, als die Volksbefreiungsarmee auf den Plan zu rufen. Einige der prominentesten Politbüro-Mitglieder hatten wohl ungeduldig auf diese Dramatisierung gewartet, ja auf sie hingewirkt. Der Bruder des Staatspräsidenten Yang Shankun, General Yang Baibing, der als ideologischer »hardliner« galt, wurde stellvertretender Leiter jenes Militärausschusses des Zentralkomitees, in dem die letzten, die wichtigsten Entscheidungen gefällt werden. Schon zu Beginn des Jahres 1989 hatte ein seriöser französischer Sinologe die These vertreten, daß in jedem anderen Staate der Dritten Welt längst ein Militärputsch fällig gewesen wäre, wenn die Überhitzung der Wirtschaft und die Disparität des Sozialsystems eine vergleichbare Zersetzung aller Strukturen wie in China bloßgelegt hätten. Im Reich der Mitte, so meinte er damals, schrecke die Armee vor einer solchen Kraftprobe vielleicht nur deshalb zurück, weil ihre schmerzliche und zwielichtige Rolle während der Kulturrevolution noch allzu frisch in der Erinnerung brannte. Die Volksbefreiungsarmee übt heute keine unmittelbare exekutive Gewalt aus. Bei den Städtern ist sie seit dem Massaker am Tian-An-Men in Verruf geraten. Aber sie bleibt die einzig solide, straff gegliederte Organisation, das Rückgrat des kommunistischen Staates. Der Nachfolger Deng Xiaopings an der Spitze des Militärausschusses des ZK, Generalsekretär Jiang Zemin, der nicht mehr der Generation der alten Haudegen des Bürgerkriegs angehört, wird es schwer haben mit jenen selbstbewußten Kriegsherren, die sich auf spektakuläre Weise in ihrem Führungsanspruch bestätigt sehen.

Immer wieder, wenn ich mich in eine Diskussion über die Ambitionen der Streitkräfte und ihre verhängnisvolle Intervention in der Nacht zum 4. Juni 1989 einließ, ging ein Gespenst um, flammte ein feuerrotes Menetekel auf. Stets haben wir uns dann gefragt, ob nicht auch in der Moskauer Generalität bonapartistische Gelüste reiften. Könnte nicht der eine oder andere Marschall der Sowjetunion angesichts des rapiden Zerfalls des russischen Imperiums beinahe zwangsläufig auf den Gedanken kommen, es den chinesischen Kameraden gleichzutun? Würde nicht ein rigoroses, waffenklirrendes Vorgehen gegen Dissidenten, Abweichler, Separatisten und »Vaterlandsverräter« am Roten Platz von Moskau die Situation der Sowjetmacht auf ähnliche Weise stabilisieren, wie das der Volksbefreiungsarmee am Platz des Himmlischen Friedens scheinbar gelungen war? Eine illusorische Vorstellung gewiß. Videant consules!

Am Rande des Wirtschaftschaos

Der Westen ist rot. Die Abendsonne geht in einem Blutbad unter. Die mandschurische Ebene zieht am Eisenbahnfenster vorbei. Die schreckliche Weite, die man hinter dem flachen Horizont erkennt, legt sich wie eine Beklemmung auf den Reisenden. Wir sind seit dem frühen Morgen unterwegs. Erst hat uns ein Minibus von Heihe bis zur Bahnstation Bei-An recht und schlecht über eine holprige Landstraße gefahren. Wir mußten mehrfach wegen Reifenpannen anhalten. Je mehr wir nach Süden vorankamen, desto häufiger lichtete sich die Taiga. Die monotone Abfolge von Birken und Föhren gab dann Sonnenblumenfeldern Raum, langgezogenen Agrarflächen, auf denen die Kommunen Sorgho, Mais, Zuckerrüben, Hafer und Weizen anpflanzen. Der Himmel war grau verhangen. Die Siedlungen lagen spärlich verstreut, kontrastierten in ihrer einsamen Bedürftigkeit mit der anspruchsvollen Hektik der Städte. Die Wände der Höfe waren oft aus Lehm gefertigt, die Dächer mit Wellblech abgedeckt. Fast sahen diese Katen so unwirtlich aus wie die Pionier-Siedlungen im fernen westlichen Sinkiang, das früher einmal Chinesisch-Turkestan genannt wurde. Aber auf den meisten Dächern ragte eine Fernsehantenne. Irgendwelche Statistiker haben errechnet, daß von 1,1 Milliarden Chinesen 600 Millionen an den Segnungen des Bildschirms teilhaben, ein gewaltiger Prozentsatz für dieses Entwicklungsland.

Kein einziges Mal wurden wir durch eine Polizei- oder Militärkontrolle aufgehalten. Dennoch blieb wohl keine Personenbewegung dem Zufall überlassen. So war unser Dolmetscher Li in letzter Minute daran gehindert worden, mit uns nach Heihe, in die unmittelbare Grenzzone zu kommen, weil er es vor der Abreise von Peking versäumt hatte, sich einen zusätzlichen Sicherheitsvermerk in den Ausweis stempeln zu lassen. »Als ob ich ausgerechnet in die Sowjetunion flüchten würde«, hatte Li achselzuckend bemerkt und unsere Führung an einen freundlichen, betagten Kollegen ohne jede Sprachkenntnis abgegeben. Li wollte in Harbin auf uns warten.

In jeder Ortschaft fielen mir zahlreiche, bunte Lampions auf, die als Werbung für Gaststätten ausgehängt waren. Warum die einen mit roten, die anderen mit blauen Lampions ausgestattet seien, wollte ich wissen und erfuhr, daß die selteneren, blau gekennzeichneten Restaurants für islamische Küche reserviert waren. Die Muselmanen mußten hier relativ zahlreich sein und auf die strikte Beachtung ihrer koranischen Speisevorschriften Wert legen. Jetzt entdeckte ich auch Koransprüche über dem Eingang dieser Garküchen. Meistens begnügte sich der fromme Wirt mit dem Spruch: »Bismillah rahman rahim ... im Namen Allahs, des Gnädigen, des Barmherzigen«.

Bei dieser Gelegenheit – der Eindruck bestätigte sich später in anderen Regionen – wurde uns auch vorgeführt, daß das Billardspiel zu einem der beliebtesten Zeitvertreibe im Reich der Mitte geworden war. Keine Ortschaft trafen wir an ohne den grünen Tisch, um den sich die Männer drängten. Angeblich war der Besitz einer solchen, oft selbst fabrizierten Anlage ein sehr einträgliches Geschäft. Der Erwerbsinstinkt der Chinesen hatte die Faszination der weißen Kugeln als höchst lukrative private Einnahmequelle entdeckt. Seltsamerweise waren die muslimischen Uiguren aus Sinkiang besonders erfolgreich in diesem Geschäft engagiert. Auf recht zaghaften

Schleichwegen drang die Eigeninitiative Schritt für Schritt nach vorn. Die jungen Leute waren in den Provinznestern des Nordens ebenso farbenfreudig gekleidet wie in Peking. Nur die Alten trugen noch das einheitliche Blau. Hier existierte ein auffälliger Generationensprung.

Immer wieder blickten wir aus unserem Minibus auf dunkel schimmernde Wasserarme. Vor der mühseligen Urbarmachung müssen sich Steppen und Moore in dieser Nordwestregion ausgedehnt haben. Am frühen Nachmittag erreichten wir Bei-An, eine häßliche Distrikthauptstadt. Auch hier ging es unordentlich, aber emsig zu. Überall wurde gebaut und kleiner Handel getrieben. Bei-An war der nördlichste Endpunkt der chinesischen Eisenbahn in diesem Sektor. Mit knapper Mühe erreichten wir den Zug, was uns die Teilnahme am obligaten Mittagessen der Parteibehörden in einem unappetitlichen Guest-House ersparte.

Dann ging es mit dem Zug nach Süden. Der Himmel riß endlich auf, spendete jedoch geringe Helligkeit, bis er im Westen zu diesem furchterregenden Abendrot aufleuchtete. Mit den chinesischen Bahnen ist es bergab gegangen. Die Waggons klebten vor Dreck. Auch hier wurde der Staub durch weibliches Zugpersonal gelegentlich hochgewirbelt. Die Fenster waren seit Wochen nicht geputzt, und die Toiletten befanden sich in einem desolaten Zustand. In der Polsterklasse waren noch ein paar Sitze frei, aber in den Waggons der Holzklasse saßen die Menschen enggedrängt, hatten Berge von Gepäck um sich gestapelt, reisten mit resignierten Gesichtern in die anbrechende Finsternis. Es waren überwiegend bäuerliche Typen, die da nach Süden rollten.

Die mandschurische Ebene erinnerte an andere Migrationen. Da waren in vier Jahrtausenden immer wieder die Reiterstämme der Steppe nach Süden gestürmt. Sie setzten unermüdlich zur Eroberung des fruchtbaren Ackerbodens an, der im Herzland des Han-Volkes am Gelben Fluß den diversen chinesischen Dynasten der Frühzeit ein gutes Auskommen gesichert hatte. Zuletzt hatten die Mandschu die Macht an sich gerissen. Sie waren als Barbaren gekommen, trugen ihre tägliche Fleischration in den Taschen ihrer weiten Fellmäntel, hatten befestigte Garnisonen in allen Verwaltungszentren des Reiches der Mitte installiert. Die unterworfenen Chinesen waren gezwungen worden, zum Zeichen ihrer nationalen Demütigung lange Zöpfe zu tragen. In einer ersten Phase waren Ehen zwischen Mandschu und Chinesen verboten gewesen. Aber nach und nach setzte sich das Gesetz der größeren Zahl, die Überlegenheit der alten Kultur der Seßhaften durch. Die Mandschu – ihre Kaiser an der Spitze – wurden assimiliert, die Eroberer von der Masse der Eroberten aufgesogen.

Bis zum Ausklang des 19. Jahrhunderts hatten die Qing-Kaiser, hatte die Mandschu-Dynastie darüber gewacht, daß keine chinesischen Siedler in ihr ursprüngliches eigenes Weide- und Heimatland zwischen der Großen Mauer im Norden Pekings und dem Fluß des Schwarzen Drachens eindrangen und dort seßhaft wurden. Als schließlich die Schleusen zur Mandschurei – heute redet man in Peking von Nordwestchina – dem Zustrom aus Süden widerwillig geöffnet wurden, ergoß sich vor allem aus der übervölkerten Halbinsel Shandong ein dichter Einwanderungsstrom in diesen Leerraum. Auch unter der japanischen Besatzung, als der Satellitenstaat Mandschukuo durch die Militärs des Tenno proklamiert wurde, riß diese friedliche Invasion nicht ab. Heute ist die Mandschurei von rund 100 Millionen Chinesen bevölkert. Wenn man wirklich einmal auf einen Bürger der Volksrepublik stößt, der sich weiterhin zur Mandschu-Nationalität bekennt, so hat er seine ursprüngliche Stammessprache meist vergessen und bedient sich nur noch des nordchinesischen Idioms. Eine solch ungeheure, immer noch angestaute Dynamik demographischer Expansion könnte die Kreml-Führung stutzig machen, böse Ahnungen bei den Russen wecken für den Fall, daß sich die Grenzen an Amur und Ussuri einmal dem freien Personenverkehr öffnen sollten.

Es war kurz vor Mitternacht, als wir in Harbin, der Hauptstadt der Provinz Heilungkiang, eintrafen. Der riesige Bahnhof, einst von den Japanern entworfen, platzte offenbar aus den Nähten. Er wurde von Grund auf umgestaltet und erweitert. Das Ergebnis war totales Durcheinander. Wir mußten unser Gepäck und die Kamera-Ausrüstung über endlose Trampelpfade zwischen Schutthaufen und Stapeln von Baumaterial schleppen, denn die Tätigkeit eines Gepäckträgers war offenbar immer noch mit der proletarischen Würde unvereinbar. Hinderlicher als der Müll, der sich zu Bergen türmte, war die Menschenflut, die sich am Ausgang der Bahnsteige staute, zwischen den Ziegelhaufen in dichten Klumpen kampierte und sich offenbar für die Nacht eingerichtet hatte. Der Vorplatz des Bahnhofs war ebenfalls mit einer unübersehbaren Zahl von Menschen gefüllt. Ihre Präsenz erschien uns zunächst unerklärbar. Offenbar gingen sie mitten in der Nacht mehr oder weniger zwielichtigen Gewerben und Schwarzmarktgeschäften nach. Es waren Gestalten darunter, die wenig Vertrauen einflößten. »Vor drei Monaten«, so kommentierte unser lokaler Begleiter, der uns seit Heihe beschattete, »wären Sie hier noch Gefahr gelaufen, überfallen und ausgeraubt zu werden. Wenn Sie sich heute ziemlich sicher fühlen können, so ist es auf die Niederschlagung der Konterrevolution am Tian-An-Men-Platz zurückzuführen. Seitdem ist den lichtscheuen Elementen unserer Volksrepublik ein heilsamer Schrecken in die Glieder gefahren.« Endlich fanden wir unseren Minibus inmitten des Getümmels. Das Fahrzeug bahnte sich mühsam eine Gasse, bis wir die große Baumallee erreichten, die zu unserem Hotel führte.

Rund um den Bahnhof von Harbin – überall im Land bieten sich angeblich ähnliche Bilder – hatte ich einen kleinen Ausschnitt jener immensen Völkerwanderung erlebt, die das Reich der Mitte seit mindestens drei Jahren heimsucht. Fünfzig Millionen Menschen, so wurde in vertraulichen Rapporten errechnet, sind pausenlos unterwegs. Sie dringen aus den Agrargebieten in die verheißungsvollen Städte ein. Nicht mehr die nackte Not oder die Geißel des Hungers sind die Triebfeder dieser Landflucht, wie das vor der kommunistischen Machtergreifung allzu häufig der Fall war. In den Bauerndörfern lebt es sich heute besser denn je. Seit der Glanzzeit der Ming-Dynastie vor etwa fünfhundert Jahren hat sich das chinesische Landvolk nicht mehr so sorglos satt essen können. Aber die Modernisierung der Agrarwirtschaft, die längst fällige Rationalisierung der Kommunen, eine neue staatliche Direktive auch, die zur Drosselung der Inflation die ländliche Industrialisierung sowie die hektische Bautätigkeit in den Provinzen bremste, haben eine Massenarbeitslosigkeit in den Dörfern und Flecken zur Folge gehabt, die jedem Vergleich spottet. Etwa siebzig Prozent aller Chinesen sind bis auf den heutigen Tag in der Landwirtschaft beschäftigt, leben unmittelbar vom Ertrag des Bodens. Von 330 Millionen Bauern sind 180 Millionen – so wurde in Peking summarisch errechnet – neuerdings ohne reguläre Beschäftigung. Wenn die Entwicklung weitergeht, wie das im Europa des 19. Jahrhunderts zur Zeit der Industrialisierung vergleichsweise der Fall war, wird China im Jahr 2000 mit der erdrückenden Zahl von einer viertel Milliarde Menschen belastet sein, die der Agrararbeit den Rücken kehren und in den Ballungsgebieten nach neuer Tätigkeit Ausschau halten müssen. Fünfzig Millionen Bauern sind schon auf dem Weg, ratlos und ziellos. Sie füllen die Verkehrsmittel, bis diese fast zum Erliegen kommen. In der Provinz Szetschuan transportieren die Eisenbahnen unendlich mehr Fahrgäste, als erlaubt ist. Im Umkreis der großen Hafenstadt Kanton wurden die Zuwanderer durch die Polizei eingesammelt und mit Sonderzügen in ihre Ursprungsorte zurückverschickt. Einer von zwanzig Chinesen – die Angaben beruhen natürlich auf Schätzungen – ist mit einem Bündel Habseligkeiten auf der Suche nach einem Gelegenheitsjob. Die Arbeitslosenziffer in Peking – es handelt sich überwiegend um junge Leute – wird auf eine Million, in Schanghai sogar auf zwei Millionen geschätzt. Natürlich führen solche Verpflanzungen zu Destabilisierungsphänomenen, und am Ende steht eine rapide Zunahme der Kriminalität. Von vier Verbrechen in Peking werden im Durchschnitt drei jener entwurzelten und herumlungernden Menschheit angelastet, die vor allem im Umkreis der Bahnhöfe durch ihre beängstigende Zusammenrottung auffällt.

Es war gewiß ein Geniestreich Deng Xiaopings, daß er sein Modernisierungsprogramm vor zehn Jahren auf vollen Touren in den Agrarbezirken anlaufen ließ. Entscheidungen sind in China stets durch die Bauernmassen getragen worden. Von dieser Tatsache war auch Mao Tsetung ausgegangen, als er – statt an das städtische, industrielle Proletariat zu appellieren – bei der Schaffung des ersten roten Sowjetsystems im Reich der Mitte, erst in den Gebirgsprovinzen des Südens, dann in den Lößhöhlen von Yan'an im Nordwesten, sich auf die darbenden Massen der Landbevölkerung stützte. Unter dem Roten Stern traten die Nachfahren der »Gelben« und »Roten Turbane« zum Sturm gegen ein verrottetes System an, dessen himmlischer Auftrag erloschen war.

Die Erste Modernisierung, die des Agrarsektors, ist – global gesehen – ein stupender Erfolg der Dengschen Führung. Aber parallel zur Anhebung des Lebensstandards in den Dörfern, zur relativen Bereicherung der Bauern, die dank ihrer Verkäufe auf dem freien Markt ihre Katen zu Zementhäusern aus-

bauen konnten und Stück für Stück Errungenschaften modernen Komforts erwarben, fand eine Überhitzung der Gesamt-
wirtschaft statt. Der sich steigernde Verkehr auf den chinesischen Landstraßen deutet sogar auf eine zunehmende Motorisierung hin. Der Konsumrausch hat längst die bäuerliche
Masse erfaßt, sofern sie nicht in jenen Elendswinkeln ferner
Provinzen haust, die der Vorzüge der Modernisierung noch
nicht teilhaftig wurden und weiterhin von der Besichtigung
durch Ausländer strikt ausgeschlossen bleiben. Aber die
Mehrzahl der Menschen auf den Dörfern läßt die tägliche
Fernseheinwirkung über sich ergehen, blickt fassungslos auf
die nachgestellte Pracht des Habsburger Hofes, wenn Romy
Schneider als Kaiserin Sissi auf dem Bildschirm erscheint. Es
wurden so viele Ersparnisse gehortet, daß der Geldwertverfall
in den Städten dreißig Prozent erreichte. Kein Wunder, daß
sich in den Ballungszentren Unzufriedenheit anstaute, daß die
Inflation zum populärsten Protestthema am Platz des Himmlischen Friedens wurde, denn die Werktätigen mit festen, meist
lächerlich niedrigen Gehältern waren die ersten Opfer dieser
insgesamt positiven, aber sehr ungleichen Wirtschaftsspirale.
Auf der anderen Seite hätten die Studenten am Tian-An-Men
wissen müssen, daß es in China nicht ausreicht, die Städter auf
seiner Seite zu haben, solange die erdrückende Mehrheit des
Bauernvolkes in Lethargie oder in zuversichtlicher Erwartung besserer Tage verharrt.

Auch auf dem Lande gibt es Grund zur Klage. Da die kommunistischen Behörden die Banknotenpresse nicht unbegrenzt in Anspruch nehmen wollen, wurde die Bargeld-Aus-
schüttung an die Bauern durch den Staat begrenzt und immer
häufiger durch Coupons ersetzt, die als Reservewährung kein
Vertrauen einflößen. So sollen ausgerechnet in Hunan, der
Geburtsprovinz Mao Tsetungs, sechzig Prozent der letzten
Ernte noch nicht vergütet sein. Erst wenn das Landvolk in

Zorn über die Regierenden in Peking geriete, wäre das System in seinen Grundfesten gefährdet. Es scheint jedoch, als sei man von diesem Siedepunkt noch weit entfernt und als wögen die Vorteile der neuen Wirtschaftspolitik ihre Nachteile bei den meisten Bauern noch bei weitem auf.

Im westlichen Ausland ist aufgrund einer schwarz-weiß gefärbten Berichterstattung häufig der Eindruck erweckt worden, die Volksrepublik habe sich mit großen Schritten in Richtung auf Freiheit und Wohlstand bewegt, eine idyllische Zukunft sei mit Händen zu greifen gewesen, als die bösen alten Männer des Zhongnanhai gewissermaßen aus heiterem Himmel zum vernichtenden Schlag gegen die eigene Jugendbewegung und deren Hoffnungsblüten ausholten. Die Wirklichkeit sah zu Beginn des Jahres 1989 wesentlich düsterer aus. Manche Experten sprachen bereits vom Auseinanderbrechen des Reiches, vom Schwund jeglicher Staatsautorität, von rapide zunehmender Anarchie. Es ist wohl eine titanische Aufgabe, dieses Imperium von mehr als einer Milliarde Menschen zu modernisieren, es gleichzeitig zusammenzuhalten, zu ernähren und zu verwalten. Daß die inneren Strukturen dieser Belastung überhaupt standgehalten haben, erscheint als ein Wunder und ist wohl nur durch eine uralte staatliche und administrative Praxis zu erklären.

Angesichts der schwindelerregenden Veränderungen und einer ökonomischen Überdrehung, wie sie jedem anderen, weniger strukturierten Entwicklungsland zwangsläufig zum Verhängnis geworden wären, sah sich die Führung der Kommunistischen Partei Chinas lange vor dem Mai 1989 veranlaßt, mit Nachdruck auf das Bremspedal zu treten. Durch drastische Kürzung der staatlichen Zuwendungen, aber auch durch Drosselung der unkontrollierbar ins Kraut schießenden Privatinitiativen sollte eine Abkühlung der rasenden Beschleunigung erreicht werden. Mit klarem Blick hatte die

Mannschaft Deng Xiaopings erkannt, daß die Senkung der Inflationsrate – an lateinamerikanischen Verhältnissen gemessen war es ein recht bescheidener Prozentsatz – zu den vordringlichsten Geboten gehörte. Doch hier stand den Regierenden wieder einmal die konfuzianische Verwaltungsübung im Wege. Die straffen Maßnahmen wurden ohne Konsultation der Betroffenen per Dekret angeordnet – »zittere und gehorche!« –, handfeste Drohungen wurden ausgesprochen und eine Anzahl Sündenböcke zur Abschreckung an den Pranger gestellt. Kurzum, der kommunistische Staat täuschte wie einst die dekadente Mandschu-Dynastie eine imperiale Autorität vor, die er in Wirklichkeit gar nicht mehr besaß. Dieser Autorität war nämlich seit der Kulturrevolution die ideologische Rechtfertigung entzogen worden.

Auf dem Gebiete des Handels und der Konsumindustrie, vor allem in den Klein- und Mittelbetrieben, war eine Lawine ins Rollen gekommen. Immerhin waren zu Beginn des Jahres 1989 dreißig Millionen Chinesen im privaten Sektor tätig, was beinahe den Zahlen von 1949, also vor der kommunistischen Machtergreifung, entsprach. Die Hinwendung zu Wohlstand und Eigeninitiative vollzog sich, je nach geographischer Lage, in sehr unterschiedlichem Tempo. So waren die Küstenprovinzen – Guandong im Hinterland Hongkongs, Fukien und Tschekiang, die nur durch die Formosa-Straße von Taiwan getrennt sind – bei weitem privilegiert, und sie bleiben es offenbar selbst nach dem Tian-An-Men-Desaster. Schon die Kuomintang hatte übrigens eine ähnliche Politik der Bevorzugung der maritimen Provinzen eingeleitet.

Der tatsächliche Bruch mit dem Maoismus wurde vollzogen, als Deng Xiaoping eine gewisse soziale Ungerechtigkeit in Kauf nahm. Der »große Steuermann« hatte – getreu seinem Vorläufer Qin Shi Huangdi – die totale, utopische Egalität aller seiner Untertanen angeordnet, die Armut zur revolutionären Tugend erhoben. Damit wurde jetzt Schluß gemacht. Auf einmal stellte man fest, daß die gesellschaftliche Gleichheit allen konfuzianischen Vorschriften und Riten zuwiderlief. Spontan bildeten sich neue Klassenstrukturen, wobei längst nicht nur die kühne, verdienstvolle Eigeninitiative, die unternehmerische Leistung belohnt wurde. Sehr viel häufiger triumphierten die Schwarzhändler, die die Existenz eines doppelten Preissystems zu nutzen wußten, die Spekulanten und die profitwütigen Schieber. Hohe und niedere Parteifunktionäre mißbrauchten ihre Einflußpositionen, um skandalöse Vorteile zu erwirtschaften. Die Nomenklatura trat in die Fußstapfen der verhaßten »Compradores«, der skrupellosen Zwischenhändler des »ancien régime«. Diese neue Oberschicht trug ihren neu erworbenen Luxus zur Schau, fuhr teure Dienstwagen und suchte im Golfspiel die Verwirklichung ihrer snobistischen Ansprüche. Darunter entstand eine kleinbürgerliche, ziemlich breit gestreute Kategorie von Nutznießern der Modernisierung, die sich trotz bescheidener Mittel die Nachahmung der Auslandschinesen, insbesondere der Taiwanesen und Hongkonger, zur obersten Richtschnur gesetzt hatten. Im Halbdunkel breiteten sich halbkriminelle Zusammenschlüsse von Geschäftemachern aus, entstanden die alten Geheimgesellschaften in Form von Syndikaten raffgieriger Mafiosi. Bei diesen obskuren Tätigkeiten sollen die muslimisch-türkischen Uiguren ein besonderes Talent an den Tag gelegt haben.

Alle kompetenten Beobachter der Volksrepublik stimmten zu Beginn des Jahres 1989 überein, daß China auf eine Existenzkrise zutrieb. Jeder ausländische Tourist konnte feststellen, daß sein Taxichauffeur, der vor den Luxushotels wartete und sich von den fremden Fahrgästen in FEC-Währung – »Foreign Exchange Currency« – bezahlen ließ, binnen kurzer Frist und ziemlich mühelos das mehrfache Gehalt eines Universitätsprofessors kassierte. Die großen Schwarzmarkt-Transaktionen wurden ohnehin in US-Greenbacks vorgenommen. Da traten am Rande eines der marxistisch-leninistischen Theorie verhafteten Regimes schreckliche Zustände zutage. Bestechlichkeit und Vetternwirtschaft griffen allenthalben um sich. Verbrecherunwesen und Prostitution nahmen vor allem in den Städten zu. Die alteingefleischten chinesischen Laster suchten das Land wieder heim. Da wurde von systematischer Erpressung, vom »Racketeering« der Polizei berichtet, von Wucher und Geldverleih mit steil ansteigenden Zinsen, von Mädchenhandel sogar und von Kinderarbeit. In gewissen gehobenen Kreisen hielt man sich Konkubinen, und ein Drittel aller Ehen, so hieß es, wurde nicht mehr gemäß den Gesetzen des sozialistischen Staates geschlossen. Sogar von Banditentum, von Überfällen auf Eisenbahnzüge, von mörderischen Zusammenstößen bei Fußballspielen wurde gemunkelt. Aus der Bergregion Yunnan, in der Nachbarschaft des »Goldenen Dreiecks« gelegen, wurden im Jahr 1988 zweitausend Prozesse wegen Drogenhandels gemeldet. An den Provinzgrenzen wurden häufig Handelsbarrieren, anders gesagt Zollschranken errichtet, und die Polizeistationen kassierten willkürliche Straßengebühren.

Das nachmaoistische Imperium drohte zu zerbröckeln. China taumelte abgrundtiefen Gegensätzen entgegen, spaltete sich in Arme und Reiche, in Mächtige und Ohnmächtige. Da bangten zahllose Arbeiter, Angestellte und Beamte um eine der solidesten Errungenschaften der Revolution, um den »eisernen Reisnapf«, um die Gewähr, daß man sich jeden Tag mit seiner Familie halbwegs satt essen konnte. Da kam eine zutiefst chinesische, eine zutiefst menschliche Eigenschaft wieder zu ihrem Recht, das sogenannte »rote Auge«, die Mißgunst, und der tödliche Neid auf den Tüchtigen, auf den Erfolgreichen. Daraus entstand ein heilloser Kreislauf von

Verleumdung, Denunziation, persönlichen Querelen und sogar mörderischem Haß. Konkreter Beweis für das Wiedererstarken des Konfuzianismus auf Kosten des geschmähten Maoismus: Vielerorts in den Feldern, sogar in der unmittelbaren Umgebung Pekings, wurde der knappe, landwirtschaftlich genutzte Boden wieder zugunsten jener Ahnengräber vergeudet, die Mao Tsetung einst hatte einstampfen und unterpflügen lassen. Trieb das Reich der Mitte tatsächlich auf prärevolutionäre, auf konterrevolutionäre Zustände zu? Würde man wieder in den Nebengassen der Großstädte jeden Morgen Hunderte, ja Tausende von Hungerleichen auflesen, während in den üppigen Geschäftszentren einem erbarmungslosen Manchester-Kapitalismus gehuldigt wurde? Die Studenten des Platzes des Himmlischen Friedens hatten tausend gute Gründe, gegen die Verkrustung, die Korruption, die Arroganz der kommunistischen Führung anzugehen. Gerade auf dem Gebiet der Erziehung waren peinliche Lücken aufgerissen. Angeblich gingen vierzig Millionen Kinder zwischen sieben und vierzehn Jahren nicht zur Schule. Die Lehrer wurden in skandalöser Weise unterbezahlt. Die wissenschaftliche Forschung lag im argen. Gewiß, in den letzten zehn Jahren waren fünfzigtausend chinesische Jungakademiker ins Ausland, meist nach USA und Westeuropa, zur Perfektionierung ihres Wissens entsandt worden. Diese Stipendiaten legten hohe Begabung und immensen Fleiß an den Tag. Sie reüssierten fast immer. Aber lange bevor es zu den blutigen Ausschreitungen der Volksbefreiungsarmee kam, hatten viele dieser Studiosi es bereits vorgezogen, aus Gründen des materiellen und geistigen Komforts in der Fremde zu bleiben, statt in die heimatliche Volksrepublik zurückzukehren, wo ihre neuerworbene Kompetenz so dringend benötigt wurde.

In ihrem amerikanischen und europäischen Asyl haben jene Studentenführer, denen die Flucht ins Ausland gelang, offen eingestanden, daß ihrer Demokratiebewegung ein solides Programm, ein ausgereiftes Konzept gefehlt habe. Auch der junge Tribun Wuer Kaixi, den manche mit Daniel Cohn-Bendit, dem »Danton der Mai-Revolution« des Quartier Latin aus dem Jahre 1968, verglichen – Wuer Kaixi war muslimischer Uigure, Cohn-Bendit deutscher Jude, beide also Außenseiter –, hatte jenseits der Forderung nach Freiheit und politischem Pluralismus kein konkretes System anzubieten. Als die Schriften des Astrophysikers Fang Lizhi im Westen publiziert wurden, zeigten sich selbst seine Sympathisanten betroffen. Fang Lizhi, der vor der Militärrepression in die amerikanische Botschaft von Peking geflüchtet war, galt als der ideologische Kopf, als der geistige Vater der Tian-An-Men-Bewegung. Doch alles, was er vorzuschlagen hatte, war die pauschale Übernahme des hochentwickelten westlichen Modells, mit anderen Worten, er wollte im Entwicklungsland China ein Plagiat der amerikanischen Demokratie einführen, er wollte kurz und bündig den »American way of life« im Reich der Mitte heimisch machen. Ähnlich, wie die Wissenschaft keiner Bevormundung unterworfen sein dürfe, müsse sich auch die politische Freiheitlichkeit völlig ungehemmt entwickeln, so etwa hatte Fang Lizhi argumentiert. Eine großherzige, aber weltfremde Vorstellung.

Während meines Taiwan-Aufenthalts zu Beginn des Jahres 1989 war ein hoher Beamter der nationalchinesischen Regierung, der lange in den USA geweilt hatte, mit bemerkenswerter Offenheit auf den grundlegenden Unterschied zwischen amerikanischem und chinesischem Gesellschaftsverhalten zu sprechen gekommen. »Wir Chinesen«, so hatte dieser Kuomintang-Anhänger mit entschuldigendem Lächeln gesagt, »sind ein uraltes Volk; wir leben dichtgedrängt, in endlosem und gnadenlosem Wettstreit; in Jahrtausenden sind wir in der notwendigen Kunst des Überlebens gestählt worden; deshalb schenken wir uns nichts, sind wir mißgünstig gegenüber unseren Nachbarn und Mitbürgern; wir sind mißtrauisch und hart bis zur Grausamkeit. Die Amerikaner«, so fuhr er mit einer unbewußten Anleihe bei Goethe fort, »die haben es viel besser gehabt; sie sind eine junge Nation, leben in einem riesigen Raum mit unermeßlichen Reichtümern, und die Verfolgung des Glücks gehört zu ihren Verfassungsprinzipien; den Amerikanern fällt es leicht, gutmütig und wohlwollend zu sein. Sie können sich sogar eine Naivität erlauben, die für uns Chinesen tödlich wäre.«

Die letzten Russen der Mandschurei

Es ist noch keine sieben Uhr früh in Harbin, aber die Promenade am Ufer des Songhuajiang ist mit Menschen gefüllt. Sie geben sich seltsamen Übungen hin. Offenbar ist die Gymnastik des Taiji, die im Zeitlupentempo ausgeführt wird, außer Mode gekommen. Nun sind sie alle angetreten – alt und jung, Männlein und Weiblein –, um sich aus freien Stücken zu den Rhythmen einer sehr europäischen Musik zu wiegen. Der Taiji – aus uralter Überlieferung abgeleitet – sollte Gesundheit und hohes Alter fördern. »Langes Leben und Glück« sind häufig kalligraphierte Schriftzeichen, die einem Freund verehrt werden. Die taoistische Magie hatte auf nichts geringeres hingearbeitet als auf die Erwirkung der Unsterblichkeit, typische Daseinsverhaftung einer Rasse, die von Metaphysik nicht viel hält und der Existenz nach dem Tode keinen hohen Stellenwert beimißt.

Die Veranstaltung am Songhuajiang wird mit gesammeltem, kollektiven Ernst durchgeführt und löst bei uns westlichen Beobachtern eine große Heiterkeit aus, die wir natürlich verheimlichen. Diese konzentrierten, teilweise entrückten Gesichter, mit denen die Chinesen von Harbin sich ihren Leibesübungen hingeben, wirken extrem komisch, denn die Bewegungen, die da ausgeführt werden, gleichen zum Verwechseln den Tanzschritten des Foxtrott, und die Musik ist demnach. Auch die Jogger, die bei dieser Morgenandacht nicht fehlen, blicken so angestrengt drein, daß sie fast mißmutig aussehen. Das Ganze spielt sich auf einer gepflegten Kai-

Anlage ab, die weiterhin den Namen »Stalin-Park« trägt, auf chinesisch »Sidalin« gesprochen. Immerhin ist das Denkmal des Georgiers verschwunden. Statt dessen ragt über dem Songhuajiang eine Bildsäule, die den heroischen Eindämmungskampf der werktätigen Bevölkerung gegen die Überschwemmung in den siebziger Jahren verherrlicht, als das Wasser drei Meter hoch in den Straßen von Harbin stand.

Diese Hauptstadt der nordmandschurischen Provinz Heilungkiang ist mir aus irgendeinem Grunde als Idylle in Erinnerung geblieben. Vielleicht lag es an der Freundlichkeit der Menschen, die dem weißen Ausländer ohne jede Überheblichkeit begegnen. In Südchina gestaltet sich der Umgang mit Fremden oft schwieriger. Am Sonntag hatten wir uns lange in der ausgedehnten Erholungsanlage aufgehalten, die zu beiden Seiten des Stromes ein riesiges Areal mit Baumpflanzungen, kleinen Seen und Spazierwegen ausgefüllt hat. Hunderte von Menschen tummelten sich im Wasser des Songhua-Flusses, saßen in Badeanzügen am Strand, picknickten, scherzten miteinander oder vergnügten sich beim Kartenspiel. Die tief eingefleischte Spielleidenschaft der Chinesen kam hier auf harmlose Weise zu ihrem Recht. Die grell herausgeputzten Kinder waren Könige und wurden unentwegt auf Fotos festgehalten. Auf der Promenade trugen die Einwohner von Harbin ihre besten, teilweise recht extravaganten Kleider zur Schau. So überraschten uns junge Frauen mit breiten Hutkrempen und Netzstrümpfen. An allen Ecken boten private Händler in Sojasoße gekochte Eier oder gebratene Hähnchen an. Hier und dort drückte man uns Süßigkeiten in die Hand. An diesem Feiertag – während dicke Männer wie schwimmende Buddhas auf Gummimatratzen über das bräunliche Wasser des Songhuajiang trieben und die jungen Badenixen im Schilf kicherten – lag Fröhlichkeit, Entspannung, ja Ausgelassenheit über den Ufern von Harbin.

Der Stadtkern unterscheidet sich auf den ersten Blick von allen anderen chinesischen Ortschaften. Da säumen nicht nur gußeiserne Konstruktionen im Jugendstil den endlosen Kai. Auch die große Hauptstraße mit Kopfsteinpflaster, früher hieß sie einmal Petersburger Prospekt, die im rechten Winkel auf den Songhua zustrebt, ist von stattlichen Gebäuden gesäumt, die eindeutig europäischen Einfluß verraten. Fast vierzig Jahre lang hat die Mandschurei zur japanischen Einflußzone in Ostasien gehört. Die Soldaten und Administratoren aus Tokio haben keine nennenswerten Spuren hinterlassen, von ein paar häßlichen Bürobauten abgesehen. Die russische Präsenz hingegen hat sich eindrucksvoll verewigt. Längs der Petersburger Avenue reihen sich ehemalige Bankpaläste an stattliche Kaufhäuser und herrschaftliche Villen.

Die kunstvoll gemeißelten Balkone sind oft durch titanische Gestalten in Stein abgestützt. Immer wieder wird diese wuchtige, aber stilbewußte Architektur durch orthodoxe Backsteinkirchen unterbrochen, die vom verflossenen Einfluß des Moskauer Patriarchats kündigen. Die riesige Kathedrale im Zentrum Harbins – das größte russisch-orthodoxe Gotteshaus außerhalb der heutigen Sowjetunion – ist von den enragierten Rotgardisten der Kulturrevolution gesprengt und dem Erdboden gleichgemacht worden. Heute bemüht sich die chinesische Stadtverwaltung um die pflegliche Restaurierung der altrussischen Bauten. Die Zeit der blinden, fremdenfeindlichen Ausschreitungen scheint auch in der Nord-Mandschurei der Vergangenheit anzugehören.

Die Lokalbehörden können sich eine solche restaurative Großzügigkeit leisten. Einst lebten mehr als siebzigtausend Russen in Harbin. Vor allem zwischen den beiden Weltkriegen hatten hier ganze Regimenter von Weißgardisten und Getreuen des Zarenreiches Zuflucht vor den Exekutionskommandos der Bolschewiki gesucht. Harbin war im hohen Norden ein Pendant zu Schanghai geworden, so international und europäisch ging es da zu. Nicht nur politische Flüchtlinge, auch eine kosmopolitische Fauna von Geschäftemachern hatten dort ihre Quartiere aufgeschlagen. In den Hotels und Clubs dieser abgelegenen Metropole soll es sehr frivol zugegangen sein, ehe die japanischen Besatzer nach der Proklamation des Satellitenstaates Mandschukuo, den sie nominell dem letzten chinesischen Mandschu-Kaiser Pu Yi unterstellten, das Heft an sich rissen und diesem bunten, exotischen Treiben ein Ende setzten.

Die Weißrussen der Mandschurei gerieten nach und nach in die Rolle einer bedrängten und mißachteten Minderheit. Die Damen des zaristischen Adels verramschten ihren Schmuck. Die ehemaligen Weißgardisten boten sich als Handlanger an. Der chinesische Einwandererzustrom und das starre Militärregime Nippons drängten die Slawen vollends an den Rand. Als Marschall Stalin den Überlebenden und Nachkömmlingen der russischen Kolonie im Jahr 1946 eine Amnestie anbot und ihnen die Rückkehr in die Heimat erlaubte, haben sie fast alle die Reise über den Amur nach Norden angetreten. Nur ein paar Außenseiter harrten aus.

Wir sind ihnen begegnet, den letzten Russen von Harbin. Insgesamt leben noch vierundzwanzig alte Europäer in der Stadt, die heute drei Millionen Chinesen zählt. An diesem Sonntagmorgen hatte sich eine Gruppe von sechs Greisen und Greisinnen vor einer orthodoxen Kirche versammelt und wartete auf den Beginn des Gottesdienstes. Seltsamerweise war der Pope ein reiner Chinese mit schütterem weißen Bart. Dieser Geistliche in der grauen Soutane mit dem silbernen Andreaskreuz auf der Brust sah recht eindrucksvoll aus. Die alten Russen waren ein versprengter Haufen. Sie hatten leidlich Chinesisch gelernt, aber der chinesischen Schrift waren sie nicht mächtig. Sie wirkten sehr verloren mit ihren guten slawischen Gesichtern, ihren blauen Augen und dem dichten weißen Haar. Diese Senioren hatten alle die Achtzig überschritten und litten unter diversen Gebrechen. Sie waren recht und schlecht mit einer kümmerlichen Staatspension in einem Altersheim untergebracht. Immerhin läuteten die Glocken noch am Sonntag von den letzten Türmen der heiligen Orthodoxie, auch wenn die Gläubigen vor der Ikonostase von Jahr zu Jahr seltener werden.

In einer anderen Kirche von Harbin hatten sich chinesische Katholiken eingerichtet. Sie hielten am lateinischen Ritus fest und waren durch den marxistischen Staat angehalten, jede Bindung an Rom zu negieren. Die Regierung von Peking war anläßlich der Papstreise nach Südkorea nicht vor der Lächerlichkeit zurückgeschreckt, dem Oberhaupt der katholischen Christenheit das Überfliegen der Volksrepublik zu untersagen. Ein katholischer Geistlicher in Zivil musterte uns ziemlich mißtrauisch, als wir seine ärmlich ausgestattete Kultstätte aufsuchten. Der Wandschmuck beschränkte sich auf einen Kreuzweg im kitschigen Stil von Saint Sulpice. Neben dem Tabernakel brannte das Ewige Licht. Da unsere offiziellen Begleiter uns auch auf das Minarett einer Moschee aufmerksam machten und nicht ruhten, ehe wir einen frisch und grell bemalten Konfuzius-Tempel besichtigt hatten, schlossen wir daraus, daß religiöse Toleranz – gepaart mit revolutionärer Wachsamkeit – zu den erfreulichen Neuerungen der nachmaoistischen Ära zählt. Über dem Altar der Katholiken war mir die Inschrift aufgefallen: »Ubi caritas et amor, ibi Deus est – Wo die Nächstenliebe weilt, dort ist Gott.« Wieder einmal erwies sich der vatikanische Verzicht auf die katholische Universalsprache Latein als fataler Irrtum, als opportunistische Anpassung an einen angeblichen Zeitgeist.

In Harbin konnten wir uns der obligaten Fabrikbesichtigung nicht entziehen. Am Rande der Stadt war ein gewaltiges

Kombinat damit beschäftigt, Turbinenaggregate herzustellen. Die schwerfällige Genesis der Industrialisierung Chinas wurde hier ersichtlich. Das Werk war ursprünglich im Jahr 1951 mit sowjetischer Hilfe errichtet worden und litt von Anfang an unter den technischen Unzulänglichkeiten, unter den planwirtschaftlichen Fehldispositionen, die das Moskauer Wirtschaftssystem bis auf den heutigen Tag plagen. Zwölftausend Arbeiter sind hier beschäftigt, davon ein Drittel Frauen. Vieles hatte sich gebessert und war rationalisiert worden, seit die Russen 1959 dieses Projekt nach ihrer radikalen Kehrtwendung sich selbst überließen in der Hoffnung, die chinesische Industrie würde zusammenbrechen. Aber inzwischen haben sich andere Partner eingefunden, darunter der japanische Hitachi-Konzern. Es besteht ebenfalls eine Kooperation mit Siemens. Heute wird ein Drittel des chinesischen Bedarfs an Turbinenaggregaten durch die Fabrik in Harbin gedeckt. Nach einer ersten Phase relativ minderwertiger Produktionsexporte nach Nordkorea, Vietnam, Albanien und Algerien hat sich die Fertigung so weit perfektioniert, daß die riesige Zwischenhandelsstation Hongkong zu den wichtigen Abnehmern zählt und andere direkte Ausfuhren nach Kanada, Afrika, Pakistan und Venezuela möglich wurden. An den immer noch altertümlich wirkenden Maschinen trafen wir einen deutschen, einen norwegischen und zwei japanische Ingenieure. Vor der Tian-An-Men-Krise war dieses Werk mit einem Kredit der Weltbank dotiert worden.

Die Lohnausschüttung war immer noch extrem niedrig. 180 Yuan im Monat und 2000 Yuan im Jahr entsprechen dem Durchschnittseinkommen und einem Gegenwert von rund 3000 DM pro anno. Der Generaldirektor verdient angeblich 300 Yuan, ein hochspezialisierter Arbeiter ebenfalls 300 Yuan, eine Gleichschaltung, die die personifizierte Verantwortung und die Eigeninitiative der Fabrikleitung völlig außerhalb der

Kalkulation läßt. Es mangelte nicht an widersinnigen Maßnahmen. So wollte man die Inflation bekämpfen, indem die zentralen Planungsstellen – noch ehe die reale Teuerung eingesetzt hatte – die Löhne leicht jenseits der Inflationsrate anhoben. Diese Prozedur war kein lokaler Einzelfall, sondern war mir an anderen Orten mehrfach bestätigt worden. Hier trat eine der merkwürdigen Schwachstellen der neuen Ökonomie zutage. Modernes Management sowie Kosten-Nutzen-Deckung blieben weiterhin Fremdbegriffe im kommunistischen Reich der Mitte. Zumindest war die Ideologie aus diesen riesigen Werkshallen weitgehend verbannt. Die Propagandabilder glücklich lächelnder Arbeiter, die einer strahlenden Zukunft entgegeneilen, waren verschwunden. Statt dessen waren Produktionsstatistiken angeschlagen, aus denen sich auch die Sonderprämien der Werktätigen errechnen ließen. Nur eine Ausnahme entdeckte ich, ein Spruchband mit der Inschrift: »Studiert die Gedanken Deng Xiaopings!«

Der Besuch des Kindergartens der Turbinenfabrik gehörte zur Pflichtübung. Es ging erfreulich unpolitisch zu bei den Tanz- und Gesangveranstaltungen. Die Knaben spielten zwar mit kleinen Panzern und Kriegsflugzeugen, was nicht nach dem Geschmack deutscher Pazifisten gewesen wäre, aber in den Liedern war die Verehrung großer ideologischer Vorbilder durch Beschreibungen aus dem Leben der Tiere ersetzt. »Kuckuck, Kuckuck, ruft's aus dem Wald«, stimmte der Chor an. Dann wurde in einem Gedicht die Heimkehr der Mutter von der Arbeit geschildert; die kleine Tochter reicht ihr artig ein Glas Wasser zur Erfrischung, und der Hund – eine in der Volksrepublik weiterhin seltene Spezies – hüpft vor Freude.

Mit der Straßenbahn fuhren wir zum Marktzentrum. Im Getümmel sahen wir eine Gruppe von vier Sowjetrussen, vermutlich Techniker, die mit schweren Paketen beladen dem Bahnhof zustrebten. Irgendwie wurde ich an die fünfziger

Jahre in der Bundesrepublik erinnert. Die selbstfabrizierten Möbel mit Glasvitrinen und Spiegelwänden, die mächtigen Polstermöbel – in Beige oder Braun bezogen – erschienen wie Relikte aus der Zeit nach der Währungsreform. Es fehlten lediglich die Nierentische. Auch in Harbin erfreute sich die Jugend an den extravagantesten Postern amerikanischer Inspiration.

Am Nachmittag wimmelte es im Stalin-Park von Menschen. Zu unserer Verwunderung entdeckten wir ein chinesisches Kamera-Team, das die Darbietungen von drei Mannequins filmte. Es waren groß gewachsene, schlanke Chinesinnen. Die Mode, die sie vorführten, war nicht aufsehenerregend, setzte jedoch für die gaffende Menge recht anspruchsvolle Maßstäbe. Ich mußte an den eiskalten Märztag des Jahres 1979 denken, als Pierre Cardin ein halbes Dutzend Vorführdamen der Pariser Haute Couture mit offizieller Zustimmung nach Peking eingeflogen hatte. Er begnügte sich nicht damit, diese langgliedrigen schönen Wesen aus dem Westen mitsamt ihren ausgefallenen Kreationen aus Seide und Phantasie in geschlossenen Räumen vor einem Publikum blauuniformierter Funktionäre paradieren zu lassen. Pierre Cardin ließ seine Models im Stadtzentrum ausgerechnet vor jener »Mauer der Demokratie« antreten, die gerade mit neuen Dazibao beklebt worden war. An der Kreuzung der Changan-Allee und der Xi-Dan-Straße war ein unbeschreibliches Verkehrschaos entstanden, als die Mannequins mit den professionell tänzelnden Schritten hochgeschlitzte Röcke und Dekolletés vorführten, die den ganzen Rücken freigaben, während die gegen die Kälte vermummte Masse ringsherum im verwaschenen Blau, Grau und Grün der Revolution verharrte.

Am Eingang der Xi-Dan-Straße ragte damals noch ein riesiges knallrotes Plakat mit weißen Schriftzeichen. »In der Industrie lernen wir von den Erdöl-Arbeitern von Daqing; in der

Landwirtschaft lernen wir von der Musterkommune von Dazhai; das Volk und das ganze Land lernen von der Volksbefreiungsarmee, und die Volksbefreiungsarmee lernt vom Volk des ganzen Landes«, so lautete das triviale Zitat des Vorsitzenden Mao Tsetung, zu dessen Füßen die Pariser Luxusgeschöpfe ihre frivole Kollektion vorführten. Nicht nur die Haute Couture aus Paris stellte die kommunistische Tugend in Frage. Ich ließ mir eine Banderole übersetzen, die unter dem Mao-Leitspruch von irgendeinem obskuren Dissidenten angebracht worden war: »Ist Liu Shaoqi ein Mensch oder ein Teufel?« wurde da gefragt. Liu Shaoqi war, wie erwähnt, der große Rivale Maos vor der Kulturrevolution gewesen. Weiter hieß es in dem improvisierten ketzerischen Text: »Liu Shaoqi ist kein Teufel, und Mao Tsetung ist kein Gott«.

In diesem Trubel war ich unvermittelt von einem älteren Mann angesprochen worden. Er war abgerissen und ärmlich gekleidet. Das Gesicht war von Entbehrungen gezeichnet, als käme er aus einem Straflager. Aber sein Englisch war fließend. Der Unbekannte scherte sich nicht um das aufregende Treiben der Pariser Fashion-Show. Er wies auf die diversen Dazibao, die Wandzeitungen an der Mauer der Demokratie. Das sei ein Fortschritt, meinte er. Eine gewisse Auflehnung sei wohl im Gange. »Aber ihr dürft im Westen nicht glauben, daß China westliche Begriffe von Freiheit und Parlamentarismus verwirklichen kann«, fügte er eindringlich hinzu. Die Vier Modernisierungen Deng Xiaopings seien schön und gut, aber die Modernisierung des Geistes, die hätten die Männer an der Spitze vergessen. Selbst wenn alle Hoffnungen sich verwirklichten, hätte China mindestens noch zwanzig schwere, entbehrungsvolle Jahre der Parteidiktatur vor sich. Als ich den seltsamen Gesprächspartner, der sich um eventuelle Polizeispitzel den Teufel scherte, nach jenen anderen Wandzeitungen fragte, die wenige Tage zuvor die chinesische »Strafaktion« gegen Vietnam kritisiert hatten und die schleunigst entfernt worden waren, schüttelte er resolut den Kopf: »Mit der Strafexpedition gegen die Provokateure von Hanoi waren wir alle einverstanden; auch wenn wir manches im heutigen China beklagen, sind wir doch echte Patrioten.« Der Unbekannte hatte mir die Hand gereicht und war im Getümmel verschwunden.

Zehn Jahre waren seit diesem denkwürdigen Zufallskontakt verflossen. Die ersten Sonntagsausflügler von Harbin kehrten heim. Andere suchten nach abendlicher Kühle am Ufer des Songhuajiang. Aus dem Lautsprecher, der über einem grell bemalten Pagodenturm angebracht war, dröhnte Tanzmusik. Dort wo der Stalin-Park ein breites, gepflastertes Karree freigab, sammelten sich schon die ersten Tänzer. Die älteren Paare waren in der Mehrzahl, und die Schlager entsprachen dem Geschmack ihrer Generation. Sie tanzten mit großer Präzision ihren langsamen Walzer und achteten auf jeden Schritt. Auch der Tango wurde mit ähnlicher Andacht absolviert. Wenn die Klänge lebhafter wurden, übten sich vor allem die Jüngeren in moderneren Rhythmen. Am Anfang waren wir amüsiert, aber dann überkam uns eine gewisse Rührung angesichts dieser artigen Veranstaltung.

Ein hochgewachsener, gutaussehender Mann – er mochte zwischen zwanzig und dreißig Jahre alt sein – nahm mich beiseite und redete in stockendem Englisch auf mich ein. Er arbeitete als Techniker in Peking und hatte über das Wochenende seine Familie besucht. In seinem Betrieb war eine Reihe japanischer und britischer Experten tätig. Ob es in Harbin zu Studentenunruhen gekommen sei, fragte ich ihn nach dem Austausch der ersten Allgemeinplätze, während wir ohne lästige Zuhörer am dunkel fließenden Strom spazierengingen. Der junge Mann zögerte keine Sekunde. In allen Universitätsstädten Chinas seien die Studenten auf die Straße gegangen, aber in Harbin hätten sich die Behörden diskussionsbereit gezeigt, die Polizei habe klug taktiert, und die Kundgebung habe sich nach ein paar Tagen ohne Zwischenfälle von selbst aufgelöst. Wir kamen auf Peking zu sprechen und den dort proklamierten Ausnahmezustand. Plötzlich ging mit dem jungen Chinesen eine verblüffende Veränderung vor. Sein konventionelles Lächeln erstarb. Er suchte jetzt mühsam nach englischen Vokabeln, und der Zorn, so schien mir, erstickte fast seine Stimme. Was sich am Platz des Himmlischen Friedens abgespielt habe, sei eine Beleidigung des Volkes. Ein Regime, das das Kriegsrecht gegen die eigenen Bürger in der eigenen Hauptstadt proklamieren müsse, habe endgültig abgewirtschaftet. In Tibet, dafür habe er Verständnis, müsse die Truppe gegen separatistische Umtriebe und wilde Gebirgsvölker vorgehen. Aber was sei das für eine Volksbefreiungsarmee, die die Gewehre auf das eigene Volk richte? Hier sei ein Mythos zerbrochen. Es gebe keine Legalität mehr unter dem Himmel. Die Menschen Chinas, so fuhr der junge Unbekannte von Harbin fort, litten unter der Ungewißheit, die sich des Landes bemächtigt habe. Mißtrauen sei allgegenwärtig. Die Herrschenden würden verachtet. Nichts stimme mehr in dieser Volksrepublik. Mit einer oberflächlichen Kampagne gegen die Korruption sei es nicht getan. Wer könne schon diesen neuen Männern vertrauen, die wie Li Peng einen stalinistischen Kurs steuerten? Daran gemessen sei Mao Tsetung ein Gigant gewesen. Ein neues System müsse für China her, und es müsse wachsen aus eigener Kraft. Inzwischen könne man nur auf einen »wohlwollenden Despoten« hoffen.

Ich hatte diesem Ausbruch mit Verwunderung zugehört. Ich fragte den jungen Techniker wohlweislich nicht nach seinem Namen. Während dieses China-Aufenthaltes habe ich es mehr als einmal erlebt, daß flüchtige Bekannte nicht zögerten, scharfe Regimekritik zu üben und sich um Kopf und Kragen zu reden. Natürlich handelte es sich dabei ausschließlich um Intellektuelle, und die hatten im Reich der Mitte stets eine Sonderstellung behauptet. Unter den kaiserlichen Dynastien waren die gebildeten Mandarine von körperlicher Züchtigung und Folter weitgehend verschont gewesen, konnten sich sogar bei Verhängung der Todesstrafe häufig freikaufen, im Gegensatz zum niedrigen Volk, das der hemmungslosen Willkür der Justizbehörden wehrlos ausgeliefert war. Auch bei den Tian-An-Men-Ereignissen waren viele Jungakademiker relativ glimpflich davongekommen. Längst nicht alle Hungerstreikenden wurden verhaftet, wobei die einflußreiche Stellung ihrer Eltern oft eine entscheidende Rolle gespielt haben dürfte. Bei allen Diskussionen, die ich mit offiziellen Regierungsvertretern führte, wurde immer wieder – selbst von Parteifunktionären, die lange Jahre im Westen verbracht hatten – beteuert, daß es sich bei den Hingerichteten, denen politisch motivierte Gewaltakte nachgewiesen worden waren, stets um asoziale Elemente, um Arbeitslose oder um irregeführte Arbeiter gehandelt habe, niemals um Intellektuelle. Der Zusammenhalt, der Selbsterhaltungsinstinkt der Mandarin-Kaste war weiterhin intakt.

An jenem Abend wälzte ich mich lange im Bett. Ich hatte in Heihe einen Virus aufgefangen und fühlte mich fiebrig. Ich ging ans Hotelfenster und blickte in die mandschurische Nacht. Vom fernen Hauptbahnhof dröhnte in kurzen Abständen das Heulen der Lokomotiven. Es war ein umheimliches Geräusch. Mit einemmal mußte ich an eine Szene aus Malraux' »Condition humaine« denken. Es war während der Verhaftungsaktion Tschiang Kaisheks gegen die ersten kommunistischen Revolutionäre von Schanghai. Die roten Rädelsführer wurden bei lebendigem Leibe in das kochende Wasser einer Lokomotive getaucht. Das Brüllen der Sirenen hatte den zum Tode Verurteilten gräßlich in den Ohren geklungen.

Schwarzes Gold in Daqing

»Von Daqing lernen!« so hieß es einst unter Mao. Ganz China sollte in einer gewaltigen voluntaristischen Anstrengung seine beschleunigte Industrialisierung vollziehen. Die Entdeckung reicher Erdölquellen in der mandschurischen Steppe war der Beweis dafür, daß der Himmel dem unermüdlichen Ringen des Volkes um bessere Lebensbedingungen zu Hilfe kam. Auf verblichenen Filmdokumenten war das plötzliche Sprudeln des schwarzen Goldes aus dem tiefgefrorenen Boden für die Nachwelt festgehalten worden. Die Arbeiter in ihren unförmigen Winterwattierungen tanzten vor Begeisterung in dieser eisigen Einöde. Dazu dröhnten die Trommeln und Gongs, als gelte es, einen glückbringenden Drachen zu beschwören.

Das andere Beispiel für den »Triumph des Willens« wurde damals in der Landwirtschaft gefeiert. »Von Dazhai lernen!« hieß es im Hinblick auf die sensationellen Ernteerträge der Kommune gleichen Namens, die in der nördlichen Kontinentalprovinz Shanxi liegt. Es hat Jahre gedauert, ehe die Produktionsrekorde von Dazhai, die zur Zeit der Kulturrevolution in die ganze Welt posaunt wurden, auf die bescheidene Wirklichkeit einer trügerischen Stachanow-Leistung reduziert, teilweise sogar als Betrug entlarvt wurden. Aber wir waren damals alle anfällig für solche Erfolgsmeldungen. Bei meiner ersten Überlandreise durch Kontinental-China war mir ein ähnlich grandioses Projekt vorgeführt worden, das tatsächlich zum Staunen einlud. In einer verkarsteten Gebirgslandschaft, wo die Provinzen Henan und Shansi nördlich des

Huang Ho zusammenstoßen, ergoß sich der Zhanghe so tief durch sein zerklüftetes Tal, daß er für die Bewässerung nicht in Frage kam. Der Linxian-Distrikt, der uns im Sommer 1972 vorgeführt wurde, litt unter Trockenheit, Übervölkerung und Hunger. Der Boden war hier mit unendlichem Fleiß bearbeitet worden; nach viertausend Jahren war er erschöpft und der Erosion anheimgegeben.

Im Linxian-Distrikt, so wurde uns damals mit geschwellter Brust berichtet, war die Natur besiegt worden. Der Rote-Fahne-Kanal hatte ein widriges Schicksal bezwungen. Der Zhanghe wurde hoch im Gebirge gestaut und dann über Kanäle und Tunnel wie eine Alpenstraße, eine »Corniche«, zur Bewässerung der Terrassen und der ebenen Flächen genutzt. In knapp zehn Jahren wurde mit bloßer Menschenkraft ohne Maschinen – sogar der Sprengstoff wurde an Ort und Stelle fabriziert – ein Kanalprojekt von 1500 Kilometer Länge mit 134 Tunneln und 150 mehr oder weniger großen Aquädukten verwirklicht. 16,4 Millionen Kubikmeter Erde und Stein wurden bewegt, was den erklärenden Angaben zufolge ausgereicht hätte, um über 4000 Kilometer eine Straße von einem Meter Höhe und vier Meter Breite zu bauen. Der Ernteertrag des Linxian-Kreises, wo 700 000 Menschen lebten, wurde angeblich verfünffacht.

Am Abend versammelten sich die Bauern der 15 Volkskommunen des Kreises Linxian im neuen Kinosaal, um die abenteuerliche Konstruktion des Rote-Fahne-Kanals nachzuerleben. Auch wir waren eingeladen. Um im Felsgestein ihre Sprengladungen anzubringen, hatten die Hauer sich teilweise wie Alpinisten über den Abgründen abgeseilt. Es war eine große, gelungene Show. Die Politkommissare hatten in jenen Tagen noch das Sagen, und die Mao-Parolen waren eine unfehlbare Botschaft für die Nutznießer des Rote-Fahne-Kanals. »Vertrauen auf die eigene Kraft«, lautete die Wandinschrift, und der Kommentator des Films wiederholte die Mao-Formel, daß »Armut zur Änderung drängt und zur Revolution«. – »Das ganze Volk muß ständig daran denken, daß China ein großes sozialistisches Land und gleichzeitig ein wirtschaftlich armes, rückständiges Land ist«, wurde der »große Steuermann« ebenfalls zitiert.

Die gigantischen Arbeiten des Kanalbaus waren 1958 im Zeichen des »großen Sprungs nach vorn« begonnen worden und hatten bis 1968 gedauert. Wie grausam und unerbittlich, wie verhängnisvoll für die Landbevölkerung dieser extravagante Große Sprung gewesen war, dieser Versuch, die Natur zu vergewaltigen, durfte im Sommer 1972 noch mit keiner Silbe erwähnt werden. Das Thema war tabu. Man gestand allenfalls ein, daß es zu gewissen Reibungen gekommen sei, als die landwirtschaftlichen Genossenschaften in Volkskommunen umgewandelt wurden. Die Kulturrevolution hingegen, die Mitte der sechziger Jahre ausbrach und das rote Reich der Mitte erschütterte, ist am Linxian-Kreis ziemlich spurlos vorübergegangen. In den Revolutionskomitees des Rote-Fahne-Kanals waren neben den Parteifunktionären, den Militärs und einigen hitzigen Junggenossen auch die alten Bauern vertreten gewesen, und die hatten eine mäßigende, beschwichtigende Rolle gespielt.

Zur Illustrierung dieser Altersweisheit, die sich angeblich sehr harmonisch mit dem revolutionären Fortschritt vereinbaren ließ, wurde uns der 63jährige Bauer Ma Zhongqin vorgestellt. Es war eine perfekte Inszenierung. Vor dem Sieg der Kommunisten hatte Ma als Knecht bei einem Großgrundbesitzer gearbeitet. Jetzt wurde er in wohleinstudierter Pose unserer Kamera vorgeführt, während er unter dem unvermeidlichen Bild des Vorsitzenden Mao Tsetung seinem Enkelkind die Geschichte des »törichten Greises Yu Gong« vorlas, jenes störrischen alten Mannes, der – weil die widrige Natur nicht anders zu bezwingen war – es auf sich nahm, die Berge zu versetzen. Neben anderen erbaulichen Einzelheiten aus dem vorbildlichen Leben des Bauern Ma Zhongqin erfuhren wir am Rande, daß sein Sohn als Geologe in Szetschuan arbeitete, tausend Kilometer entfernt, daß er Frau und Kind vier Wochen im Jahr besuchen und einmal im Monat einen Brief schreiben dürfe. Auf den Feldern der Produktionsbrigade »Großer Gemüsegarten« begegneten wir jungen Mädchen, die wie Zugtiere vor eine Egge gespannt waren, während ein alter Bauer locker und lächelnd die Zügel führte. Auch die Mädchen schienen wohlgelaunt und empfanden sich keineswegs gedemütigt durch diese Tätigkeit. Die Brigade verfügte eben nur über einen einzigen, schrottreifen Traktor.

Ich will gar nicht leugnen, daß wir im Jahr 1972 von dem Pharaonen-Werk des Rote-Fahne-Kanals beeindruckt gewesen sind. Heute sähe man das mit anderen Augen, würden wir vermutlich den idyllischen Linxian-Kreis als Potemkinsches Dorf entlarven und der Ansicht zuneigen, diese ungeheuerliche kollektive Anstrengung wäre im Ausbau einer 4000 Kilometer langen Überlandstraße sinnvoller investiert gewesen.

Da das Agrar-Pilotprojekt von Dazhai sich den eigenen Aussagen der Behörden zufolge als eine Fehlleistung, ja bewußte Irreführung der Öffentlichkeit erwiesen hatte, war ich während unseres Aufenthalts in Harbin überraschend und nicht ohne Hintergedanken mit dem Vorschlag herausgerückt, wir sollten doch die Erdölfelder von Daqing besichtigen. Daqing war nur eine knappe Tagesreise von der Hauptstadt der Provinz Heilungkiang entfernt. Zu meiner Verwunderung genügte ein Telefonanruf in Peking, um uns die nötige Genehmigung zu verschaffen. Li hatte im Nu einen Minibus aufgetrieben, und schon rollten wir in westliche Richtung, den Bohrtürmen der äußersten Mandschurei entgegen.

Bis zu der Ortschaft Anda bot sich das gewohnte Bild wohl-

bestellter Felder. Der Verkehr bewegte sich langsam. Die Unzulänglichkeit des chinesischen Straßennetzes war offenkundig. Man brauchte lange, um an qualmenden Lastwagen und
an Pferdekarren vorbeizukommen. In den Dörfern waren die
üblichen Gemüse-Pyramiden geschichtet. Der unvermeidliche Billardtisch schien insbesondere die Uniformierten anzuziehen. Mir kam es vor, als sei man in dieser Nordwestregion
viel konsequenter zur Nutzung der lateinischen Buchstaben
übergegangen als andernorts. Die Transkriptionen aus dem
Chinesischen – die Lettern waren ohne Abstand aneinander-
gereiht – ergaben oft Worte von der Länge eines Bandwurms,
was die Lektüre für die Einheimischen bestimmt nicht erleich-
terte.

Jenseits von Anda veränderte sich die flache Landschaft.
Wir drangen auf der Straße, die über Daqing nach Qiqihar
führt, in den Vorbereich jenes großen Steppen- und Wüsten-
gürtels Innerasiens ein, der sich der landwirtschaftlichen Nutzung widersetzt. Brakiges Wasser mit dichtem Schilf dehnte
sich bis zum Horizont. Wäre es heißer und die Moskitoplage
spürbarer gewesen, hätte mich die Gegend an Südmesopota-
mien und die Majnun-Sümpfe am Schatt-el-Arab erinnert, wo
Perser und Iraker sich ihre blutigsten Schlachten geliefert
haben. Dazwischen tauchten spärliche Weiden mit schwarz-
weißen Rindern auf. Der Boden war oft mit einer Salzschicht
verkrustet.

Die Luft hatte zu flimmern begonnen wie in allen Wüsten-
zonen der Welt. Am Ende der Einöde tauchten jetzt die Stahlgerüste der Bohrtürme und Raffinerien wie eine Fata Mor-
gana aus dem Dunst auf. Daneben reihten sich endlose Wohnblocks. All diese Anlagen lagen weit verstreut, bedeckten ein
riesiges Areal von 5500 Quadratkilometern. 900 000 Menschen, so erläuterte Li, seien in Daqing ansässig; davon seien
210 000 als Öl-Arbeiter beschäftigt. Einen wirklichen Stadt-

kern gab es nicht. Das geographische Zentrum war durch einen überdimensionalen Fernsehturm markiert. Die neue Rundfunkanstalt wurde noch ausgebaut. Überrascht waren wir durch den Umfang und die Großzügigkeit eines gigantischen Hotelbaus. Die Eingangshalle, hoch wie ein Kirchenschiff, war mit geschmackvollen Kachel-Arrangements geschmückt und durch mächtige Messingsäulen abgestützt. Der Komfort und die Pflege der Zimmer entsprachen allerdings nicht diesem verheißungsvollen Auftakt. Der Hoteldirektor und ein vielköpfiges Empfangskomitee aus Partei und Wirtschaft eilten uns entgegen. Angeblich bemühte sich das Hotel von Daqing um einen Joint-venture-Vertrag in der Bundesrepublik. Nach Frankfurt waren erste Verbindungen aufgenommen worden. Stolz erwähnte ein Erdöl-Experte die Namen einer Reihe großer ausländischer Konzerne und Firmen, die in Daqing auf die eine oder andere Weise beteiligt seien. Ohne Arg und böse Kenntnis erwähnte er auch den Namen Imhausen. Unmittelbar vor der Hoteltreppe bewegte sich eine Ölpumpe im regelmäßigen Rhythmus.

Auch Daqing war ein Produkt des »großen Sprungs nach vorn«. Die fromme Parteilegende behauptet, genau am 1. Oktober 1959, also präzis zum 10. Jahrestag der maoistischen Volksrepublik, sei das Petroleum aus dem Boden geschossen. Tatsächlich sollen die Bohrmaschinen am 26. September 1959 fündig geworden sein. Aus den dicht bevölkerten oder von der Natur benachteiligten Provinzen ganz Chinas seien die Arbeiter zu diesem Pionier-Abenteuer herbeigeströmt, aus Shandong, Hubei und Sinkiang vor allem. Anfangs hätten die Neusiedler in erbärmlichen Lehmhütten gehaust, wie sie zum Teil noch am Wegrand zu sehen waren. Aber die Urbanisierung sei dann so planmäßig betrieben worden, daß 1979 eine Stadt Daqing gegründet werden konnte.

Während das Kamera-Team seine Aufnahmen machte,

wurde ich im Konferenzsaal mit Zahlen und Statistiken zuge-
schüttet. Der Erfolg von Daqing war eine Realität. Hier war
tatsächlich unverhoffter Reichtum aus dem Boden gestampft
worden. Meine ursprüngliche Skepsis machte ehrlicher Anerkennung Platz. Aber Daqing war wohl auch ein später Hort
streng maoistischer Ideologie geblieben. Hier hatte es keine
nennenswerte Demokratiebewegung gegeben. Hier war man
damit beschäftigt, 55 Millionen Tonnen Öl pro Jahr aus der
Tiefe zu holen und per Pipeline bis in die Nähe von Bei Daihe
am Gelben Meer weiterzupumpen. 1986 hatte Daqing 50 Prozent der chinesischen Petroleumproduktion gedeckt, 1989
war dieser Anteil auf 40 Prozent geschrumpft, was auf die
gesteigerte Förderung der Ölfelder von Shandong, im Umkreis von Peking und in der Provinz Hunan zurückzuführen
war. Die vermuteten Vorkommen im Südchinesischen Meer,
auf dem Sockel des Spratley- und Paracel-Archipels, waren
längst nicht erschlossen, aber schon war in diesem maritimen
Raum ein heftiger Territorialkonflikt zwischen den chinesischen und vietnamesischen Seestreitkräften entbrannt. Für
die hochentwickelte Off-Shore-Technik fehlte den Pekinger
Ministerien weiterhin das Know-how, und so bemühten sie
sich um Zusammenarbeit mit den USA, Frankreich, Großbritannien und Japan. Die Russen waren für solche Hochleistung
offenbar nicht geeignet. Die chinesische Erdölproduktion, so
versicherte mein Gesprächspartner, decke den nationalen
Bedarf, ja erlaube sogar eine begrenzte Exportquote. Daß ein
solches Auskommen mit dem niedrigen Stand der Motorisierung in der Volksrepublik und der verspäteten Industrialisierung zu erklären sei, gestand man bereitwillig ein.

Bei allem Stolz über das Geleistete waren die Partei- und
Wirtschaftsverantwortlichen von Daqing von ernsten
Zukunftssorgen geplagt. In Peking ging das Gerücht, die
Petroleumreserven seien in wenigen Jahren erschöpft und im

Grunde habe es sich wieder einmal um eine grandiose Fehlinvestition gehandelt. Dem hielt man an Ort und Stelle entgegen, die Ölreserven beliefen sich auf mehr als vier Milliarden Tonnen und das Erdgasvorkommen sei quasi unbegrenzt. Dennoch taten sich die Planer nach zusätzlichen Tätigkeiten um. Die Landwirtschaft, vor allem Viehzucht, war rund um Daqing entwickelt worden und bot 270 000 Menschen Beschäftigung. Komplementäre Industriezweige wurden ausgebaut für Textilien, Lebensmittelverarbeitung, Herstellung von Baumaterial, Maschinenkonstruktionen. Die geographische Situation dieses Komplexes war ungünstig und exzentrisch, die Bevölkerung nicht ausreichend, um die systematische Förderung von Konsumbetrieben zu rechtfertigen. Wirklich überzeugende Auskünfte waren in Daqing nicht zu haben.

Aufgrund der Abgeschiedenheit dieses Erdölreviers und der überaus harten Witterungsbedingungen lagen die Durchschnittseinkommen mit 2200 Yuan pro Jahr weit über dem chinesischen Durchschnitt. Die Bezüge eines Werktätigen variierten zwischen 1200 und 4000 Yuan. Etwa 1000 kleine Privatbetriebe hatten sich immerhin in dieser Hochburg sozialistischer Planwirtschaft etabliert. Die örtlichen Behörden achteten wohl strenger als andernorts über die Reinheit der maoistischen Lehre. Mindestens ein halber Tag pro Woche, bei Bedarf auch mehr, wurde dem ideologischen Unterricht gewidmet. Daqing habe 1960 am Rande des Ruins gestanden, als die russischen Experten mitsamt ihrem Material plötzlich abgezogen wurden. Aber man habe sich gefangen, und im Gegensatz zu so vielen anderen Produktionszentren Chinas sei die Petroleumförderung während der Kulturrevolution keine einzige Woche unterbrochen gewesen. Zwischen 1966 und 1976 sei die Produktion von 10 Millionen auf 50 Millionen Tonnen geklettert.

Die Männer, die mir ihre Perspektiven und ihre Bedenken vortrugen, waren durch lange, entbehrungsreiche Arbeit gezeichnet. Mit Ausnahme des Raffineriedirektors, der sich im maßgeschneiderten grauen Mao-Look und mit dem Benehmen eines Mandarins herablassend zu einer Werksführung bereitfand – er sah dem Premierminister Li Peng frappierend ähnlich –, hatte ich es mit wettergegerbten Ingenieuren und Technikern mit schwieligen Arbeiterfäusten zu tun. Sie hatten sich mühsam hochgedient und den Widrigkeiten einer harten Umgebung getrotzt. Sie klammerten sich an das Errungene und waren eisern entschlossen, ihr Lebenswerk Daqing weiter zu erschließen.

Dem liberalen Zweifel, der politischen Abweichung war hier kein Raum gegönnt. So trug mir der zuständige Kommissar – begleitet vom Nicken der Werksdirektoren – sein Bekenntnis zu den Vier Grundprinzipien der Revolution vor: Sozialistischer Weg, Führungsanspruch der Kommunistischen Partei, Diktatur des Proletariats, Festhalten am Marxismus-Leninismus und den Mao-Tsetung-Gedanken. Ob sie alle tatsächlich noch im wahren Glauben gestählt waren? Ob der Zusammenbruch der marxistisch-leninistischen Dogmen im nahen Sowjet-Imperium und die Moskauer Eingeständnisse des großen industriellen Fiaskos an den emsigen Männern von Daqing und ihrer Suche nach größtmöglicher Effizienz spurlos vorbeigegangen sind? Der äußere Schein der ideologischen Rechtgläubigkeit wurde jedenfalls aufrechterhalten, die eingetrichterten Formeln getreulich nachgebetet, die Riten gewahrt. Daß sich jenseits dieser verbalen und formellen Zustimmung auch tief verinnerlichter Widerspruch regte, daß der Kompromiß zwischen lauter Approbation in den konventionellen Parteiparolen einerseits, dem schweigenden Vorbehalt gegen die Absurdität überholter Theorien andererseits durchaus der Praxis asiatischer Überlebenskunst entspricht, sollten die Europäer nie außer acht lassen. Die Verstellung – vorgetragen im Tone inbrünstiger Überzeugung – entspricht hier einer weitverbreiteten komödiantischen Begabung.

Wir hätten gern an einem politischen Schulungskurs in einer Fabrik oder einer Hochschule teilgenommen. Aber da stießen wir auf Ausflüchte und höfliche Absagen. Die Partei war offenbar nicht sonderlich stolz auf die Gehirnwäsche, die sie der Bevölkerung nach der Tian-An-Men-Tragödie verordnet hatte, und die gescheiterten Funktionäre mußten sich sogar recht lächerlich vorkommen bei dieser obsoleten, von oben angeordneten Pflichtübung. Also wurden wir wieder einmal zu einem Pionierpalast geleitet, wo Schüler und Schülerinnen zwischen sechs und zwölf Jahren ihre Tanz- und Gymnastikübungen vorführten. Die Mädchen machten einen weit aufgeweckteren Eindruck als die Knaben. Sie führten einen graziösen Reigen mit roten Halstüchern und einer großen roten Fahne vor, die sich prächtig bauschte. Dazu lächelten die Mädchen niedlich, dressiert und ein wenig affig. Der Text des Liedes beschrieb das fröhliche Leben im Pionierlager. Dann kam es zu einer Demonstration des Kampfsportes Kungfu. Man spürte, wie die Kinder jetzt voll bei der Sache waren, und wieder tat sich ein Mädchen mit knallharten Schlägen und Tritten als beste Turnerin hervor.

Am Rande von Daqing war das Sumpfgebiet in eine gepflegte Grünanlage verwandelt worden, als habe man die Gärten von Suzhou nachahmen wollen. Der »Park des Drachen und des Phönix« zog auch an Wochentagen ein zahlreiches Familienpublikum an. Der künstliche See war von prächtigen Pagoden – eine ganz aus Stahl geschmiedet – umsäumt. Geschwungene weiße Brücken führten über die Kanäle. Auf der Wasserfläche tummelten sich Ruderer. Auch hier hatten private Lebensmittelverkäufer und Köche ihre Verkaufsstände aufgeschlagen. Die Dekoration des Erholungsparks war frei von politischen Anspielungen. In einer prächtig gemalten Bilderfolge waren Szenen der volkstümlichen Romane des ewigen China dargestellt: »Die Räuber vom Liang Schan Moor«, »Der Traum der roten Kammer«, »Die drei Reiche«, »Die Reise nach dem Westen«. Die Kinder drängten sich um das große Karussell, wo sich eine riesige Weltraumrakete und ein paar Düsenjäger aus Sperrholz drehten. Besonders gefiel uns ein ärmlicher Zirkus, wo stark geschminkte Akrobaten bescheidene Balanceakte vorführten und ein Kraftmensch mit einem einzigen Hieb der flachen Hand einen wohlpräparierten Stein in zwei Hälften spaltete.

Auf der Rückfahrt entdeckten wir bewaffnete Volkspolizisten in spinatgrünen Uniformen bei einer Übung. Sie wurden im Infanteriekampf gedrillt. Dabei ging es recht dilettantisch zu. Eine andere Kompanie übte sich nach russischem Vorbild im Paradetritt. Das Exerzieren verlief ganz und gar nicht nach dem Geschmack des Instrukteurs. Mit der Ausrichtung klappte es nicht, und die Beine befanden sich nie auf der gleichen Höhe. Mit Tritten gegen das Schienbein wurde von den Unteroffizieren nachgeholfen.

Im Hotel Daqing hatten unsere Gastgeber zum frühen Abendessen auftischen lassen, was ihnen gut und teuer erschien. Aber auch hier vermißte ich die Raffinesse anderer chinesischer Regionalküchen. Zufällig erfuhr ich den Preis, der für dieses Bankett ausgegeben worden war. Es handelte sich um die astronomische Summe von 1500 Yuan, das Jahresgehalt eines gutverdienenden Erdöl-Arbeiters. Dann wechselten wir zur Discothek über mit den unvermeidlichen bunten Glühlampen, den langgezogenen Rhythmen und der braven Spießigkeit, die uns allmählich auf die Nerven ging. Schließlich stimmte das Blasorchester doch ein paar flottere Weisen an, die einem Rock and Roll nahekamen. Da sprang ein etwas verwahrloster junger Mann auf die Tanzfläche. Das offene

Hemd hing ihm über die Hose. Er trug keine Socken in den Schuhen, und das Haar war zerzaust. Offenbar hatte er zuviel getrunken. Jetzt bewegte er sich in wilden Biegungen und Verrenkungen, versuchte vielleicht, es dem alten Elvis Presley gleichzutun, den er irgendwann im Fernsehen gesehen hatte. Ein Jüngling ganz anderen Typs, eine Art Musterknabe mit Krawatte und Bügelfalten, gesellte sich dem entfesselten Solotänzer bei und versuchte dessen Zuckungen nachzuahmen. Bei den Zuschauern kam große Heiterkeit über diese Exzentriker auf, und niemand entrüstete sich. Aus irgendeinem Grunde hatten uns unsere Begleiter stets daran gehindert, jene Tanzschuppen aufzusuchen, wo es wirklich ausgelassen und ganz und gar westlich zuging, wo die neuesten Rhythmen aus Amerika dröhnten. In einem Korrespondentenbericht des deutschen Fernsehens habe ich nach meiner Rückkehr aus China tatsächlich eine solche ultra-schicke Veranstaltung auf dem Bildschirm entdeckt, wo sich angeblich eine aufsässige junge Elite Pekings traf. Aber wie groß war meine Verwunderung, als ich plötzlich unsere für Kontinental-Chinesen streng gesperrte Disco des Palace-Hotels wiedererkannte, und es waren lediglich junge Übersee-Chinesen aus Hongkong oder Taiwan, die vor der Kamera wirbelten und stampften.

Schöner als alle Neonröhren der Tanzdiele von Daqing war der klare, sternenbesäte Abendhimmel, dessen grünlicher Rand im Westen zur Mongolei überleitete. Ein Ingenieur aus Daqing hatte sich mir zugesellt. Ich hatte mir zum Prinzip gemacht, das Massaker am Platz des Himmlischen Friedens unverhohlen immer wieder anzusprechen. So fragte ich auch an diesem Abend nach der Meinung dieses sympathischen offenen Mannes über die Ereignisse des Tian-An-Men. »Die Ziele der Studenten waren richtig«, lautete die Antwort; »aber die Methode war falsch. Wir haben in China ein oberstes Gesetz: wichtiger als alles andere ist gutes und sattes Essen für das Volk.« – Bertolt Brecht, Autor des »Guten Menschen von Sezuan«, wäre in Daqing auf seine Kosten gekommen. »Erst kommt das Fressen, dann kommt die Moral«, heißt es bei Brecht. In modernes Chinesisch übertragen: »Erst kommt das Fressen, dann kommt die Demokratie.« – »Wenn die Chinesen die Wahl haben zwischen Sicherheit und Freiheit«, nahm der Ingenieur eine alte Erkenntnis wieder auf, »wählen wir stets die Sicherheit.«

Abschied von Dschingis Khan

Endlich ist die Steppe erreicht. In weichen grünen Wellen dehnt sich die mongolische Landschaft ins Unendliche. Der Himmel ist grau. Aus Norden weht bereits ein empfindlich kalter Wind. Im Winter sinkt hier die Temperatur auf minus 40 Grad. Die Häuser der letzten Dörfer vor der großen Leere des Weidelandes sind aus festem Lehm gefügt. Mit ihren geschnitzten Fensterrahmen, den kleinen Gemüsegärten und der sauberen Anordnung der Höfe wirken sie wie behagliche Zufluchtsstätten am Rande der Einsamkeit. Ein Teil der Ernte ist zur Überwinterung zu Kuppeln getürmt, die mit einer Lehmdecke gegen den Frost geschützt werden. Die Nordwand einer jeden Behausung bietet dem eisigen Sturm, der ab Oktober vom Pol nach Süden bläst, nicht die geringste Öffnung. Die Bewohner in diesen vorgeschobenen Siedlungen sind in der Mehrheit reine Chinesen. Stück um Stück schiebt sich der Ackerbau nach Norden vor, knabbert der Steppe Fetzen um Fetzen ab. Die nomadisierenden Mongolen werden vom unermüdlichen Fleiß und Ausdehnungstrieb des Han-Volks ins Abseits gedrängt, soweit sie nicht selber seßhaft und allmählich assimiliert werden.

Am frühen Morgen sind wir aus Hohot, der Hauptstadt der Autonomen Region Innere Mongolei, aufgebrochen. Hohot, die »blaue Stadt«, unterscheidet sich kaum von den anderen nordchinesischen Metropolen: die gleichen häßlichen Betonbauten, Fabriken, die fast ins Zentrum hineinreichen, eine breite Transversale, deren mittleres Blumenbeet mit roten

Geranien bepflanzt ist. Die historischen Sehenswürdigkeiten im altertümlichen Gassengewirr werden wir erst nach und nach entdecken. Nichts deutet darauf hin, daß wir uns in der autonomen Region einer ethnischen Minderheit befinden, außer den seltsam gekräuselten mongolischen Schriftzeichen, die an den öffentlichen Gebäuden unter die chinesischen Ideogramme gepinselt sind. Der Hauptplatz wird von einem Denkmal mit galoppierenden Pferden beherrscht. Sie symbolisieren – im Stil der alten Tang-Keramik – die verflossene eroberische Kraft des mongolischen Reitervolkes. Seit dem Herbst 1989 ist Dschingis Khan, vor dessen Horden im 12. Jahrhundert die Völker in West und Ost zitterten, in das Pantheon chinesischer Größe aufgenommen worden. Die Mongolen hatten im Mittelalter das heutige Rußland, ganz China, den islamischen Orient und den indischen Subkontinent ihrem Weltreich einverleibt. Sie stießen bis nach Liegnitz in Schlesien vor. Medaillen mit der Abbildung Dschingis Khans, der sich angeblich an den Schädelbergen seiner erschlagenen Feinde ergötzte, werden im Hotel als Souvenirs gehandelt.

Unsere Begleitergruppe auf der Fahrt in die Steppe war dieses Mal besonders zahlreich und ausgelassen. In der Mehrheit waren reine Mongolen dafür ausgesucht worden. Sie waren am dunklen, rötlichen Teint und dem breiten, kraftvollen Wuchs zu erkennen. Schon am Vormittag sprachen diese Söhne der Steppe, die als Protokollbeamte oder Funktionäre des örtlichen Journalistenverbandes den Sattel längst gegen einen Schreibtischsessel und das nomadisierende freie Leben gegen eine vage Repräsentationstätigkeit eingetauscht hatten, kräftig den Schnaps- und Biervorräten zu, die angeblich zu unserer Wegzehrung eingepackt worden waren. Es kam eine sehr fidele Stimmung auf. Vor allem der Protokollchef der Autonomen Region, ein Riesenkerl in förmlichem dunklen Anzug, der den Filzhut nie vom Kopf nahm, erheiterte uns mit seinen schwerverständlichen Geschichten und quittierte die Leerung jeder Bierdose mit schallendem Rülpsen. Im Verlauf der Fahrt fegte er gelegentlich den Staub von den Plastiksitzen unseres Autos und jagte unter fröhlichem Gelächter seiner Gefährten nach Fliegen. Unser Dolmetscher Li war von soviel Urwüchsigkeit wohl etwas peinlich berührt und setzte dem Lärmen der Mongolen mandarinale Wortkargheit entgegen. Ein anderer Chinese war uns beigegeben worden, der Generalsekretär des Journalistenverbandes von Hohot, aber der hatte sich aufgrund langer Jahre intimen Umgangs mit dieser Außenregion den lokalen Sitten weitgehend angepaßt. Auf unsere Frage, ob auch die Hochschule von Hohot durch Ausläufer der Studentenbewegung aufgewühlt worden sei, stimmte er ohne Zaudern zu. Auch in der Hauptstadt der Inneren Mongolei seien die Studenten auf die Straße gegangen, und die Bevölkerung habe mit ihnen sympathisiert. Aber dann habe man sich zwischen Partei und Demonstranten auf eine gütliche Beilegung der Differenzen geeinigt. Ernsthafte Zwischenfälle seien vermieden worden. Seit der Kulturrevolution habe man in Hohot von jedem ideologischen Überschwang die Nase voll. Er selbst sei damals das Opfer der Rotgardisten geworden. Weil er für seine Radiostation eine ganz offizielle Reportage in Ulan Bator, der Hauptstadt der Mongolischen Volksrepublik, gemacht hatte, die eng mit der Sowjetunion kollaborierte, sei er von einem Revolutionstribunal als Agent der Russen angeprangert und zu zehn Jahren Zwangsarbeit verurteilt worden. Er hatte diese Zeit tatsächlich als Kuli in der Landwirtschaft, zuletzt als Gärtner, abgebüßt, ehe er rehabilitiert wurde. Der »Generalsekretär« hatte dennoch seine angeborene Heiterkeit nicht verloren, und ich staunte einmal mehr über die ungeheure Widerstands- und Überlebenskraft dieser Rasse. Jetzt wetteiferte er mit den Mongolen beim Konsum unserer Alkoholika.

Am Ende unserer Strecke wurden wir das Opfer einer Touristen-Attraktion. Ein paar Jurten waren als Ausflugslokal und anspruchslose Übernachtungsstätte in die Steppe gestellt worden. Unsere Ankunft war wohl angekündigt worden, denn der mongolische Wirt, ein mächtiger Mann mit sichtbar hohem Blutdruck, erwartete uns mit drei Gehilfinnen seines Stammes. Die Mädchen trugen weiche Schaftstiefel unter den langen kleidsamen Kitteln ihrer Landestracht. Auch der Wirt war ähnlich mit einem blauen Kaftan und einem breitkrempigen Hut kostümiert. Der rassische Typ unserer Gastgeber war eindeutig: extrem breite Gesichter mit stark ausgeprägten Backenknochen, blitzende Augen, die aus extrem schmalen Schlitzen blickten, apfelrote Backen, die seit vielen Generationen durch den beißenden Wind und im Sommer durch glühende Sonne koloriert waren. Diese Vorzeige-Mongolen hielten für die Fremden auch ein zweihöckeriges Kamel bereit. Sie wurden ergänzt durch eine Gruppe junger Männer, die von Zeit zu Zeit auf ihre wendigen, kleinen Rösser sprangen und im Galopp durch das Grasland rasten. Dann entstanden tatsächlich ein paar Sekunden lang Bilder von eindrucksvoller Wildheit.

Das obligate Essen ließ nicht auf sich warten. Es wurde vorzüglicher Hammel serviert. Gleichzeitig traten der Wirt und zwei seiner Mädchen mit einer dickbauchigen Flasche, gefüllt mit siebzigprozentigem Schnaps, an jeden Gast heran. Es wurde ein hübsches mongolisches Willkommenslied gesungen und jedem von uns eine riesige Schale mit Feuerwasser gereicht, die unsere einheimischen Begleiter laut Vorschrift und unter großem Beifall in einem Schluck herunterkippten. Mit Erleichterung ließen wir die Jurten hinter uns, die aus der Ferne wie Wigwams aussahen und unseren Eindruck verstärkten, wir seien bei den letzten Mohikanern gewesen.

Bevor wir der Steppe den Rücken kehrten, entdeckten wir

zur Linken einen Hügel mit bunten Fahnen, einen alten scha-
manischen Weiheplatz, wo sich gelegentlich die Angehörigen
der hier nomadisierenden »Banner« ein Stelldichein geben.
Auf der Strecke nach Süden fielen uns die quadratischen Bie-
nenkörbe der ersten chinesischen Bauern auf. Dann folgten
Felder, auf denen recht und schlecht Kartoffeln, Hirse und
Buchweizen gediehen. Die ersten Lehmdörfer mit schrägen
Dächern tauchten auf. Die langfristige Verpachtung des
Bodens an Bauern und Hirten ist in der Inneren Mongolei
offenbar viel konsequenter betrieben worden als in anderen
chinesischen Regionen. Wir begegneten einem privaten Vieh-
besitzer, der seine Herde von Ziegen und Schafen zur Wasser-
stelle führte. Sieben- bis achttausend Yuan im Jahr verdiente
dieser Mann. Er konnte sich ein Motorrad leisten. Der
Knecht, der für ihn arbeitete, wurde mit neunzig Yuan im
Monat zuzüglich Verpflegung entlohnt. Li war sehr stolz, uns
dieses Beispiel gelungener wirtschaftlicher Liberalisierung am
Ende der Welt vorführen zu können. In der Hauptstraße von
Hohot hatten wir am Vortag tatsächlich grün uniformierte
Katasterbeamte hinter Tischen sitzen sehen, die den Passan-
ten und Interessenten die Vorteile der neuen großzügigen
Bodenpolitik erklärten. Die Bestimmungen waren gerade für
die Autonome Region Innere Mongolei erweitert worden. Die
private Pachtfläche war je nach dem Grad ihrer Fruchtbarkeit
und ihres Ertrages mehr oder minder ausgedehnt. Auf dem
Höhepunkt der Modernisierungskampagne soll es in der
Inneren Mongolei zur Versteigerung ganzer Fabriken mitsamt
ihrer Belegschaft gekommen sein, eine ideologische Ver-
irrung, die die zürnende Intervention der zentralen Parteiinstanzen auf den Plan rief.

Soweit es sein Zustand der Alkoholisierung zuließ, verwik-
kelte ich den Protokollchef in ein Gespräch, das Li übersetzte.
Der große Mongole war kein Geheimniskrämer. Zwanzig

Millionen Menschen leben in dem langgestreckten Territorium dieser Autonomen Region, die – gar nicht weit von Heihe – die sibirische Grenze berührt und im Westen fast bis Turkestan reicht. Aber die reinen Mongolen sind hoffnungslos in der Minderheit; sie werden zur Zeit auf 1,7 Millionen geschätzt. Zugunsten der rassischen Minderheiten hat die Volksrepublik auf ihre strikte Ein-Kind-Politik verzichtet. Den fremden Nationalitäten wurde keine restriktive Geburtenplanung auferlegt. Doch der geringe Anteil der einheimischen mongolischen Bevölkerung hatte auch andere Gründe als die ungeheure Dynamik der chinesischen Zuwanderer und Siedler. Bis zur Gründung der Volksrepublik China und der nachfolgenden Hygienekampagne Pekings sei die Syphilis bei den Mongolen eine endemische, jede Familie heimsuchende Seuche gewesen. Das hatte sich negativ auf die Fruchtbarkeit der Frauen und die Fortpflanzung ausgewirkt. Die benachbarte Mongolische Volksrepublik – die Äußere Mongolei –, die seit 1920 unter sowjetischem Protektorat steht, zählt ebenfalls nur zwei Millionen Mongolen. Aber dort hatte man darüber gewacht, daß die Chinesen auf eine Mindestzahl beschränkt blieben. Nach dem Bruch zwischen Moskau und Peking im Jahr 1959 wurden zahlreiche Han-Siedler über die Grenze nach Süden abgeschoben. In Ulan Bator, der Hauptstadt der Äußeren Mongolei, so erfuhren wir, kämen die Mongolen mit den Russen gut zurecht, deren Truppenstärke reduziert worden sei. Man betrachte die Sowjetunion dort als Garanten der eigenen Unabhängigkeit gegen eventuelle Ausdehnungsabsichten und den Massenandrang der Chinesen. Es seien sogar Ansätze einer mongolischen Perestroika zu erkennen. Mao Tsetung hatte beim Abschluß seines Freundschaftsvertrages mit Stalin die Unabhängigkeit der Mongolischen Volksrepublik zähneknirschend akzeptiert, während die Kuomintang-Regierung von Taiwan weiterhin die Äußere

Mongolei auf ihren offiziellen Landkarten als integrierenden Bestandteil des Zhongguo, des Reiches des Mitte, darstellte.

Wir durchquerten die kräftig expandierenden Ortschaften Siziwangqi, früher Ulan Hua geheißen, und Wuchuan, ehe die Straße in steilen Schleifen das Daqinggebirge erkletterte. Die grün bewachsenen Höhen wirkten auf den ersten Blick belanglos in der grauen nebligen Stimmung. Der Paß lag bei 1 500 Meter Höhe. Wir filmten vor allem landschaftliche Perspektiven und bizarre Felsformationen. Erst nach der Kamera-Arbeit machte Li darauf aufmerksam, daß wir ein bislang einmaliges Privileg genossen hätten. Das Daqinggebirge besitze eine eminent strategische Bedeutung, und es sei dort bisher strengstes Fotografierverbot angeordnet gewesen. Dieser Höhenzug sei nämlich das letzte natürliche Bollwerk, das die große Lößebene des chinesischen Herzlandes abschirmt, eine geographische Schwelle, die von der Volksbefreiungsarmee mit einem weitverzweigten Bunker- und Stollensystem unterhöhlt und zur entscheidenden Verteidigungslinie der Volksrepublik gegen mögliche Aggressoren aus dem Norden ausgebaut worden sei. Daß man uns die Aufnahmen in dieser kritischen Zone nicht verwehrt habe, sei wohl der beste Beweis für die Entspannung zwischen den beiden kommunistischen Großmächten und für die totale Selbstsicherheit der Volksrepublik gegenüber dem russischen Aufgebot.

Der stellvertretende Vorsitzende der Autonomen Region – er trug den Namen Win Jing – empfing mich in Hohot inmitten einer Runde von Funktionären. Er war von erfrischender Offenheit. Win Jing gehörte der mongolischen Nationalität an. Deswegen war er auch als Interviewpartner nach vorn geschickt worden. Die wirklichen Schlüsselstellungen lagen wohl in den Händen von Han-Chinesen. Ob die Gefahr nicht groß sei, daß die mongolische Minderheit von knapp zehn Prozent durch Seßhaftmachung und Akkulturation ihrer ursprünglichen Eigenart völlig entfremdet werde, fragte ich. Win Jing bejahte das mit Nachdruck. Immer weniger junge Leute lernten noch die mongolischen Schriftzeichen, und die Assimilation mache bedauerliche Fortschritte. Immerhin habe die Innere Mongolei bemerkenswerte wirtschaftliche Errungenschaften vorzuweisen. Neben einer Viehzucht von 47 Millionen Tieren – meist Ziegen und Schafen – sei der Ackerbau durch den Anbau von Weizen, Mais und Sojabohnen angereichert worden. Die Industrialisierung, die ich selbst in Hohot in Augenschein nehmen konnte – es war hier ein Ballungszentrum von einer Million Menschen entstanden –, habe vor allem der Stahlerzeugung, dem Maschinenbau und der Herstellung von Textilien Auftrieb gegeben. Die hiesige Kaschmirwolle sei weltberühmt. Kohle würde überwiegend im Tagebau geschürft, und sogar auf Erdöl sei man gestoßen. Trotzdem würden noch siebzig bis achtzig Prozent der Konsumgüter aus anderen Provinzen Chinas in die Innere Mongolei importiert. Die Region sei etwa ein Dutzend Joint-ventures mit Firmen aus Japan, Hongkong und USA eingegangen. Darunter sei die Fabrik für Fernsehapparate Tian-Brand TV besonders zu erwähnen, denn sie liefere 400 000 Farbgeräte im Jahr aus und beschäftige 1400 Arbeiter.

Auch in Hohot wurde Fernsehen großgeschrieben. Mir wurde eine bemerkenswerte Direktverbindung mit verschiedenen Außenstudios vorgeführt. Es handelte sich nicht nur um eine akustische Schaltkonferenz, sondern ich stand über diverse Monitore auch in visuellem Kontakt mit meinen Gesprächspartnern, die teilweise mehr als 2000 Kilometer entfernt waren. So unterhielt ich mich unter anderem mit einem TV-Redakteur im fernen Qiqihar. Ein Kuriosum bestand darin, daß die Volksrepublik China – also auch die Innere Mongolei – das deutsche Farbfernsehsystem PAL übernommen hatte, während die Mongolische Volksrepublik von Ulan

Bator, dem sowjetischen Beispiel folgend, das französische SECAM-Verfahren anwandte. So kam es in Zentralasien zu einer Kultur- und Kommunikationsschwelle zwischen getrennten mongolischen Brüdern, die zumindest unter diesem Aspekt an das frühere Verhältnis zwischen Bundesrepublik und DDR erinnerte.

Die Altstadt von Hohot versöhnt mit den klotzigen Neubauvierteln. Durch Rundbögen blickt man auf Gassen, wo – in bläuliches Licht getaucht – ein anderes, altes China weiterlebt. Die buddhistischen Lama-Tempel und -Klöster sind restauriert worden und stehen dem Besucherverkehr offen. Vor der Dazhao-Pagode sitzt ein braun gekleideter Lama. Sein Schädel ist kahlgeschoren. Wie weit die religiöse Toleranz tatsächlich geht, läßt sich schwer ermessen. Jedenfalls sind in diesem Heiligtum, das unter der Ming-Dynastie gegründet wurde, die alte Pracht vergoldeter Hölzer, grellbunter Tankas und der schneeweiße Stupa wiederhergestellt. Während der Kulturrevolution hatte hier eine Fabrikeinrichtung jede Form von Meditation verdrängt. Es berührt seltsam, daß unter den Souvenirs, die in einem Seitenflügel verkauft werden, auch Mao-Plaketten angeboten werden, die in der Volksrepublik äußerst selten geworden sind.

Schon in Peking hatte man uns demonstrativ zu einem großen tibetischen Kloster geführt, wo uns die runzligen alten Lamas, ebenfalls in brauner Kutte mit orangegetönter Schärpe, wie Überlebende erschienen. Diese Stätte tibetischer Frömmigkeit im Herzen der Hauptstadt war ursprünglich von dem Mandschu-Kaiser Kang Xi als Palast erbaut worden. Sein Nachfolger Qian Long hatte daraus ein Kloster gemacht, das dem Panchen Lama als Residenz zur Verfügung stand. So wollte das Reich der Mitte seinen territorialen Anspruch auf das tibetische Hochland demonstrieren zu einem Zeitpunkt, als die Briten von Indien aus erste Fühler nach Lhasa ausstreckten. Die tantrischen Abbildungen in diesem tibetischen Lama-Kloster waren schreckenerregend. Ein riesiger Dämon, aus einem einzigen gewaltigen Baumstamm geschnitzt, beherrschte die zentrale Halle mit teuflischer Fratze.

Im Jahre 1980 hatte ich von Chengdu aus einen Abstecher nach Lhasa gemacht und mir einen Lebenswunsch erfüllt, den Besuch der Potala-Burg. Wir waren in der tibetischen Hauptstadt von jugendlichen Straßenhändlern umschwärmt worden, die alle möglichen sakralen Gegenstände feilboten. Aber wir hatten auch fromme Pilger und Mönche gesehen, die rund um den Jokhang-Tempel ihre Devotionen verrichteten und in mühsamer Folge eine Prosternation nach der anderen durchführten. Immer wieder warfen sie sich mit ausgestreckten Armen auf den flachen Bauch und bewegten sich qualvoll wie Krabben im Kreis. Bei jeder Gelegenheit hielten uns die Tibeter Fotografien des Dalai Lama entgegen. Sie machten aus ihrer Loyalität, aus ihrer Zuneigung zum geflüchteten Gottkönig keinen Hehl, von dem damals noch niemand ahnte, daß ihm 1989 der Friedensnobelpreis verliehen würde. Selbst die Kinder, die sich in einem Volkspark von Lhasa vergnügten, hatten oft eine Abbildung des Dalai Lama zur Hand, sobald sich ein Ausländer näherte.

Schon im Sommer 1980 war zu spüren, daß ein Aufbegehren der Tibeter gegen die chinesische Fremdherrschaft zum Scheitern verurteilt wäre. Mit sechs Millionen Menschen waren die Getreuen des Dalai Lama in ihrer eigenen Heimat gegenüber einer immigrierten Han-Bevölkerung von 7,5 Millionen in die Minderheit geraten. Wenn die Tibeter noch nicht völlig vom Einwanderungsstrom der Chinesen aufgesogen oder marginalisiert worden waren, so lag das wohl an der Abneigung der Tiefland-Bevölkerung, auf diesem abweisenden Plateau in 5000 Meter Höhe seßhaft zu werden. Vor allem Lhasa wird heute überwiegend von Chinesen bewohnt. Der tantrische Buddhismus wird also auch auf dem Dach der Welt mehr und mehr zu einem musealen Relikt zurückgestuft. Bei aller Sympathie für den unerwartet wackeren Selbstbehauptungskampf der Tibeter sollte die einstige, verflossene Welt der Lama-Klöster und der kollektiven Staatsfrömmigkeit unter dem Gottkaiser nicht im nachhinein als idyllisches »Shangri-La« verklärt werden. Die höllischen Darstellungen auf den Tankas, die infernalischen Monstren, die überall als Schützer der Pagoden, aber auch als drohende Sendboten des Jenseits auftreten, künden vom Obskurantismus vergangener Jahrhunderte. Ähnlich wie bei den Mongolen dürfte die Verbreitung venerischer Krankheiten für die Bevölkerungsstagnation in Tibet verantwortlich gewesen sein. Es war eine großartige, aber furchterregende Welt, die sich hier im Zeichen buddhistischer Frömmigkeit und schamanischer Bräuche erhalten hatte. Die Rotgardisten haben fast alle Heiligtümer Tibets in ihrer bilderstürmenden Raserei zerstört und ahnten wohl nicht, daß sie lediglich die uralten Mythen der Vergangenheit durch neue Wahnvorstellungen ersetzten.

Peking läßt nicht die geringste Absicht erkennen, die einmalige strategische Position dieses beherrschenden Hochlandes preiszugeben. Annähernd eine Million Tibeter sollen in den vergangenen dreißig Jahren der Repression zum Opfer gefallen sein. Heute sind 300 000 Soldaten der Volksbefreiungsarmee in dieser südlichen Außenregion stationiert. Ein beeindruckendes Arsenal wurde hier entfaltet. Es sollen sich fünf Atomwaffenbasen, vierzehn Luftwaffenstützpunkte und siebzehn Radarstationen in Tibet befinden. Eine größere Anzahl von Interkontinental- und Mittelstreckenraketen bedroht mit ihren Nuklearköpfen nicht nur die nahe indische Republik, sondern auch die Lebenszentren der Sowjetunion.

Angesichts dieser forcierten Militarisierung kann die edle Gewaltlosigkeit, die der Dalai Lama im Namen des Mahayana-Buddhismus und allen Verfolgungen zum Trotz seinen Gläubigen predigt, nicht viel ausrichten. Der Begriff »compassion« taugt nicht für die Politik. Die Lehre Gautamas ist auch in anderen Ländern Asiens – in Vietnam, in Kambodscha, in Burma und Sri Lanka – mit dem Horror des Bürgerkrieges, mit tyrannischen Herrschaftssystemen konfrontiert worden. Dabei hat diese auf jenseitige Erlösung gerichtete Religion des Verzichts leider stets ihre Hilflosigkeit im Diesseits kundgetan.

Das Reich der Mitte sei stets gekennzeichnet gewesen durch die Kontinuität seiner Geschichte und die Friedfertigkeit seines Volkes. So haben chinesische Historiker und Philosophen behauptet und damit auch im Westen Gehör gefunden. Die Wirklichkeit sieht ganz anders aus. Die Expansion der Han-Rasse ist einzigartig auf der Welt. Binnen tausend Jahren ist das chinesische Siedlungsgebiet von den Ufern des Yang Tsekiang bis weit nach Hinterindien vorgeschoben worden, teilweise durch kriegerische Eroberung, häufiger noch durch das unaufhaltsame Vordringen unermüdlicher und landhungriger Kolonisten. Die Volksrepublik hat im äußersten Süden ihres Staatsgebiets, in der Provinz Guangxi, die »Autonome Region der Zhuang« geschaffen – eine geschützte Domäne für die den Völkern Vietnams verwandte Minderheit. Die Provinz Guangxi, die den Touristen vor allem durch ihre malerischen Kalkfelsen bekannt ist, war für mich seit dem französischen Indochina-Krieg ein fester Begriff, wurden doch hier die Sturmtruppen Ho Tschi Minhs in Lagern der Volksbefreiungsarmee geschult und mit neuen Waffen ausgerüstet. Man würde heute in Nanning, der Hauptstadt dieser Autonomen Region, vergeblich nach einem wirklich eigenständigen Kulturleben, geschweige denn nach einer echten politischen Autonomie der Zhuang suchen. Angeblich ist diese Ethnie noch 20 Millionen Menschen stark, aber die Assimilation an die chinesische Zivilisation ist in vollem Gange. Die allogenen Gebirgsvölker südlich des Yang Tsekiang haben zu keinem Zeitpunkt der Geschichte der Überlegenheit der Han-Eindringlinge halbwegs wirksamen Widerstand entgegensetzen können.

Nur die Vietnamesen im äußersten Süden haben sich zweitausend Jahre lang erfolgreich gegen die totale Sinisierung gewehrt. Sie fügten sogar den Heerscharen des Mongolen-Kaisers Kublai Khan am Bach-Dang-Fluß in Tonking eine entscheidende Niederlage zu. Zur gleichen Zeit eroberte Kublai Khan die heutige Südprovinz Yunnan für das Reich der Mitte und vertrieb das Volk der Thai aus dieser Gebirgsregion. Er löste damit die große Migration der Thai nach Süden aus, wo die Neuankömmlinge die dunkelhäutige Rasse der Mon unterwarfen und das Königreich Siam gründeten. Wie es den unterlegenen Bergstämmen ergangen ist, habe ich im ehemals französischen Indochina sehr intensiv am Beispiel jener Rassen teilweise polynesischen Ursprungs erlebt, die von den Vietnamesen oder Annamiten – ähnlich expansiv wie ihre chinesischen Erbfeinde veranlagt – in die rauhen und unfruchtbarsten Winkel abgedrängt wurden. Von den Vietnamesen wurden sie hochmütig als »Moi«, als »Wilde«, bezeichnet, ehe man sie unter dem französischen Sammelbegriff »Montagnards« zusammenfaßte.

Andere Völkerschaften Indochinas – die Meo und Yao zum Beispiel – leben in breiter Zersplitterung über zahlreiche Südprovinzen der Volksrepublik China verstreut. Es handelt sich dabei um rein asiatische Stämme, die vermutlich vor Urzeiten die lange Wanderung aus Sibirien nach Süden angetreten hatten, wie ihre Überlieferungen andeuten. Die Meo werden in China als »Miao« bezeichnet und gelten – ihrem Totem zufolge – als »Katzenvolk«. Die Yao hingegen betrachten sich selbst als das »Volk des Hundes«. Bei meinen Streifzügen durch das Hochland von Tonking habe ich die Legende vom Ursprung dieser Yao- oder Man-Rasse vernommen, die zutiefst aufschlußreich ist für das Verhältnis des chinesischen Staatsvolkes zu diesen primitiveren Frühelementen im Süden. »Ein fürchterliches Ungeheuer verwüstete das Reich der Mitte, und niemand konnte es besiegen«, so beginnt die Sage, die mir bei Phongto von einem alten Yao-Häuptling übermittelt wurde. In seiner Verzweiflung bot der Kaiser jedem Helden, der das Monstrum töten würde, nicht nur die Hand seiner Tochter, sondern auch die Hälfte seines Reiches an. Viele kühne Ritter hatten versucht, dieses Versprechen einzulösen, aber sie wurden samt und sonders das Opfer ihres eigenen Mutes. Am Ende trat ein mit magischen Kräften ausgestatteter Hund vor den Herrscher Chinas und bot ihm seine Dienste an. Der erneuerte sein Gelöbnis. Der Hund erschlug das Untier, vor dem das Reich zitterte. Der Kaiser hielt sein Wort und gab dem Hund seine eigene Tochter zur Frau. Die Nachfahren dieser Verbindung sind die Yao. Doch als es zur Teilung des Reiches kam, fiel dem Kaiser eine List ein. »Ich habe dir nicht gesagt, auf welche Weise ich mein Imperium teilen werde«, sagte er, »ob es vertikal oder horizontal gespalten wird. Ich werde es waagerecht teilen, das heißt, den Chinesen fällt der untere Teil, die fruchtbaren Ebenen und die Täler, zu, und deinen Nachkommen seien die Höhen und Gebirge überlassen.« Wer heute chinesische Nationalitätenpolitik unter die Lupe nimmt, sollte sich diese ferne Geschichte des mythischen Hundes, des Urvaters der Yao-Rasse, vor Augen halten.

Der chinesische Drang nach Süden hatte selbst unter der späten, erschlaffenden Mandschu-Dynastie in keiner Weise nachgelassen. 1769 wurde Burma vom Reich der Mitte unterworfen, 1790 Nepal unter die Abhängigkeit des Kaisers Qian Long gebracht. Erst als die europäischen Kolonialmächte in Indien und Indochina einen Riegel vorschoben und ihre

Imperien konsolidierten, als auch der Boden für Neu-Siedler in den Provinzen südlich des Yang Tsekiang knapp geworden war, ergoß sich zu Beginn des 19. Jahrhunderts der Ausdehnungsstrom des Han-Volkes nach Norden, in die Mandschurei, die ihnen bislang durch eine Verfügung der Qing-Kaiser versperrt gewesen war. Binnen kurzer Frist sind fünfundzwanzig Millionen Chinesen in dieser Nordostprovinz ansässig geworden. Heute sind sie dort hundert Millionen.

Mein interessantester Ausflug in der »blauen Stadt« Hohot galt der dortigen Freitags-Moschee, dem ehrwürdigsten muslimischen Gebetshaus der Inneren Mongolei. Das Gebäude ähnelt auf den ersten Blick einem konfuzianischen Tempel. Doch hoch auf dem Minarett, das im ostasiatischen Pagodenstil geschwungen und verschnörkelt ist, thront der Halbmond des Islam. Die Gründung dieses Gebetshauses geht auf die Mandschu-Dynastie zurück, die eine aktive Integration der muselmanischen Völker ihres Reiches betrieb. Wenn diese Unter- und Einordnung nicht gelang, war die Strafe fürchterlich. Durch das ganze 19. Jahrhundert zieht sich eine Serie von Massakern, die durch die sogenannten »Mohammedaner-Revolten« ausgelöst wurden. Es ging nicht nur um die Niederwerfung der seit vielen Jahrhunderten zum Koran bekehrten Turkvölker – Uiguren und Kasaken im östlichen Turkestan –, sondern um die Domestizierung, manchmal um die Ausrottung jener chinesischen Moslems, die der Sprache und dem Typus nach reine Söhne der Han-Rasse waren. Diese »Hui« oder »Dunganen«, wie sie genannt wurden, bildeten insbesondere in den Provinzen Gansu und Shaanxi massive Bevölkerungsgruppen. Von fünfzehn Millionen Anhängern des Propheten sind angeblich in Gansu bei der Niederschlagung eines

Aufstandes vierzehn Millionen ermordet worden. In Ostturkestan, im heutigen Sinkiang, sollen zwischen 1866 und 1874 zehn Millionen türkischer Korangläubiger dem Vernichtungsfeldzug der Qing zum Opfer gefallen sein. Etwa zur gleichen Zeit wurden eine Million Hui im südlichen Yunnan abgeschlachtet. Die starke muslimische Durchdringung dieser Außenbastion Yunnan wurde auf die missionarische Tätigkeit der turkomanischen Krieger des Mongolen-Kaisers Kublai Khan zurückgeführt. In Kunming und sogar im tibetischen Lhasa waren mir guterhaltene Moscheen aufgefallen, in denen sich nicht nur die Greise zum Gebet sammelten. Zahlreichen Kindern unter weißen Kappen wurde dort ein summarischer Koranunterricht zuteil. Die Erweiterung und Dekoration der Freitags-Moschee von Hohot war vom Qing-Kaiser Qian Long im gleichen Jahr 1789 angeordnet worden, als in Sinkiang der eifernde muslimische Kasakenführer Jakub Beg den Heiligen Krieg gegen die chinesische Fremdherrschaft proklamierte. Die Uiguren und Kasaken riefen damals osmanische Offiziere zu Hilfe und unterstellten sich nominell dem Kalifen von Istanbul.

Heute leben etwa vierzigtausend Muselmanen in Hohot. Es gehört zu den Eigentümlichkeiten der Volksrepublik, daß sie die religiöse Minderheit der Hui, die ethnisch der Han-Rasse zuzurechnen ist, als getrennte Nationalität anerkennt. In ähnlicher Weise sind die muslimischen Bosniaken – in der großen Mehrzahl reine Serbokroaten – vom kommunistischen Jugoslawien als ethnische Minorität registriert und stellen in ihrer Teilrepublik von Sarajewo eine erwachende politische Kraft dar. Den Hui in China wurde die eigene Autonome Region Ningxia zugewiesen in der Nachbarschaft der großen Huang-Ho-Schleife und des Ordos-Gebiets. Ningxia grenzt an jene Provinz Gansu, in der die Mandschu-Herrscher so gräßlich gewütet hatten. Insgesamt leben mindestens dreißig Millionen Hui – Sven Hedin nannte sie noch Dunganen – über ganz China verstreut. Neben den Moscheen wird ihre Präsenz durch die koranischen Restaurants – als »mat'am« auf arabisch ausgeschildert – signalisiert. Davon gibt es auch eine beachtliche Zahl in Peking. Im Herzen der Hauptstadt, gar nicht weit vom Tian-An-Men, wurde unlängst unter grüner Kuppel ein imposantes islamisches Zentrum eingerichtet. Im Umkreis dieses Gebäudes, das mehr dem ritengerechten Nahrungskonsum als der frommen Gelehrsamkeit gewidmet ist, waren mir zahlreiche usbekische Frauen – mit Kopftuch und weitem, langem Rock – aufgefallen, die unseren türkischen Gastarbeiterinnen zum Verwechseln ähnlich sahen.

In Hohot hatten wir es mit reinen Hui zu tun. Es traf sich gut, daß wir die Moschee an einem Freitag aufsuchten. Eine Menge ernster und würdiger Männer aller Altersklassen traf hier zusammen. Die älteren trugen einen schütteren Silberbart. Alle, auch die Kinder, unterschieden sich durch runde weiße Kappen von den Ungläubigen. Bevor sie das Innere des Gebetshauses betraten und sich in Richtung Mekka und der Qibla verneigten, setzten sich die Moslems von Hohot zusätzliche weiße Hauben, drollige Zipfelmützen, auf, die wohl speziell für den Kult gereinigt worden waren. Der Imam, der Vorbeter der Moschee, und seine engeren Mitarbeiter, die wohl über eine vertiefte Korankenntnis verfügten, hatten einen weißen Turban um den grünen Fez gewunden. Es war eine eindrucksvolle, verschworen wirkende Gemeinde. Die Muselmanen genossen bei der übrigen Bevölkerung hohes Ansehen, waren wegen ihrer Tüchtigkeit und Ehrlichkeit geschätzt. Fern war offenbar die gnadenlose Verfolgung durch die Kulturrevolution, als man diese frommen Männer der Inneren Mongolei zwingen wollte, Schweine zu züchten und Schweinefleisch zu essen. Im Verlauf dieser Gleichschaltungskampagne wurden etwa zehntausend Hui erschlagen.

Über dem Portal waren Koranverse in einer so exotischen Verzerrung angebracht, daß sie kaum zu lesen waren. Ich kam mit einem jungen Hui ins Gespräch, der sich in präzisem Hocharabisch ausdrücken konnte. Seit mehreren Jahren war in Hohot wieder eine »Madrasa«, eine Koranschule, zugelassen, und zwei alte Männer waren unlängst sogar nach Mekka gepilgert. Auf Wunsch meines jugendlichen Gesprächspartners rezitierte ich die Eröffnungssure, die »Fatiha«, was bei ihm große Verwunderung darüber auslöste, daß ich – bei Kenntnis der Prophetenbotschaft – nicht zum Islam übergetreten sei. Der Gebetsruf wurde auf der oberen Eingangsstufe von einem stämmigen Muezzin mittleren Alters gesungen. Die Gemeinde gruppierte sich in exakten Reihen hinter dem Imam und wandte sich dem »Mihrab« zu. Bei den Verbeugungen des Gebets, beim »Sujud«, berührten die Gläubigen die buntgewebten Teppiche mit der Stirn. Die Wände des Gebetshauses waren mit sinisierten Arabesken geschmückt. Der Ruf »Allahu akbar! – Allah ist groß« schallte kraftvoll durch die umliegenden Gassen.

Die Hui von Hohot haben sich nicht mit der schönen alten Freitags-Moschee zufriedengegeben. Im modernen Geschäftszentrum haben sie ein riesiges zusätzliches Gotteshaus errichtet und aus eigenen Mitteln finanziert. Dieses Bauwerk strotzt vor Häßlichkeit. Sogar die Teppiche waren abscheulich. Mit besonderem Stolz wurde mir ein weiter Raum gezeigt, der für die rituellen Waschungen vorgesehen war.

Es war mir aus zeitlichen Gründen nicht vergönnt, die Autonome Region Ningxia zu bereisen. Sie galt bislang als Sperrzone. Offenbar hat Deng Xiaoping den chinesischen Muslimen – in den Turksprachen und im Persischen sagt man »Muselmanen« – weitgehende Glaubens- und Kultfreiheit zugesagt unter der Voraussetzung, daß sich daraus keine politischen Folgerungen ergäben, eine schwierige Bedingung für eine Religion, die gemäß der These »din wa dawla« keinen Unterschied zwischen Glauben und Staat macht, ja den Staat nur als Bestandteil einer übergeordneten religiösen Ordnung akzeptiert. Ein vergleichbar explosives Problem wie die Sowjetunion, wo sechzig Millionen Korangläubige in kompakten Siedlungsgebieten und überwiegend muslimischen Teilrepubliken leben, kennt China mit seiner weit verstreuten Minderheit der Hui indessen nicht. Dennoch blicken die Behörden von Peking mit Distanz und noch größerem Unverständnis auf eine Glaubensgruppe, die sich jeder konfuzianischen Beeinflussung erfolgreich widersetzte und sich weiterhin an ihren eigenen, strengen Sonderstatus klammert. Die roten Mandarine der Volksrepublik haben kein Gespür für diese besitzergreifende Offenbarungslehre, die einst über die Seidenstraße bis ins Herz ihres Reiches vorgedrungen war. Allen Verfolgungen zum Trotz haben die Muselmanen sich behauptet.

Die islamische Frage, die Wiedergeburt der eifernden koranischen Frömmigkeit, die Revolution im Namen Allahs – das sind Themen, die die westliche Staatengemeinschaft weiterhin in ihrem Mark berühren. Spätestens seit dem militärischen Fiasko der Roten Armee in Afghanistan ist auch die Sowjetunion in diesen Problemkreis voll einbezogen, ja sie steht heute mit den aufflackernden Unruhen in Aserbeidschan, in Kasakstan, in Usbekistan an der vordersten Front. Obwohl China nur am Rande von diesem religiösen Aufbegehren betroffen ist, das man im Westen pauschal als »islamischen Fundamentalismus« definiert, sei es mir erlaubt, im folgenden ein paar Skizzen aus dem Jahre 1980 wiederzugeben. Ich hatte mich damals in der Autonomen Region der Uiguren, in der Provinz Sinkiang, umgesehen. Ich habe dort eher Impressionen gesammelt als harte Informationen, denn dieser »Wilde Westen« Chinas gibt seine letzten Geheimnisse nicht preis.

Chinas Wilder Westen

Sinkiang 1980. Pferde und Hirten in der Steppe. Bilder, die an die ungarische Pußta erinnern oder an die weiten Siedlungsräume der Kosaken im südlichen Rußland. Auch die Musik, die aus unserem Autoradio tönte und sich unter das Stampfen der Pferde mischte – eine moderne uigurische Volksweise –, klang irgendwie nach Balkan und Anatolien. Aber wir waren hier in Chinesisch-Turkestan. Die Hirten unter der Mao-Kappe waren Kasaken, ein türkisch sprechendes Mongolenvolk, Nachkommen des großen Eroberers Dschingis Khan.

In Urumtschi, der Hauptstadt der Autonomen Region der Uiguren, krönte ein typisch chinesischer Pavillon neuesten Baudatums einen beherrschenden Felshügel. Mit diesem Tempelchen wollten die Chinesen wohl demonstrieren, daß ihre ferne Westprovinz unveräußerlicher Bestandteil der Volksrepublik war, auch wenn ihr eine gewisse kulturelle Selbständigkeit zugestanden wurde. Wie im ganzen übrigen Reich der Mitte sammelten sich in den freien Stunden die Städter von Urumtschi vor den mageren Sehenswürdigkeiten ihrer Stadt und ließen sich fotografieren. Hier war es eine Festungsruine, der Rote Turm – »Manara humra«, wie die Uiguren ihn mit einem arabischen Lehnwort nennen. Zwei Kulturkreise sind in Sinkiang aufeinandergestoßen: einerseits das Nomadentum der islamischen Turkstämme, die in der zentralasiatischen Wüste und Steppe beheimatet sind, und andererseits die uralte Bauernzivilisation des chinesischen Staatsvolkes.

Es hätte nicht viel gefehlt, da wäre das heutige Sinkiang ein Bestandteil der Sowjetunion oder zumindest ein Vasallenstaat des Kreml geworden wie die benachbarte Mongolische Volksrepublik. Von 1928 bis 1942 hatten hier die Kommissare der KPdSU das Sagen, und die Rote Armee war in den Weiten Chinesisch-Turkestans fest etabliert. Dem Einfall der deutschen Wehrmacht in die Sowjetunion verdankt die Regierung von Peking, daß Sinkiang heute eindeutig als Bestandteil des roten Reiches der Mitte anerkannt ist. Unter dem Druck der deutschen Armeen, die damals vor Moskau standen und auf den Kaukasus vorrückten, hat Marschall Stalin seine Garnisonen und auch die politische Infrastruktur seiner Kommunistischen Partei aus Sinkiang abgezogen. Im Laufe des Jahres 1942 wurde diese riesige Zone der Steppen und Wüsten der Kuomintang-Regierung Tschiang Kaisheks unterstellt, der vor den Japanern ins unzugängliche Szetschuan geflüchtet war. Präsident Roosevelt hatte zu jener Zeit wohl zusätzlich auf Stalin eingewirkt, daß er dem chinesischen Generalissimus in Tschungking diesen Prestigegewinn einer territorialen Rückgewinnung zubilligte. In Wirklichkeit hat erst Mao Tsetung die volle chinesische Souveränität über dieses Land am Ende der Welt wiederhergestellt. Er ließ sich den Besitz Sinkiangs durch Moskau bestätigen und schickte die Soldaten seiner 1. Feldarmee in diesen Leerraum mit der strikten Weisung, nicht nur die militärische Sicherung und staatliche Integration zu gewährleisten, sondern sich nach ihrer Abmusterung als Wehrbauern an Ort und Stelle niederzulassen und heimisch zu werden.

Seit der Gründung der Volksrepublik China ist aus dem verlorenen zentralasiatischen Provinznest Urumtschi eine weitgestreckte, chaotische Industriestadt geworden. Das Urumtschi von 1980 hatte kaum mehr etwas gemein mit der von Stadtmauern umringten Lehmsiedlung, die der schwedische Forscher Sven Hedin noch in den dreißiger Jahren beschrieb. Zu jenem Zeitpunkt hatten die muselmanischen Turkvölker sich gegen die Kuomintang-Republik Tschiang Kaisheks erhoben und wieder einmal den Heiligen Krieg ausgerufen. Jetzt gehörten diese Vorgänge einer grauen Vorzeit an. Im Stadtzentrum wurde gerade noch die Freitags-Moschee geduldet. Ein würdiger, bärtiger Imam, der Nationalität nach Kasake, rezitierte dort seine Suren.

Der Imam Abdullah Hadschi war ein einfacher frommer Mann. Außer ein paar Koranversen war er des Arabischen nicht mächtig. Das kommunistische Regime hatte ihn zweimal, 1958 und 1962, nach Mekka pilgern lassen. Bei diesem Mittagsgebet war er nur von alten Männern umgeben. Seit dem Ende der Kulturrevolution und der Zerschlagung der Vierer-Bande waren die Moscheen Sinkiangs zwar wieder zögernd geöffnet worden, aber es gab damals für die jungen Moslems keine Koranschulen mehr. Die Botschaft des Propheten konnte nur im Familienkreis weitergereicht werden. Von dieser Freitags-Moschee in Urumtschi und ihren frommen Greisen ging im Jahr 1980 keine wärmende Ausstrahlung aus. Die Beter kamen uns vor wie Überlebende des Glaubens. Es war schwer sich vorzustellen, daß Sinkiang am Pamir-Gebirge im äußersten Westen immerhin einen schmalen Streifen afghanischen Territoriums berührt und daß jenseits der Gletscher des Wachan-Zipfels die Mudschahidin ihren verzweifelten Kampf gegen die Okkupationsarmee der Sowjetunion am Hindukusch und das gottlose Regime von Kabul führten.

Zur Zeit unseres Besuchs prangte immer noch das Bildnis Mao Tsetungs und seines offiziellen Nachfolgers Hua Guofeng über der Ehrentribüne des großen Paradeplatzes von Urumtschi. Aber auch die vier heiligen Vorläufer, die Propheten des Marxismus – Marx und Engels, Lenin und Stalin –, wirkten hier vergänglich. Ihre Abbildungen waren zwar noch plakativ zugegen, als ob die ferne Provinz Sinkiang sich um eine ideologische Wendung verspätet hätte. Doch die Mitglieder der Betriebsgruppe aus dem Städtischen Krankenhaus, die sich bei einem Freundschaftstreffen an dieser Stelle fotografieren ließen, vermieden es sorgfältig, den »großen Steuermann« Mao, Karl Marx oder Lenin als Hintergrund zu wählen. Sie stellten sich perspektivisch schräg daneben. Sie wußten zwar, daß Peking dem Personenkult vorläufig abgeschworen hatte, aber der Übergang zu neuen Formen kommunistischen Zusammenlebens vollzog sich zögernd und vorsichtig.

In den Außenvierteln war der muselmanische Orient mit seinen Lebensgewohnheiten vollkommen erhalten geblieben. Der bunte, lärmende Straßenbasar hätte im türkischen Ankara, im iranischen Meschhed, im afghanischen Kabul liegen können. Hier wurden Schaschlik und Schischkebab verkauft. Natürlich wurde von den Einheimischen nur Hammelfleisch verzehrt, denn der Genuß von Schweinefleisch bleibt »haram«. Die bescheidenen Verkaufsstände trugen in arabischen Lettern die Beschriftung »musulman«, womit die Gewähr gegeben war, daß die Tiere nach islamischem Ritual geschlachtet waren.

Sinkiang ist ein Sammelsurium von Rassen und Stämmen. Im Jahre 1980 wurden hier insgesamt zwölf Millionen Einwohner erfaßt. In der Autonomen Region der Uiguren lebten 5,6 Millionen Angehörige dieses islamischen Turkvolkes. Im Gegensatz zu den hosentragenden Chinesinnen erkannte man die Türkinnen an Kopftuch und langem Rock. Die Gesichtszüge der Uiguren hätten nach Anatolien, nach Afghanistan, ja sogar in den Mittelmeerraum gepaßt. In den Steppen und Bergen rings um Urumtschi nomadisierten etwa 80 000 Kasaken, deren Stammesbrüder in der Sowjetunion über eine eigene riesige Teilrepublik verfügen. Es gibt andererseits Kirgisen,

Usbeken, Tataren, Tadschiken, Mongolen, 23 Nationalitäten insgesamt. Aber immer zahlreicher entfalten sich die Han-Chinesen. Sie waren nur 300 000 in Sinkiang im Jahre 1949 bei der Proklamation der Volksrepublik. Heute sind sie mehr als fünf Millionen, also fast so zahlreich wie die alteingesessenen Uiguren.

Zur Zeit der Gymnastikstunde besichtigten wir eine rein uigurische Schule von Urumtschi, 5. Schule genannt. Sechzig solcher Lehranstalten gab es insgesamt. Die meisten davon waren rein chinesisch. Die 5. Schule war 1939 von einem Bruder Mao Tsetungs gegründet worden, der bei späteren Partisanenkämpfen um Sinkiang getötet wurde. Unter dem Blick Mao Tsetungs und Hua Guofengs wurde der Unterricht überwiegend auf uigurisch erteilt. Die Kinder in den fünf Klassen sind fast durchweg kleine Uiguren, mit Ausnahme von einem Dutzend Kasaken, Usbeken und Tataren. Ein Türke aus Istanbul wäre nach kurzer Anpassung befähigt gewesen, dem Vortrag der Lehrerin in der Landessprache zu folgen. Die Chinesen hatten anfangs die arabische Schrift der muselmanischen Nationalitäten Sinkiangs abgeschafft und verboten. An ihre Stelle waren jedoch nicht chinesische Ideogramme getreten, sondern seit 1960, seit dem Bruch mit der Sowjetunion, das lateinische Alphabet. Ähnlich war Atatürk in Anatolien vorgegangen. Mit der Wahl des lateinischen Alphabets wurde eine Abgrenzung gegenüber den benachbarten sowjetischen Teilrepubliken der Kasaken, Usbeken, Kirgisen und Tadschiken bezweckt, die seit 1930 die kyrillischen Buchstaben der Russen benutzen. Im Zuge der Liberalisierungspolitik Deng Xiaopings wurde den Uiguren die Rückwendung zur arabischen Schrift gestattet. Chinesisch wurde mit vier Stunden pro Woche als Fremdsprache und Pflichtfach unterrichtet. Die Disziplin war streng.

Wir haben vergeblich nach Spuren islamischer Koranlehre

gesucht. Wir fanden statt dessen folgendes Zitat Josef Stalins:
»Man muß wissen, daß die Erziehung eine Waffe ist, wie man
sie benutzt und gegen wen man sie führt.« Den Kindern wurden die Grundsätze des Marxismus-Leninismus und eine
Fülle von Propagandaparolen beigebracht, wie sie in Peking
oder Schanghai damals schon aus der Mode gekommen waren.
Als neues Leitbild traten die Vier Modernisierungen hinzu.
Den Malereien der Schüler war zu entnehmen, daß die aggressive Ideologie der Vergangenheit, die der Vierer-Bande angelastet wurde, einer größeren Lebensfreude Platz machen
sollte. Die Botschaft Allahs und des Propheten Mohammed
jedoch, in der ihre Väter und Großväter aufgewachsen waren,
wurde in der 5. Schule nicht einmal erwähnt.

Die Straßen von Urumtschi waren von feinem Wüstenstaub verdüstert. Hoch darüber schimmerten die Schneegipfel
des Tianshan-Gebirges. Aber als schöne Stadt ist mir Urumtschi wirklich nicht in Erinnerung geblieben. Sie dröhnte vor
Dynamik und zählte etwa 800 000 Einwohner. Zum Fortschritt und zum Aufbau drängten vor allem die Han-Chinesen, die bereits drei Viertel der Bevölkerung ausmachten.
Diese Fremd- und Zwangsbesiedelung war zuletzt während
und nach der Kulturrevolution intensiviert worden. Die
Lebensbedingungen waren hart in diesem unwirtlichen
Gebiet, wo der Winter sibirisch kalt und der Sommer glühend
heiß ist. Über den Wohnhöhlen der Mietskasernen, die in
aller Eile errichtet worden waren, ragt auch hier ein Wald von
Fernsehantennen. Die Lebensmittelversorgung in Sinkiang
erschien durchaus zufriedenstellend. Im Stadtkern von
Urumtschi waren die Minaretts einiger Moscheen erhalten
geblieben. Vierundzwanzig islamische Gotteshäuser waren
angeblich wieder für die Beter geöffnet. Der fremde Beobachter spürte wenig von den rassischen Spannungen, die zwischen Han-Chinesen und Uiguren zwangsläufig vorhanden

waren. In den westlichen Randzonen von Aksu und Kaschghar, die den Ausländern damals verschlossen waren, soll es jedoch zu blutigen Zusammenstößen aus überwiegend religiösen Gründen gekommen sein.

Zur Zeit des »großen Sprungs nach vorn« war die Drangsalierung der muslimischen Urbevölkerung so unerträglich geworden, daß 60 000 Kasaken mitsamt ihren Herden zur Flucht nach Westen ansetzten und über die nahe Grenze in die Sowjetunion abwanderten. Die Propagandastäbe in Moskau und vor allem in der sowjetischen Teilrepublik Kasakstan hatten diese Vorgänge damals in ihrer Anti-Mao-Kampagne weidlich ausgeschlachtet. Unbestreitbar machten viele Angehörige der Turkvölker, gemessen an den chinesischen Neusiedlern, einen recht verwahrlosten Eindruck, was eine Folge ihrer überstürzten Verstädterung sein mochte. Bis 1980 hatten alle wichtigen Befehlsstränge in den Händen des chinesischen Partei- und Verwaltungsapparats gelegen. Dann hatte Peking verfügt, daß die Uiguren höhere Posten erhalten und am Aufbau ihrer Provinz beteiligt werden sollten.

Bei unseren Überlandreisen haben wir nur einen Zipfel dieser Provinz gesehen, die dreimal so groß ist wie Frankreich. Im Norden der Hauptstadt haben wir uns zunächst dem Tianshan-Gebirge zugewandt. Nach stundenlanger Fahrt durch die staubige Ebene, wo zweihöckerige Kamele weideten und die Volksbefreiungsarmee Manöver veranstaltete, gelangten wir in eine hügelige Landschaft, deren Vegetation mit zunehmender Höhe sich zu grünen Nadelwäldern verdichtete. Am Ende der kurvenreichen Strecke durch die »Himmelsberge« stießen wir auf den »Himmelssee« und fühlten uns fast in die europäischen Alpen oder die amerikanischen Felsengebirge versetzt. Wir genossen diese unerwartete Verfremdung inmitten der Steppen und Wüsten der wilden Dsungarei.

Höhepunkt unseres Sinkiang-Aufenthalts war die Reise nach Turfan. Zerstörte Karawansereien säumten die neue Asphaltstraße. Die muslimischen Gräber glichen mit ihren Lehmkuppeln den »Marabus« im fernen Marokko und gaben Kunde von der weltweiten kulturellen Geschlossenheit des koranischen Lebensraums, des »Dar-ul-Islam«. Mitten in der Einöde tauchte eine Industrieanlage auf, die in emsiger Arbeit am Rande eines Salzsees aus dem Wüstenboden gestampft worden war. Bezeichnenderweise waren die Fabrikarbeiter sämtlich Han-Chinesen. Turfan liegt im Herzen Chinesisch-Turkestans am Rande einer Senke, die bis 140 Meter unter den Meeresspiegel abfällt. Diese Oase war nicht nur eine der großen Zwischenstationen der Seidenstraße, wo sich die Händler aus Ost und West trafen. Hier befand sich auch eine der Hochburgen des zentralasiatischen Islam. Noch in den dreißiger Jahren errichtete der muselmanische General Ma Zhongying, das »Große Pferd«, sein Hauptquartier in Turfan, ehe er von den vereinigten Streitkräften der Kuomintang und der Sowjetunion besiegt und verjagt wurde. Diese Insel der Fruchtbarkeit ist überwiegend von Uiguren bevölkert. Die verschiedenen Märkte waren mit Lebensmitteln reich beliefert, und es wurde uns versichert, daß fünfzig Prozent des Kleinhandels sich bereits wieder in privater Hand befänden. In Turfan herrschte die Atmosphäre eines orientalischen Basars. Wir waren fern von jenen düsteren Proletariervierteln Urumtschis, die an die Slums von Süd-Teheran erinnerten. Die großen islamischen Kulturzentren von Samarkand und Buchara hatten vor der Eroberung durch die Russen bis tief nach Sinkiang ausgestrahlt. Das Orchester am Straßenrand spielte türkische und persische Weisen. Es ließ sich gut und beschaulich leben in dieser Oase, wo die süßesten, kernlosen Trauben der Welt gezüchtet werden.

Mit Peking war man hier nur durch die Zufälle der Politik,

aber nicht durch gemeinsame Sitten oder verwandten Lebensstil verbunden. Die Widersprüchlichkeit dieser Autonomen Region spiegelte sich in der Zusammensetzung der Provinzregierung von Sinkiang wider, wo fünf Uiguren, darunter der Vorsitzende, mit einem Mongolen, einem Kasaken und sechs Han-Chinesen an einem Tisch saßen. Bei einem Abstecher in die südliche Senke stießen wir auf die Ruinen einer alten chinesischen Festung. Unsere Reisebegleiter aus Peking machten uns mit besonderem Eifer auf diese zerfallenen Gemäuer aufmerksam, denn sie belegten die frühe Präsenz des Reiches der Mitte in dieser strategischen Randposition. Schon 200 Jahre v. Chr. verwalteten chinesische Gouverneure der Han-Dynastie das heutige Sinkiang. Nach einer Periode der Wirren und des Aufstandes entsandten die Kaiser des Tang-Reiches wiederum ihre Garnisonen in diese entlegenen Wüsten-Forts, um die barbarischen Nomadenstämme in Schach zu halten und den Handel entlang der Seidenstraße zu sichern. Bis tief in die heutige Sowjetunion, bis an den Balkasch-See, reichte damals das chinesische Imperium.

Zweitausend Jahre lang war die »Neumark« Sinkiang stets Treffpunkt unterschiedlichster Zivilisationen und Glaubensströmungen. Hier beteten einst Zarathustra-Anhänger in ihren Feuertempeln. Später trugen nestorianische Christen die Botschaft des Kreuzes in diese Einöde. Der Buddhismus hatte sich früh verbreitet. Bis schließlich der Islam hereinbrach und neben Allah keine anderen Götter mehr duldete. Der mongolische Eroberer Tamerlan hatte im Verlauf seiner mörderischen Feldzüge auch Sinkiang heimgesucht und die blühenden Oasenstädte dem Erdboden gleichgemacht. In einer Schlucht östlich des rötlich schimmernden »Feuerbergs« stießen wir auf Höhlen eines frühen buddhistischen Felsenklosters. Die verblaßten Wandmalereien ließen das Märchen vom frommen chinesischen Mönch Xuan Zang und die

»Reise nach dem Westen« aufleben. Gemeinsam mit dem Affenkönig hatte Xuan Zang an dieser Stelle schreckliche Abenteuer bestanden, ehe er den Weg nach Indien entdeckte, sich die Weisheit Gautamas aneignete und dessen Schriften in feierlicher Prozession nach China überführte.

Am späten Nachmittag hatte ich die muselmanische Bevölkerung von Turfan bei der Entfaltung einer ungewöhnlichen Aktivität überrascht. Ein brüchiges islamisches Gebetshaus wurde abgerissen und gleich jenseits der Straße durch eine neue, größere und prächtige Freitags-Moschee ersetzt. Diese Moslems arbeiteten in ihrer Freizeit und ohne Entgelt. Es herrschte die Atmosphäre eines Volksfestes. Die tiefverwurzelte islamische Frömmigkeit war deutlich zu spüren.

Am Abend wurde uns im Gasthaus die übliche Folklorevorstellung geboten. Die Gesänge und Tänze hatten mit China wirklich nichts zu tun und verwiesen in den türkischen Kulturbereich. Der Rhythmus erinnerte mich an den »Dabke« des Libanon. Die Kostüme ähnelten den Trachten der Tscherkessen im Kaukasus. Die Tänze der Uiguren von Turfan waren insgeheim von Resignation und Melancholie geprägt. Diese Musikinstrumente hatten früher einmal den Takt zu den rituellen Drehungen der Derwische, zu den frommen Übungen der muslimischen »Tarikat« angegeben. Jetzt spielten sie für Besucher aus Peking und für »ausländische Freunde«. Beim Schein des Vollmondes habe ich mich zur monumentalen Suleiman-Moschee fahren lassen. Der rötliche Ziegelbau mit den mächtigen Mauern und dem Festungsturm des Minaretts hatte einst die weltbeherrschende Macht des Islam zum Ausdruck bringen sollen. Neuerdings war der Ruf des Muezzin im Umkreis der Suleiman-Moschee von den kommunistischen Behörden wieder zugelassen worden. Aber das Bekenntnis – »Außer Allah gibt es keinen Gott, und Mohammed ist sein Prophet« – verlor sich in den Weiten der Dsungarei.

Ernüchterung in Peking

Verdrossenheit lastet über Peking. Die Erinnerung an die kurzlebige Euphorie der Maitage 1989 will nicht verblassen. Daran gemessen ist der neue Alltag grau und freudlos. Die Chinesen trauern nicht nur den diffusen Hoffnungen und schönen Utopien nach, die am Tian-An-Men geweckt wurden. Sie wissen, daß der Weg aus ihrer Misere, der Durchbruch zu neuen Lebensformen ein endloser Kampf sein wird nicht nur gegen die geradezu provokativ zur Schau getragene Rückschrittlichkeit der höchsten Parteiinstanzen, sondern gegen die tausendjährige Lethargie ihres Riesenreiches.

Mir war versichert worden, daß eine der führenden Persönlichkeiten des Regimes vor meiner Abreise zu einem persönlichen Interview zur Verfügung stehen würde. Deng Xiaoping kam dafür nicht in Frage. So richtete sich mein Wunsch auf den neuen Generalsekretär Jiang Zemin, den relativ unbekannten Parteiboß aus Schanghai, der als Generalsekretär der Kommunistischen Partei die Nachfolge Zhao Ziyangs angetreten hatte. Die Meinungen über Jiang gingen kraß auseinander. Für die einen war er ein unbedeutender Apparatschik, eine Kompromißfigur für den Übergang wie einst Hua Guofeng nach dem Tode Mao Tsetungs und der Zerschlagung der Vierer-Bande. Andere hielten ihm großes taktisches Geschick zugute, und gerade weil er seine ausgleichende Funktion und seinen Ehrgeiz in dieser Stunde nicht zu erkennen geben konnte, würde er schwerlich für ein Gespräch mit einem Westler zur Verfügung stehen. Premierminister Li Peng – in den

Augen des Volkes Hauptverantwortlicher der Repression – hatte zwar den ehemaligen französischen Justizminister Peyrefitte empfangen, aber der Gedankenaustausch war in eisiger Förmlichkeit verlaufen. Li Peng sei ein Zyniker der Macht, typischer Repräsentant des »Empire immobile«, war damals aus Kreisen der französischen Botschaft zu hören. Die sozialistischen Bekenntnisse Li Pengs – er stand damit in der Führungsriege nicht allein – dienten vor allem dazu, dem nackten Führungsanspruch der Partei einen ideologischen Mantel umzuhängen.

Sehr bald hatte ich erfahren, daß das Politbüromitglied Yao Yilin für mich als Interviewpartner in Frage käme. Yao stand in jenen Tagen der wirtschaftlichen Planungskommission vor, war einflußreiches Mitglied des höchsten Parteigremiums und wurde dem stahlharten Flügel zugerechnet. Er war ein betagter, aber immer noch energischer Mann. Eines Morgens in Harbin hatte mich unser Begleiter Li aufgefordert, in aller Eile ein paar Fragen an Yao Yilin zu formulieren, damit er sie nach Peking weiterreichen könne. Um dem Verdacht jeder Gefälligkeits-Berichterstattung auszuweichen und weil mir auch der Sinn danach stand, habe ich diese Fragen sehr unverblümt abgefaßt: »Wie kann die chinesische Führung noch Hoffnung in den Marxismus-Leninismus setzen, wo diese Doktrin doch in der gesamten sozialistischen Welt auf spektakuläre Weise Schiffbruch erlitten hat? – Glauben Sie wirklich, daß die Sowjetunion mit ihrer maroden Wirtschaft einen Ersatz bieten kann für die ökonomische Zusammenarbeit mit dem Westen? – Befürchten Sie nicht, daß die jetzige Kampagne gegen die privaten Unternehmer in China und gegen jede individuelle Wirtschaftsinitiative das Land wieder in die fatale Erstarrung und die Fehldisposition der Planwirtschaft zurücktreibt?« So lautete der Text, den Li in meinem Auftrag weiterreichte. Vielleicht lag es an diesen etwas aggressiven

Formulierungen, daß mein Treffen mit Yao Yilin nicht statt-
fand. Im Zhongnanhai hatte man wohl auch andere Sorgen,
als sich mit der Impertinenz eines europäischen Mäklers aus-
einanderzusetzen. Inzwischen ist Yao übrigens – unter Beibe-
haltung seiner Mitgliedschaft im Politbüro – seiner wirtschaftlichen Koordinierungsfunktion enthoben worden.

Hinter den Kulissen spielten sich undurchsichtige Einfluß-
kämpfe ab. Jiang Zemin hatte auch den Vorsitz über die wich-
tigste Institution der Volksrepublik übernommen, die Militärische Kommission des Zentralkomitees. Dieser Parteifunktionär aus Schanghai hatte im Gegensatz zu seinen prestige-
reichen Vorgängern nie selber ein Kommando in der Volksbefreiungsarmee ausgeübt. Ob und wie Jiang sich gegen den
Yang-Shankun-Clan durchsetzen würde, blieb ein offenes,
vieldiskutiertes Thema. Auch die Rolle des Politbüromit-
glieds Song Ping, der sich mit seinen Reden zugunsten einer
Verhärtung des Parteiaufbaus und einer sozialistischen Justiz
einen traurigen Namen gemacht hatte, stand zur Debatte. Das
letzte Sagen hatte aber – so jedenfalls wird weiterhin behauptet – Deng Xiaoping, dem alle wichtigen Staatsbesucher ihre
Reverenz zu erweisen hatten, auch wenn der alte Fuchs sich
ironisierend als einen »pensionierten Greis« vorstellte. Schon
fragten sich ein paar Nicht-Konformisten, ob am Ende nicht
aus den Reihen der Streitkräfte, eventuell aus einer Gruppe
junger und reformfreudiger Offiziere, der entscheidende
Impuls kommen müßte, der das Reich der Mitte aus seiner
postmaoistischen Stagnation wieder mit unkonventionellen
Methoden herausreißen könnte.

Inzwischen lief die widersprüchliche Debatte über eine
wirtschaftliche Begradigung und Disziplinierung auf vollen
Touren. Die Unsicherheit der Thesen war evident, das Pendelspiel in vollem Gange. Das ewige Problem lautete: Wie läßt
sich ein Imperium von so ungeheuerlichen Ausmaßen zusam-

menhalten und koordinieren? Unter anderem war der Disput in vollem Gange über die Abschaffung des doppelten Preissystems, die Bekämpfung der Inflation, die Überprüfung der Fehlkalkulationen bei den Investitionen, die Strafverfolgung der Spekulationsgewinne. Die Schwachpunkte des Systems waren überdeutlich: ein chronischer Energiemangel, der sogar in der bevorzugten Provinz Guangdong die Produktionsfähigkeit auf vier Wochentage reduzierte; die Neigung zur regionalen Absplitterung sowie die Tendenz wirtschaftlich erfolgreicher Provinzen, sich gegen die Direktiven aus Peking taub zu stellen; der partiell mißglückte Versuch, über gesteigerten Konsum das Angebot zu steigern; eine Auslandsverschuldung, die sich bei fünfzig Milliarden US-Dollar bewegte; der Bevölkerungszuwachs, der pro Jahr immer noch auf sechzehn Millionen geschätzt wird; eine unzureichende Steigerung der landwirtschaftlichen Produktion, gemessen an diesen demographischen Fakten; die chronischen Defizite der verstaatlichten Industrie. Die Planungsbehörden mußten feststellen, daß die übrige Welt auf den China-Handel kaum angewiesen war. Nach den Tian-An-Men-Ereignissen waren die Finanzzuwendungen der verschiedenen internationalen Institutionen bis auf weiteres versiegt; bei den eben entworfenen neuen Projekten zog das Ausland die Bremse an; Peking hatte Schwierigkeiten mit seinen langfristigen Auslandsverbindlichkeiten. Die großen Banken hielten sich zurück mit Ausnahme einiger japanischer Kreditinstitute.

In den offiziellen Erklärungen der Partei- und Regierungsbehörden überlagerten sich die konträren Behauptungen und Imperative. Da sollte die staatliche Rezentralisierung den Prozeß der Zersplitterung aufhalten, doch den Provinzen wurde weiterhin eine lässige Verfügung über jene Einnahmen eingeräumt, die ein langfristiges Abgabesoll überschritten. Die Selbstentscheidungsbefugnisse der Gebietskörperschaften und der Betriebe sollten weitgehend erhalten bleiben, aber die privaten Unternehmer wurden belästigt und beargwöhnt. Oft wurde ihnen die Parteizugehörigkeit verweigert. Da hieß es, die bereits eingeleiteten Reformen sollten lediglich stabilisiert und verbessert werden, aber die potentiellen Träger einer solchen Entwicklung – Experten, Intellektuelle, Wissenschaftler, Studenten – wurden schikaniert und auf sehr chinesische Weise gepeinigt.

Bemerkenswerte Neuerungen: die Landesverteidigung gehörte wieder zu den Prioritäten, und die Militärausgaben wurden im neuen Haushalt großzügig behandelt. Zweifellos trug die Volksbefreiungsarmee mit einem Waffenexport im Werte von nahezu zwei Milliarden US-Dollar beträchtlich zur Verringerung des Außenhandelsdefizits bei. Aber diese Ausfuhr von Rüstungsmaterial – insbesondere die bereits erwähnte Lieferung von Kurz- und Mittelstreckenraketen in den Nahen und Mittleren Osten – verfolgte auch langfristige diplomatische Ziele. Die Chinesen förderten ganz bewußt die Proliferation von Trägerwaffen in Krisengebieten südlich und südöstlich der europäischen Wohlstandssphäre, am Rande der sowjetischen und amerikanischen Einflußzonen. Damit wurden sie zu unentbehrlichen Gesprächspartnern im großen Abrüstungs-Tauziehen zwischen den Supermächten, das bereits eingesetzt hatte. Unter Herauskehrung ihrer Rolle als »nuisance factor« erzwangen sie ihre Präsenz am Verhandlungstisch bei den diversen Ansätzen des regionalen Krisenmanagements. Kambodscha lieferte das beste Beispiel, wo die konsequente und erfolgreiche Unterstützung der Roten Khmer durch die Volksbefreiungsarmee sich als langer, wirksamer Hebel der chinesischen Außenpolitik bewährte.

Die Wunschvorstellungen Li Pengs hingegen, man könne 1990 noch einmal an eine Dritte-Welt-Vision anknüpfen, wie Zhou Enlai sie 1960 vorgetragen hatte, beruhte auf einer kaum verständlichen Fehleinschätzung. Die potentiellen Revolutionäre Afrikas, Asiens und Lateinamerikas verspürten nach ihren katastrophalen Erfahrungen mit der Sowjetunion nicht die geringste Lust, sich auf ein ähnliches Abenteuer mit den undurchsichtigen Chinesen einzulassen. Mochte man die diversen Potentaten der Entwicklungsländer in Peking hofieren, ein Wiederaufflackern maoistischer Mimikry war weder in Tansania noch in Südjemen zu erwarten. Es würde heute keinen Eindruck mehr machen, wenn chinesische Arbeiterkolonnen – ärmlichst wie die Eingeborenen lebend – Eisenbahnschwellen im afrikanischen Busch verlegten. Die Tanzam-Bahnlinie, das einstige Renommierprojekt der Pekinger Entwicklungspolitik, befand sich in erbarmungswürdigem Zustand, und daran konnte der Aufwand, mit dem Julius Nyerere, der »weise Lehrer« Tansanias, unlängst in der Volksrepublik begrüßt wurde, auch nichts ändern. Persönlich erinnere ich mich noch an das Mißtrauen, das die arabischen Patienten in der Südjemenitischen Volksrepublik den Akupunktur-Künsten der dorthin entsandten chinesischen Ärzte entgegenbrachten. In Zaire, dem damaligen Kongo, hatten die in Bujumbura stationierten Umsturzexperten aus dem Reich der Mitte den Aufstand der »Simba«, einer furchterregenden afrikanischen Steinzeithorde, ermutigt und beraten. Die Söldner des Generals Mobutu sind mit diesem Spuk sehr schnell fertig geworden. An der Elfenbeinküste ging das negroide Mißtrauen gegen die »gelbe Gefahr«, die Afrika angeblich bedrohte, so weit, daß Staatspräsident Houphouet-Boigny Landwirtschaftsexperten aus Taiwan ins Land rief, um den Maoisten den Weg zu verbauen.

Schließlich sollte sich die chinesische Führung bewußt sein, daß der tief verwurzelte, angeborene Rassismus der Söhne des Himmels jeden Ansatz zu glaubwürdiger Solidarisierung mit den Völkern der »Dritten Welt« zur Farce gerieten ließ. Im schwarzen Erdteil hatte sich herumgesprochen, wie schlecht und verletzend afrikanische Studenten oft in den chinesischen Universitäten und Wohnheimen behandelt wurden. Im Jahre 1979 war mir bereits aufgefallen, daß selbst das kleine Servier- und Fahrstuhlpersonal in den Ausländer-Hotels sich gegenüber Afrikanern ablehnend, ja verächtlich verhielt. Die große Brüderlichkeit aller farbigen Völker ist ein Hirngespinst westlicher Intellektueller, zumal die hellhäutigen Chinesen sich keineswegs als Farbige empfinden. Wenn sie in Wut gerieten, beschimpften sie sogar die Europäer und Amerikaner als »rotgesichtige Barbaren«.

Deng Xiaoping, dessen Tage so oder so gezählt waren, hatte sich offenbar die Glättung der chinesischen Beziehungen zu Washington als letzte und vordringlichste Aufgabe gestellt. Würde er in der Lage sein, für eine solche Normalisierung auch die geforderten Gegenleistungen auf dem Gebiete der inneren Toleranz zu erbringen? Aus chinesischer Sicht spielten die Europäer nur eine zweitrangige Rolle. Das Intermezzo des Egon Krenz, der das Massaker am Tian-An-Men-Platz im Namen der DDR offiziell gutgeheißen hatte, ehe er vom Volkszorn im eigenen Staat weggefegt wurde, wirkte sich zweifellos als heilsame Ernüchterung auf die letzten Ideologen im Zhongnanhai aus. Die Europäische Gemeinschaft würde sich in ihren Beziehungen zu Peking sehr viel flexibler und pragmatischer verhalten können, wenn sie nicht von bösen Ahnungen im Hinblick auf Gorbatschow und seine Perestroika geplagt wäre. Wer der Volksrepublik China allzu schnell die Ausschreitungen des 4. Juni nachsah und das Gedenken an das vergossene Blut des Tian-An-Men mit dem Hinweis »Schwamm drüber« verdrängte, lief Gefahr, bei den Betonköpfen der KPdSU gefährliche Vorstellungen zu nähren. Die Gegner Gorbatschows, die insgeheim mit dem Gedanken an eine brutale Rückwendung zu stalinistischen

Methoden im eigenen Machtbereich spielen, könnten meinen, auch ihnen würde binnen kürzester Frist die Absolution erteilt, falls sie zur großen Repression ausholten. Das »appeasement«, die kniefällige Beschwichtigung, ist in ihren Augen wohl ohnehin ein Charakteristikum kapitalistischer Diplomatie.

Wie bereits vor hundert Jahren, als der erste Wind der Veränderung im Mandschu-Reich zu spüren war, wogt heute der Streit, ob China – wie Fang Lizhi es predigt – nur durch totale, rückhaltlose Verwestlichung zu retten sei, oder ob es – bei Übernahme fremder Technologie – den Kern seiner Sitten und Tugenden bewahren müsse. Das Kaiserreich Japan hatte im ausgehenden 19. Jahrhundert mit seiner Meiji-Revolution bewiesen, daß ein solches Amalgam sehr wohl möglich ist; denn wer möchte behaupten, das Land der Aufgehenden Sonne habe sich einer hemmungslosen, intimen Okzidentalisierung ausgeliefert? In Deutschland mag Hans Magnus Enzensberger die »Helden des Rückzugs«, an ihrer Spitze Gorbatschow, glorifizieren. Der ferne Osten ist für diese verzichtende Form von Heroenverehrung in keiner Weise geeignet und vorbereitet. Weiterhin hüte man sich vor irreführenden Assoziationen zwischen den umstürzlerischen Ereignissen in Osteuropa und dem mißglückten Aufbäumen in China. Noch wissen wir nicht, wohin die ehemaligen »Satelliten« der Sowjetunion treiben, und noch weniger ahnen wir, was aus Rußland selbst wird. Aber bei den Chinesen lebt die beklemmende Gewißheit fort, daß das drohende Gespenst der anarchischen Selbstzerfleischung permanent vor der Tür steht. Die hochgemute, wenn auch konfuse Taiping-Revolte, die im 19. Jahrhundert das Reich der Mitte heimsuchte und in einem unsäglichen Gemetzel endete, war unter dem Namen »Bewegung des höchsten Friedens« angetreten.

Das Wunder von Taiwan

Genau zwei Monate vor der militärischen Niederschlagung der Demokratiebewegung auf dem Tian-An-Men-Platz war ich mit einer nationalchinesischen Militärmaschine von Taipeh nach Quemoy geflogen. Die beiden winzigen Inseln Quemoy und Matsu sind unmittelbar dem Kontinent vorgelagert und wurden von Tschiang Kaishek gegen die Kommunisten in der aberwitzigen Hoffnung gehalten, von diesen Eilanden aus eines Tages die Rückeroberung der gesamten Volksrepublik einleiten zu können.

Es war ein regnerischer, grauer Tag, als ich auf Quemoy landete und sofort von einer Gruppe nationalchinesischer Offiziere empfangen wurde. Trotz des schlechten Wetters offenbarte Quemoy – von den Chinesen Kinmen genannt – einen gewissen Charme. Die Kuomintang-Armee hat diesen desolaten Außenposten, der fast nur aus Fels und Sand bestand, in einen blühenden Garten verwandelt. Natürlich war die Besichtigung der Befestigungsanlagen der erste Punkt des Inspektionsprogramms. Besondere Bedeutung beanspruchte ein unterirdisches Museum, wo in allen Phasen die Abwehrschlacht des Oktober 1949 dargestellt ist. Damals hatten sich die nationalchinesischen Regimenter wider aller Erwartung gegen den Ansturm der Soldaten Mao Tsetungs behauptet, und bis auf den heutigen Tag wird dieses relativ unbedeutende Gefecht als gloriose Waffentat gefeiert. Von 1949 an ist Quemoy – die winzige Insel Matsu spielt eine untergeordnete Rolle – zu einer mächtigen, perfektionierten

Festungsanlage ausgebaut worden. Die Stollen und Tunnel sind tief in den Fels gehauen, bieten absolute Sicherheit gegen jede Form von Bombardement und sind sogar gegen Atomstrahlung geschützt. Neben dem militärischen Bunkersystem, das durch kilometerlange unterirdische Querverbindungen ergänzt wird, ist eine vollfunktionierende kleine Stadt im Schutz der Gesteinsmassen eingerichtet. Tschiang Kaishek hatte hier ein fernöstliches Gibraltar schaffen wollen, mußte jedoch bald erkennen, daß seine großartigen strategischen Pläne in Washington auf wenig Gegenliebe stießen. Als es im Jahre 1958 zwischen dem 14. August und dem 10. Oktober zu intensivem Artilleriebeschuß der beiden Bürgerkriegsgegner kam, wurde die gesamte Welt hellhörig und beeilte sich, im Sinne einer Beilegung dieses gefährlichen Regionalkonfliktes einzuwirken. Der Kanonendonner wurde dann jahrelang durch einen Lautsprecher- und Propagandafeldzug ersetzt. Die Nationalchinesen benutzten immer wieder Ballons, um ihre Aufrufe zum Widerstand gegen Mao Tsetung bis in die küstenfernen Provinzen Chinas treiben zu lassen. Auf kommunistischer Seite waren die See-Provinzen Tschekiang und Fukien, die der Insel Taiwan gegenüberliegen, zum militärischen Sperrgebiet erklärt worden. Der nahe Festlandshafen Amoy war ein höchst riskanter Anlaufplatz für eingeschmuggelte Agenten. Nach dem Ende des amerikanischen Vietnam-Engagements klang auch die kriegerische Bereitschaft beiderseits der Formosa-Straße langsam ab.

Der kommandierende General der Kuomintang-Divisionen auf Quemoy – die Truppenstärke wird auf 100 000 Mann geschätzt – hatte mich bis zum äußersten Beobachtungsbunker gegenüber der Küste der Volksrepublik führen lassen. Nur 1,5 Kilometer trennen diese Stellung vom nahen kommunistischen Festland. Aber militärische Spannung kam bei aller Wachsamkeit nicht auf. Im Nebel erkannten wir ein Fischerboot und in der Ferne ein paar rotchinesische Vorposten. Die enge Meeresstraße sei nicht einmal mehr vermint, versicherten mir die Kuomintang-Offiziere, und was den Propagandafeldzug betreffe, den beide Seiten ohne rechte Überzeugung weiterführten, so beschränke man sich auf taiwanesischer Seite mit der Übertragung und Verkündung der überaus erfolgreichen Wirtschaftsresultate der kapitalistischen Republic of China.

Die Kuomintang-Armee machte einen disziplinierten und hochprofessionellen Eindruck. Sie war mit modernsten Waffen ausgerüstet. Insbesondere die Luftwaffe war den ältlichen Modellen der Volksbefreiungsarmee weit überlegen. In ihrer klimatisierten Festung trugen die nationalchinesischen Offiziere großes Selbstbewußtsein zur Schau. Natürlich denke man nicht mehr an eine Rückeroberung des Kontinents. Aber die Volksbefreiungsarmee werde sich ihrerseits hüten, zum Überfall auf Quemoy anzusetzen.

In Taipeh waren die höchsten Militärbehörden sich ihrer Sache so sicher, daß sie ernsthaft daran dachten, die strategische Insel Quemoy auch als Touristenressort auszubauen. Die schönen Strände und die mit unendlichem Fleiß aufgeforstete Landschaft würden sich dafür trefflich eignen. Das oberste Prinzip gegenüber den Kommunisten lautet zwar weiterhin: »no compromise, no negotiation, no contact«. Aber die örtlichen Fischer seien als diskrete Mittelsmänner bei gelegentlichen Streitfällen recht nützlich. In ganz seltenen Krisensituationen würden Warnschüsse abgefeuert. Gerade die Küstenprovinzen der Volksrepublik, die ihre mißtrauische Abschirmung längst aufgegeben hatten, seien zu privilegierten Aufbau- und Industrialisierungszentren entwickelt worden. Viele Auslandschinesen – darunter auch Staatsangehörige der taiwanesischen Republic of China – hätten sich in Fukien und Tschekiang zu florierenden Familienbetrieben sowie zu Joint-ventures mit ihren dort verbliebenen Angehörigen zusammengeschlossen.

Im Rückblick erscheint mir mein Taiwan-Besuch, der durch reinen Zufall auf die ersten Apriltage 1989 terminiert worden war, als ein überaus aufschlußreiches Erlebnis. Wer konnte die Chinesen des Festlandes besser beurteilen als ihre Landsleute von Formosa? In Taipeh, dem Regierungssitz des Kuomintang-Regimes, hatte man längst darauf verzichtet, wilde Tataren-Nachrichten über »mainland China« zu verbreiten. Seit der greise, unbeugsame Marschall Tschiang Kaishek das Zeitliche gesegnet hatte, seit auch sein moderater und kluger Sohn Tschiang Tschingkuo, Absolvent einer Militärakademie der Sowjetunion, im Januar 1987 gestorben war, hatte ein deutlicher politischer Wandel, fast ein Tauwetter auf Taiwan eingesetzt. Nach der Niederlage der Kuomintang auf dem Festland und der Flucht von zwei Millionen Tschiang-Kaishek-Anhängern nach Formosa im Sommer 1949 hatten die immigrierten Festlandschinesen in Taipeh den Ton angegeben und ein politisches Machtmonopol an sich gerissen. In Peking wie in Taipeh wird bis auf den heutigen Tag der Anspruch des Alleinvertretungsrechtes für Gesamtchina – die »one China«-Theorie – verfochten, aber seit dem Ableben der beiden Erzfeinde Mao Tsetung und Tschiang Kaishek wurde mancher stillschweigende Kompromiß geschlossen. Im Inselparlament von Taiwan waren bislang sämtliche Provinzen Chinas durch Immigranten vertreten, obwohl diese aufgrund ihrer Altersgebrechen kaum noch in der Lage waren, ihr angemaßtes Abgeordnetenmandat auszuüben. Andere waren längst gestorben und automatisch durch Landsleute ihrer Ursprungsregion auf dem »mainland« ersetzt worden. Die in Taiwan gebürtigen Chinesen hingegen waren so gut wie nicht vertreten und machten aus ihrer Mißstimmung gegen die usurpierte Regierungsgewalt der Kuomintang keinen Hehl.

Inzwischen wurde hier Wandel geschaffen. Der derzeitige Staatspräsident Lee Teng-hui, der das Erbe der Tschiang-Familie – die Formosaner sagten: der »Tschiang-Dynastie« – antrat, ist auf Taiwan zur Welt gekommen. Mit Hilfe eines umstrittenen Systems finanzieller Abfindungen wurden die Kuomintang-Greise des Festlandes aus ihren Abgeordnetensitzen des legislativen Yuan herausgekauft. Während meines Aufenthalts hatte ich noch eine lange, sehr förmliche Konversation mit Premierminister Yu Guohua geführt. Ein hochbetagter, aber rüstiger Mandarin, der zu den engsten Gefolgsleuten des verstorbenen Marschalls gezählt hatte. Inzwischen wurde auch er durch einen Taiwan-Chinesen abgelöst, und der gesetzgebende Yuan setzt sich neuerdings überwiegend aus Einheimischen der Inselrepublik zusammen.

Das Wetter hatte es nicht gut mit mir gemeint während meines Formosa-Aufenthalts. Von früh bis spät regnete es in Strömen. Tief hängende Wolken versperrten die Aussicht. Eine deprimierende Stimmung kam auf. Jede Autofahrt über Land wurde zu einem Amphibienunternehmen. So durchquerte ich die Gebirgs- und Waldlandschaft Zentralformosas in dichten Nebelschwaden. Der Sonnen- und Mond-See, der zu den touristischen Sehenswürdigkeiten gehört, bot sich als grauer Tümpel dar. Noch weniger attraktiv war die folkloristische Rekonstruktion eines proto-malaiischen Eingeborenendorfes bei Nantou. Dunkelhäutige Ureinwohner hatten dort grobbehauene, knallbunte Totempfähle aufgerichtet und führten pseudofolkloristische Tänze auf. Das alles vollzog sich in triefender Feuchtigkeit. Immerhin erinnerten diese Überlebenden der malaiischen Ursprungsrasse daran, daß Formosa zur Zeit seiner Entdeckung durch die Portugiesen von gefürchteten Kopfjägern bevölkert war, daß die Chinesen sich damals auf ein paar Küstenkontore beschränkten, ehe sie mit der unwiderstehlichen Durchsetzungskraft des Han-Volkes ihr

Expansions- und Assimilationswerk begannen. Selbst die japanische Präsenz, die immerhin ein halbes Jahrhundert dauerte, konnte an der demographischen Entfaltung der eingewanderten Chinesen wenig ändern. Die Untertanen des Tenno wurden nach der Kapitulation Nippons des Landes verwiesen. Heute sind sie als Kaufleute, Industrielle und Vergnügungsreisende wieder allgegenwärtig. Wie in ganz Fernost sind die Japaner auch auf Taiwan zielstrebig damit beschäftigt, mit ökonomischen Mitteln jene »groß-ostasiatische Wohlstandssphäre« zu ihren Gunsten herzustellen, deren militärische Verwirklichung auf dem Eroberungswege 1945 am Kampfpotential der amerikanischen Streitkräfte gescheitert war.

Auf der Rückfahrt nach Taipeh wurde uns eine kuriose Ausstellung vorgeführt. Sie trug den Namen »Window of China«. In Miniaturformat waren hier alle Sehenswürdigkeiten des Kontinents – Paläste, Tempel, sogar die Große Mauer – wie in einer Liliput-Welt mit großer Sorgfalt reproduziert. Wir fragten uns, was der reiche Gönner, der dieses »chinesische Fenster« finanziert hatte, im Sinn geführt haben mochte. Erst später, bei der Lektüre eines Geschichtsbuches, wurde ich gewahr, daß der langlebige Mandschu-Kaiser Qian Long in seiner Sommerresidenz von Jehol am Rande der Mongolei sich eine ähnliche Darstellung aller Sehenswürdigkeiten seines riesigen Reiches hatte anlegen lassen. Damit wollte er offenbar auch in der Abgeschiedenheit seine Allgegenwart und vor allem seinen Herrschaftsanspruch über all die symbolisch abgebildeten Kostbarkeiten und Bollwerke seines Imperiums bekräftigen.

Sehr viel aktueller war der Besuch der wissenschaftlichen Großanlage der »Acer Inc.« südlich von Taipeh, die sich in erster Linie mit der Herstellung und Weiterentwicklung von Personal Computers befaßte. Hier vollzog Taiwan seine

Annäherung an modernste Technologie und stellte seinen eklatanten wirtschaftlichen Erfolg unter Beweis. Beeindruckend waren die Kompetenz und die Weltläufigkeit des nach amerikanischem Modell ausgebildeten Research-Personals.

Die Republic of China ist mit nur zwanzig Millionen Einwohnern die 14. Handelsnation der Welt. Im Jahre 1988 belief sich das Außenhandelsvolumen – bei einer Steigerung von 24,5 Prozent – auf den Gegenwert von 110 Milliarden US-Dollar. Der Exportüberschuß betrug 10 Milliarden US-Dollar und schwoll im Jahre 1989 um ca. 12 Prozent an. Taiwan ist der fünftgrößte Handelspartner der USA und bemüht sich zur Zeit – mit Rücksicht auf den amerikanischen Kongreß – seinen Exportüberschuß in die Vereinigten Staaten zu drosseln. Das Wirtschaftswachstum belief sich auf 11,8 Prozent im Jahre 1987, auf 7 Prozent im Jahre 1988, auf 7,5 Prozent im Jahre 1989. Das Pro-Kopf-Einkommen wird für 1989 mit 6 870 US-Dollar beziffert. Im Jahre 2000 soll es bei 15 000 US-Dollar liegen. Zur Zeit wird es in Asien nur von Japan und Singapur übertroffen. Schon ist die Insel mit ihren expandierenden, häßlichen Zementsiedlungen, mit ihrer Überindustrialisierung so stark umweltverschmutzt, daß in Zukunft petrochemische Installationen und andere Werke, die bedrohliche »Pollution« verursachen, nach den Philippinen oder nach Thailand verlagert werden sollen.

Diese summarischen Statistiken seien hier nur erwähnt, um den ungeheuren Vorsprung Taiwans gegenüber der Volksrepublik China zu unterstreichen. Seltsamerweise setzte dieser volle industrielle Aufschwung in rasantem Tempo erst ein, nachdem Washington im Zuge der Anerkennung des Mao-Reiches seine Zuwendungen an Taiwan stark reduzierte und den militärischen Beistand fast völlig annullierte. Auf der Grundlage einer dynamischen Marktwirtschaft und »aus eigener Kraft« hat das Kuomintang-Regime von Taipeh sein fernöstliches Wirtschaftswunder vollbracht. Im Jahre 1987 konnten die Behörden es sich leisten, das Kriegsrecht aufzuheben. Eine Vielzahl neuer Parteien und mehr als hundert Zeitungen wurden zugelassen. Wenn man von der halbwegs strukturierten »Demokratischen Fortschrittspartei« absieht, die sich in einer wohltemperierten Opposition bewegt, ist das Machtmonopol der Kuomintang im Kern nicht erschüttert. Dafür sorgt weiterhin die nationalchinesische Armee, deren präzise Stärke verheimlicht wird und die erst im Jahr 1995 auf die immer noch stattliche Anzahl von einer halben Million Soldaten reduziert werden soll. Im April 1989 hatte das etablierte Regime von Taipeh es sich jedoch wohl nicht träumen lassen, daß bei den Parlamentswahlen im Dezember des gleichen Jahres die »Demokratische Fortschrittspartei« ein Drittel der Sitze erobern und daß unter den neuen Oppositionsabgeordneten eine »Entkleidungskünstlerin« ihren Einzug in den legislativen Yuan halten würde.

Neben dem gesetzgebenden Yuan existiert der Oberste Kontroll-Yuan, eine kooptierte Versammlung, die darüber wachen soll, daß die verabschiedeten Gesetze mit den konfuzianischen Überlieferungen, Sitten und Riten konform gehen, ein bemerkenswertes Monument philosophischer und staatsrechtlicher Kontinuität. Bei der Besichtigung des neuen Regierungsviertels von Taipeh fiel mir auf, daß die Dächer rund um das Tschiang-Kaishek-Memorial mit jenen gelben Ziegeln gedeckt sind, die dem Sohn des Drachens vorbehalten waren. Deshalb klingen jene Stimmen verfrüht, die bereits die Hinwendung zur Demokratie in Taipeh als eine vollendete Tatsache rühmen. Gewiß, es kommt gelegentlich zu Lohnstreiks, und eine unabhängige Gewerkschaftsbewegung ist im Entstehen. Aber die einzige Protestkundgebung jugendlicher Taiwanesen, der ich zufällig begegnete, war zahlenmäßig recht begrenzt. Sie bewegte sich wie ein Festzug mit Trommeln und

bunten Wimpeln. Die Demonstranten waren von wohlwollenden Ordnungshütern umringt, die jede Form von Exzeß im
Keim erstickt hätten.

Ganz offen wird auf Taiwan darüber diskutiert, ob der
Anspruch dieser blühenden Insel, ganz China zu vertreten,
nicht längst überholt ist. Die Taiwanesen fühlen sich ebenso
spontan und unverrückbar als Angehörige des großen Han-
Volkes wie ihre Landsleute in Hongkong oder Singapur. Die
Frage stellt sich dennoch, ob es nicht realistischer und auf die
Dauer profitabler wäre, die Eigenstaatlichkeit Formosas anzu-
streben und auf die bislang verfochtene Alleinvertretungs-
these zu verzichten. Seit Washington sich mit Mao Tsetung
arrangierte und die offiziellen Beziehungen zu Taipeh
abbrach, ist dieser Reststaat der Kuomintang ohnehin nur
noch bei ein paar bedeutungslosen Ländern Mittelamerikas
durch Botschaften vertreten. Darüber hinaus sind Südafrika
und bis auf weiteres Saudi-Arabien in Taipeh diplomatisch
präsent. Der Proklamation einer selbständigen, vom Kontinent gelösten Republik Taiwan steht jedoch ein entscheidender und möglicherweise folgenschwerer Widerspruch im
Wege. Peking würde eine solche Separation als unerträgliche
Herausforderung empfinden. Die Volksrepublik klammert
sich weiterhin an ihre Interpretation der chinesischen Sonder-
situation: »Ein Staat, zwei Systeme«.

In aller Stille wurde zwischen den beiden China die Stimmung des kalten Krieges zu Grabe getragen. Die Regierung
von Taiwan hat eine entscheidende Hürde genommen, als sie
ihren eigenen Bürgern erlaubte, die Familienbande zum Festland neu zu knüpfen. Seit November 1987, so lauten die offiziellen Zahlen, habe eine halbe Million Taiwanesen die Volksrepublik besucht. In Wirklichkeit dürften es weit mehr sein, weil
längst nicht jeder Transitverkehr über Hongkong nach Taipeh gemeldet wird. Im April 1989 entschloß sich sogar die

Finanzministerin von Taiwan, Shirley Kuo, eine hochvermögende Kapitalistin, die alte Hauptstadt des Reiches der Mitte aufzusuchen und dort an einer Sitzung der Asiatischen Entwicklungsbank teilzunehmen. Ganz unmerklich war eine gesamtchinesische Symbiose in Gang gekommen, die durch beiderseitige Genehmigungen von gemeinsamen Sportveranstaltungen, von Wissenschafts- und Kulturbegegnungen belegt wird.

Der expandierenden Wirtschaftsmacht Taiwan fehlt es an Arbeitskräften. Dennoch werden keine Gast- oder Fremdarbeiter auf der Insel zugelassen. Diese Abschirmung nimmt sehr drastische Formen an, wenn es sich um die eigenen Landsleute aus »mainland China« handelt. Kein Chinese, der aus der Volksrepublik auswandert oder sogar aus politischen Gründen flieht – es sei denn, er kommt mit einer entführten Kampfmaschine der rotchinesischen Luftwaffe an –, findet auf Taiwan Aufnahme oder Asyl. Er wird unerbittlich aufs Festland zurückgeschickt. Seit Beginn des Jahres 1989 werden strikt befristete Ausnahmen gewährt, wenn ein Kontinental-Chinese schwererkrankte Verwandte auf Formosa besuchen oder an einem Familienbegräbnis teilnehmen will. Der Kontrast zu der mit extremer Großzügigkeit praktizierten Aufnahmepolitik der Bundesrepublik Deutschland für alle Zuwanderer aus der DDR, für alle deutschstämmigen Aussiedler aus Osteuropa ist kraß und irgendwie schockierend. Das Innenministerium von Taiwan verweist darauf, daß die zwanzig Millionen Chinesen der Insel einer Masse von 1,1 Milliarden Chinesen auf dem Festland gegenüberstehen. Man stelle sich vor, so lautet die Argumentation, was passieren könnte, wenn »lediglich« zwanzig Millionen Menschen aus der Volksrepublik über die Formosa-Straße drängten.

Am Tage vor meiner Abreise hatten sich die Wolken endlich verzogen, und das Regierungsviertel von Taipeh war in

mildes Sonnenlicht getaucht. In den nüchternen Verwaltungs-
räumen der Kommission für »Research, Development and
Evaluation« – das Gebäude stammt wohl noch aus der japanischen Zeit – war ich mit einem überaus brillanten Gesprächspartner, Dr. Ma, dem Vorsitzenden dieses Ausschusses, ver-
abredet. Es handelte sich um einen relativ jungen Mann, der
ein perfektes Amerikanisch mit kalifornischem Akzent
sprach. Er gehörte jenem modernen Typ chinesischer Mana-
ger an, die sich in so vielen Randstaaten des Pazifik unentbehrlich gemacht haben und in jedem großen Konzern, in jeder
Hochschule des Westens ihren Platz fänden.

Wir kamen ohne Umschweife auf die Volksrepublik zu
sprechen, wo die großen Konvulsionen des Monats Mai sich
ankündigten. In Taipeh hatte man sehr wohl die Zersetzungs-
phänomene wahrgenommen, die durch die Überstürzung der
ökonomischen und gesellschaftlichen Veränderungen auf
dem Festland ausgelöst wurden. Gegenüber den Rufen nach
mehr politischer Freiheit und Demokratie, die bei den Studenten in Peking laut wurden – es war nicht das erstemal in der
vergangenen Dekade –, wahrte Dr. Ma eine deutliche Skepsis.
Sein Kommentar prägte sich mir nachdrücklich ein: »Liberalisierung in China bedeutet Destabilisierung!« Er mochte auch
kein Urteil darüber fällen, ob auf dem Wege der realen
Modernisierung der Volksrepublik und ihrer ideologischen
Entkrampfung der Punkt ohne Wiederkehr erreicht sei. Von
den Besuchern des Festlandes würde immer wieder über »neo-
autoritäre« Tendenzen berichtet, die nicht nur im Politbüro
der Pekinger KP um sich griffen. Manche Militärs der Volksbefreiungsarmee seien angeblich durch das Modell Südkoreas
fasziniert. Jedenfalls bestehe eine große Gefahr, so betonte
Dr. Ma: Wenn es auf dem Festland zu schweren Unruhen,
blutigen Wirren, zur drastischen Verschlechterung der
Lebensbedingungen, zu Hunger und Elend käme, dann sei

keine Unordnung auszuschließen, nicht einmal die Wiederholung einer andersgearteten Kulturrevolution. Was dieser kluge Technokrat wohlweislich nicht erwähnte, war die eminente Rolle, die den vorzüglichen nationalchinesischen Streitkräften als Zünglein an der Waage eventuell zufiele, wenn der Strudel des politischen Aufruhrs in einen regelrechten Bürgerkrieg zwischen widerstreitenden Fraktionen der Volksbefreiungsarmee ausarten sollte. »Was sich nach 1997 in Hongkong abspielt, wenn die britische Kronkolonie formell an die Volksrepublik zurückgegeben wird«, so beendete Dr. Ma unser Gespräch, »wird für unsere Republic of China in höchstem Maße aufschlußreich sein auch im Hinblick auf unsere eigene Zukunft.«

Als dann der große Sturm am Platz des Himmlischen Friedens ausbrach, dürften die Experten auf Taiwan in keiner Weise überrascht worden sein. Die Kuomintang-Regierung hat sich in den Wochen des Tumults vorsichtig zurückgehalten. Bei aller scheinbaren Toleranz hat die Polizei ein wachsames Auge auf die diversen Opponenten-Gruppen geworfen. Was sich in Peking vollzog, war auch für Taiwan eine deutliche Warnung, und noch ist nicht abzusehen, welche Konsequenzen daraus letztlich gezogen werden.

An dieser Stelle ist es angebracht, mit einem Fehlurteil aufzuräumen, das in Europa und Amerika – gerade bei den Intellektuellen – weitverbreitet ist. Da wird immer wieder von der Prämisse ausgegangen, Wohlstand, technologischer Aufschwung und erfolgreiche Außenhandelsbilanzen seien auf der ganzen Welt – also auch in Fernost – nur zu erreichen, wenn diese ökonomischen Mutationen von parlamentarischer Demokratie, freier Meinungsäußerung und politischem Pluralismus begleitet würden. Genau das Gegenteil ist der Fall. Das Wirtschaftswunder, das die »vier kleinen Drachen« am Rande des ostasiatischen Kontinents – Südkorea, Taiwan,

Hongkong und Singapur – vollbrachten, blühte unter strikt autoritären Regimen, teilweise unter handfesten Diktaturen auf. Die positive Wirtschaftsentwicklung Südkoreas setzte zur Zeit des amerikanischen Vietnamkrieges unter dem unerbittlichen Regiment des Generals Park Chung Hee ein. Dieser aus einem Putsch hervorgegangene Potentat organisierte sein Land wie eine Armee, entsandte seine Generale als Fabrikdirektoren in die großen Konzerne, inklusive Hyundai, und ließ die Arbeiterschaft nach bewährtem Kasernendrill antreten. Gewiß, seitdem mag sich einiges gelockert haben im »Land des stillen Morgens«, aber das letzte Sagen haben weiterhin die Streitkräfte, und die starken Männer von Seoul praktizierten bisher die seltsame Form eines »militarisierten Konfuzianismus«, der auch andernorts Schule machen könnte.

Auf Taiwan wird die Kuomintang-Partei – einst von dem Republikgründer Sun Yatsen ins Leben gerufen – auch weiterhin danach trachten, das Monopol der realen Herrschaft im engen Verbund mit den Offizieren der alten Tschiang-Kai-shek-Armee für sich zu wahren. Was die Handelsmetropole Hongkong betrifft, so bietet sie zwar in ihren Medien eine Vielfalt von Meinungen, und die Pressefreiheit entfaltet sich ziemlich hemmungslos. Aber die letzte Entscheidung in dieser Kronkolonie liegt bei dem britischen Generalgouverneur, und keine einheimische Volksbewegung käme gegen ihn an, es sei denn, sie riefe die Unterstützung Pekings auf den Plan, wovor sich die Hongkong-Chinesen natürlich hüten werden. Der blühende Inselstaat Singapur schließlich wird mit all seinem Reichtum und seinem zur Schau getragenen Luxus durch die eiserne Faust des Präsidenten Lee Kuan Yew diszipliniert, ein »Padrone« besonderen chinesischen Zuschnitts. In Ostasien zumindest wachsen Wohlstand und Demokratie durchaus nicht auf einem Holz.

Aus dem bescheidenen Büro des Dr. Ma blickte ich auf die

gelben imperialen Ziegel des Tschiang-Kaishek-Mausoleums. Im nachhinein, so liest man heute immer häufiger, seien sie verwandte Naturen gewesen, diese beiden Gewaltmenschen und Kriegsherren Mao Tsetung und Tschiang Kaischek, die sich gemeinsam auf das Erbe Sun Yatsens beriefen und – jenseits aller ideologischen Gegensätze – glühende chinesische Patrioten sowie gesellschaftliche Erneuerer waren. Eine typisch chinesische Anekdote besagt, Mao Tsetung habe Tschiang Kaishek, als der Generalissimus im Sterben lag, einen besonders wertvollen, mit lebenserhaltender Kraft ausgestatteten Ginseng-Extrakt zukommen lassen. Eine sehr sinnige, wenn auch frei erfundene Legende.

Hongkong – ein Wind von Panik

Die Stimmung schlug hoch im »Foreign Correspondents Club« von Hongkong. Dieser angesehenste Pressetreffpunkt in Ostasien ist weiterhin in einem prächtigen Jugendstilbau untergebracht. Einst genoß man hier einen herrlichen Blick auf die Bucht. Aber inzwischen sind unförmige Wolkenkratzer ringsum aus dem Boden geschossen. Sie wirken erdrükkend und seelenlos. Die Atmosphäre an der Bar erinnerte mich an alte fröhliche Zeiten kolonialer Herrlichkeit. Die Journalisten standen in langer Reihe am Tresen. Sie spendeten sich abwechselnd und unaufhörlich neue Runden von Gin-Tonic. Die Gesichter waren durch den Alkohol gerötet. Von englischem »restraint« war keine Spur mehr. Jeder Scherz – und war er noch so dürftig – wurde mit röhrendem Gelächter begrüßt. Man feierte Wiedersehensszenen mit dem Kollegen von nebenan, als habe man sich Jahre nicht gesehen. Wie oft hatte ich diese Szenen britischer Ausgelassenheit und Fraternisierung erlebt in Afrika, in Asien, in Australien. Die jungen Reporter, die brennend vor Ehrgeiz nach Fernost gekommen waren und noch vom großen Abenteuer in einer immer prosaischeren Welt träumten, hätten ein halbes Jahrhundert zuvor vorzügliche Kompanieführer im Burma-Feldzug oder bei den Dschungelkämpfen des Kokody-Trail auf Neuguinea abgegeben. Evelyn Waugh lebte hier noch einmal auf mit seinen skurrilen Gestalten aus »Scoop« oder aus »Put out all flags«. Die Sensationsblätter, für die einige dieser jungen Männer schrieben, verdienten immer noch den Namen »The daily Beast« und »The daily Brute«.

Derek Davies war einer der Ältesten in dieser Runde. Wo wir uns vorher getroffen hatten – in Phnom Penh, in Hue oder Pusan –, fiel uns nicht mehr ein. Jedenfalls kannten wir uns seit langen Jahren, und wir gehörten der gleichen Generation an. Derek stand kurz vor der Pensionierung. Er schickte sich an, die Chefredaktion des »Far Eastern Economic« gegen einen Landsitz in Südfrankreich einzutauschen, wo wir enge Nachbarn sein würden. Wir kamen schnell ins Gespräch und brauchten keinen Alkohol als Stimulans. Ich erzählte ihm natürlich von meiner China-Reise, von meinem Abstecher zur mandschurisch-sibirischen Grenze, von den traurigen Folgen des Tian-An-Men-Debakels. Derek Davies lebte seit einigen Jahrzehnten in Fernost. Er war härter gesotten als die aufgeregten »Newcomers«, die über die Repression aus Peking berichtet hatten. Die Serien von Fehlprognosen und Fehlanalysen dieser Konkurrenten vor Ort kommentierte er mit sardonischem Gelächter. »Auf ihren Instituten haben sie wohl etwas chinesisch radebrechen gelernt«, sagte er, »aber die wahre Mentalität der Chinesen haben die meisten nicht erfaßt. Sie haben Partei ergriffen, sie haben sich begeistert, was man in Fernost tunlichst vermeiden sollte. Sie haben sich ihren demokratischen und menschheitsbefreienden Illusionen hingegeben und nicht beachtet, daß sie es mit einem uralten, skeptischen und im Unglück gehärteten Volk zu tun haben. Von Parlamentarismus wird im Reich der Mitte gern geredet, aber wer möchte sich schon an dessen Spielregeln halten? Wie hat man uns ›China watchers‹ von Hongkong in den vergangenen Jahren verspottet! Aber wir haben recht behalten, als wir vor Überschwang und Rückschlägen warnten. Da glaubten schon die Kollegen aus Washington und Paris, auf dem Platz des Himmlischen Friedens finde eine fernöstliche ›Boston Tea-Party‹ oder ein asiatischer Bastille-Sturm statt. Das Reich der Mitte hat sich – unter anderen Auspizien gewiß, aber getreu seinen ewigen Gesetzen – spasmisch bewegt. Der Drache hat gezuckt, und heute sind die ›Warlords‹, die Kriegsherren, wieder im Kommen.« Was China brauche, fügte Derek hinzu, und hier stellte sich eine seltsame Konformität mit meinem anonymen Gesprächspartner von Harbin ein, sei ein »enlightened despot«. An Despoten fehle es natürlich nicht in dieser Weltgegend, nur seien sie selten »aufgeklärt«.

In der großen Hongkonger Tageszeitung »South China Daily News« hatte ich einen Artikel von Claire Hollingworth entdeckt, die ihre Augenzeugenerlebnisse vom Kriegsausbruch in Warschau aus dem Herbst 1939 schilderte. Claire war nicht nur ein unverwüstlicher Dinosaurier, sie war eine Art »Miss Marple« ihrer Profession. Sie war an diesem Abend im »Foreign Correspondents Club« nicht erschienen, was ich sehr bedauerte, denn ihr Urteil war durch lange Erfahrung erprobt. Ich hatte sie »in full action« in Algier auf dem Höhepunkt der Attentatswelle der »Organisation de l'Armée secrète« gegen den gaullistischen Staatsapparat erlebt. Wie eine Löwin hatte sie am Eingang des Hotels »Aletti« eine Gruppe italienischer Journalisten freigekämpft, als diese durch ein Untergrundkommando der OAS – als Gendarmen getarnt – entführt werden sollten. Später hatten wir uns im ostbengalischen Dacca wiedergetroffen, als die pakistanische Armee gegen alle Vernunft noch hoffte, dem überlegenen indischen Ansturm standhalten zu können. Sie hatte damals eine sehr kluge militärische Bestandsaufnahme vorgenommen, die sich wenig später voll bewahrheitete.

In der renommierten Journalistenkneipe von Hongkong habe ich einen kurzen Abend lang den Corps-Geist der britischen Auslandspresse genossen, der Großartigkeit des Empire in dieser letzten Kronkolonie eine historische Träne nachgeweint, und ich hätte vermutlich – trotz meiner gallischen Vorbelastung – »Britannia, rule the waves« mitgesungen, wenn dieses schöne, trutzige und altmodische Lied angestimmt worden wäre. Mein wirkliches Thema waren natürlich die Situation Hongkongs und die Ängste, die dort durch die ideologische Versteinerung der Volksrepublik ausgelöst wurden. Die chinesische Bevölkerung von Hongkong hatte sich mit der Studentenbewegung am Platz des Himmlischen Friedens voll solidarisiert. Hunderttausende waren auf die Straße gegangen, um gegen das Eingreifen der Armee zu protestieren. In allen Betrieben, Kaufhäusern und Amtsstuben hatten Kollekten stattgefunden zugunsten der Demokratiebewegung. Nach deren Niederschlagung griff in der Kolonie nackte Angst um sich, denn im Jahre 1997, so war zwischen Margaret Thatcher und Deng Xiaoping vereinbart worden, würde Hongkong wieder Bestandteil des roten chinesischen Reiches sein. Gewiß, Peking hatte ein wirtschaftliches und sogar politisches Sonderstatut Hongkongs für weitere fünfzig Jahre zugesagt. Aber konnte man sich auf ein Regime verlassen, das gerade auf seine protestierenden und nach Freiheit rufenden Jugendlichen das Feuer eröffnet hatte? Zu viele Bewohner der Kronkolonie waren in den letzten Dekaden unter großen Strapazen aus der Volksrepublik geflüchtet, und selbst bei den kleinen Leuten traute man den »Commies« nicht über den Weg.

Ein Wind von Panik wehte über Hongkong. Zum ersten Mal, so verwunderten sich die routinierten »China watchers«, habe diese überaus merkantil veranlagte Stadtbevölkerung ein politisches Engagement, eine Solidarität, ja eine Form des Patriotismus an den Tag gelegt, die ihr niemand zugetraut habe. Seit aus Peking verlautet war, daß die Volksbefreiungsarmee nach 1997 auf eine Präsenz in Hongkong nicht verzichten werde, wurden die schlimmsten Vorahnungen kolportiert. Normalerweise müßte sich das kommunistische Regime bei der Übernahme der britischen Besitzung ein Höchstmaß an

Zurückhaltung und Toleranz auferlegen. Was sich in Hongkong 1997 abspiele, werde vor allem auf Taiwan mit besonderer Aufmerksamkeit verfolgt, und daraus ergäben sich zwangsläufig Konsequenzen für die Chance oder die Unzumutbarkeit einer gesamtchinesischen Annäherung oder gar Vereinigung. Seit Tian-An-Men quält sich jedermann mit der Frage, ob dem Politbüro im Zhongnanhai überhaupt mit rationalen Argumenten beizukommen, ob das Reich der Mitte nicht wieder in eine Phase doktrinärer Willkür und Unberechenbarkeit zurückgefallen sei.

Bis zum Frühjahr 1989 hatten die Hongkonger mit Befriedigung registriert, daß die Existenzbedingungen in der Nachbarprovinz Guangdong sich den ihren mehr und mehr anzupassen begannen. Das Lebensniveau eines Arbeiters in Kanton und Kowloon unterschied sich nur noch graduell, und auch eine gewisse Liberalität schien in dieser Küstenregion aufzublühen. Der Süden Chinas hatte sich gegenüber dem sturen und starren Norden ja stets durch größere Offenheit und Beweglichkeit ausgezeichnet.

Angesichts der neuen Ungewißheiten versuchte die Mehrheit der fast sechs Millionen Einwohner der Kronkolonie, sich eine Auswanderungsmöglichkeit spätestens für den Tag X im Jahre 1997 zu beschaffen. Dabei stießen die chinesischen Untertanen Ihrer Britischen Majestät auf resoluten Widerstand. Nur drei Millionen Einwohner der Kronkolonie besaßen britische Reisedokumente, und selbst diese Pässe berechtigten nicht zur freien Einreise nach Großbritannien, geschweige denn zu einer dauerhaften Niederlassung im Vereinigten Königreich. Premierministerin Thatcher hatte mit der ihr eigenen Härte verkündet, daß an eine generelle Aufhebung der bestehenden Visumspflicht nicht zu denken sei. Allenfalls 225000 Privilegierte konnten auf eine Vorzugsregelung hoffen. Wie konsequent die »Eiserne Lady« war, exerzierte sie gerade am Beispiel der in Hongkong gestrandeten vietnamesischen »boat people« vor, die nach langer, quälender Internierung nach Hanoi repatriiert, das heißt zwangsverschickt werden sollten.

Natürlich fanden sich für die reichen Kaufleute und hochqualifizierten Experten Möglichkeiten der Immigration in die pazifischen Randstaaten. Jede Familie, die es sich leisten konnte, schickte einen jungen dynamischen Verwandten als Vorhut aus, damit er die Fluchtquartiere für die ganze Sippe vorbereite. Bevorzugte Asylländer waren Kanada, Australien und an dritter Stelle die USA. Die kanadische Stadt Vancouver, so hieß es, befinde sich bereits weitgehend in chinesischem Besitz. Die Aufregung und die Furcht waren so dringend, daß die in Hongkong etablierten ausländischen Firmen von ihren leitenden chinesischen Angestellten ultimativ aufgefordert wurden, ihnen Pässe der Nationalität des jeweiligen Unternehmens zu beschaffen. Die Banque Nationale de Paris händigte ihrem chinesischen Führungspersonal, auf das sie nicht verzichten konnte, tatsächlich französische Reisedokumente aus. Andere europäische Länder wie die Bundesrepublik, wo die Staatsangehörigkeits-Gesetzgebung restriktiver ist, taten sich schwerer. Die Portugiesen im nahen Macao hatten – getreu ihrer traditionellen Assimilationspolitik – allen in dieser alten Kolonie ansässigen Chinesen die lusitanische Staatsangehörigkeit gewährt. Jedenfalls stand eine intensive und qualifizierte Bevölkerungsbewegung an den Rändern des Pazifik bevor, deren letzte Konsequenzen sich noch gar nicht ermessen ließen.

Derek Davies machte mich mit John, einem rothaarigen australischen Kollegen, bekannt. Nach einigem Überlegen stellten wir fest, daß wir uns in den frühen siebziger Jahren in Luang-Prabang begegnet waren, als wir gemeinsam versucht hatten, zur kommunistischen Bürgerkriegspartei der Pathet

Lao zu gelangen. John war noch unlängst in Laos gewesen, das seit Ausbruch der Perestroika vollends im Begriff stand, die kommunistische Zwangsjacke abzustreifen und sich aus der Bevormundung durch die Vietnamesen zu lösen. Die neue Regionalmacht sei Thailand, berichtete der Australier. Es gingen seltsame Veränderungen unter den ASEAN-Staaten vor. Schon sprach man von Thailand, Malaysia und Indonesien als den »Baby-Drachen« oder »Baby-Tigern«. Nicht nur die Japaner hätten ihr Wirtschaftsimperium konsolidiert, indem sie eine großzügige Auslagerung oder »delocalisation« weiter Industriezweige in diese neuen Schwellenländer vornahmen. Vor allem Taiwan, aber auch Hongkong, Singapur, neuerdings sogar Südkorea würden durch die billigere Arbeitskraft in Bangkok und auf der Halbinsel von Malakka dazu bewogen, mehr und mehr Fabriken aus ihren Heimatstandorten nach Süden zu verlegen. Die Philippinen eigneten sich wegen der unsicheren internen Verhältnisse schlecht für solche Unternehmen. Aber der riesige indonesische Archipel mit einer Bevölkerung von 180 Millionen Menschen und einem durchschnittlichen Tageslohn von ca. 1,50 DM – viermal weniger als in Thailand oder Malaysia – böte sich für diese brutale Form von ostasiatischem Manchester-Kapitalismus geradezu an.

John hatte bereits in Laos enge, nicht immer ganz durchsichtige Beziehungen zu den Amerikanern unterhalten. Die Außenhandelsstatistiker in den USA hatten errechnet, daß der Anteil Ostasiens – im wesentlichen Japan und die sogenannten »newly industrialized countries« – am Welthandel im vergangenen Jahr auf 7,6 Prozent angeschwollen sei, was fast dem Kommerz zwischen Nordamerika und Europa im nordatlantischen Raum entsprach. Bei den Investitionen der »kleinen Drachen« bei den »Baby-Drachen« handele es sich um alle nur denkbaren Produktionen. Sämtliche Schwellenländer würden dem klassischen Rhythmus folgen, mit Textilien beginnend, bei der Elektronik endend. Schon griff dieses System der kommunizierenden Expansion von Thailand und Malaysia behutsam auf die ausgepoverten Länder wie Burma, Vietnam und sogar Kambodscha über, die durch die Verwüstungen des Krieges und eine jahrzehntelange sozialistische Mißwirtschaft zu Armenhäusern verkommen waren. Gewaltige Kapitalzuwendungen flossen in die ASEAN-Staaten ab, zumal der chinesische Markt seit den Tian-An-Men-Ereignissen als erratisch und riskant eingeschätzt wurde.

Natürlich war Japan die treibende ökonomische Großmacht. Aber ohne die Auslandschinesen ging nichts. Auch bei den »Baby-Drachen« waren es die rührigen Söhne der Han-Rasse, die sich in sämtliche Geschäfte und Transaktionen eingeschaltet und unentbehrlich gemacht hatten. Immerhin stellten sie vierzig Prozent der Bevölkerung Malaysias dar, und der Konflikt schwelte seit langem zwischen den alteingesessenen Malayen, den »Bumiphutra« oder »Söhnen der Erde«, wie sie sich nannten, die die meisten Staats- und Armeefunktionen für sich beanspruchten, und der unendlich geschäftigen und prosperierenden chinesischen Bevölkerungsgruppe, die ihren Reichtum durch politischen Einfluß abzurunden suchte. Die strikte islamische Religiosität der »Bumiphutra« hatte sich der rassischen Verschmelzung entgegengesetzt. In Thailand hingegen waren die Chinesen weitgehend integriert. Ihr Konfuzianismus vertrug sich gut mit der buddhistischen Staatsreligion, zumal die Lehre Gautamas dem Han-Volk keineswegs fremd war. Sogar der König von Thailand stammte ja von einem chinesischen Gründer seiner Dynastie ab. In Indonesien hatte sich die chinesische Minderheit, die auf acht Millionen geschätzt wird, nur mit Mühe behauptet. Nach dem kommunistischen Putschversuch des Jahres 1965, in den sie angeblich verwickelt waren, wurden sie scharenweise hingeschlachtet. Bis auf den heutigen Tag werden sie drangsaliert und schikaniert. Doch die hohen Offiziere der herrschenden indonesischen Militärjunta und der maßgeblichen Golkar-Bewegung konnten auf die händlerische Begabung, die weitverzweigten finanziellen Beziehungen ihrer Chinesen nicht verzichten. Kein großes Geschäft in Djakarta oder Surabaya lief ohne chinesisches Zutun, ohne chinesisches Management. In ganz Südostasien galt der Grundsatz: »Kredite gewährt man nur Chinesen«.

Wie lange es wohl dauern werde, bis die Volksrepublik wieder zum Bona-fide-Partner würde, ob die Aussperrung Festlandschinas von diesem florierenden Aufschwung, diesem interkontinentalen Boom der Beziehungen sich unbegrenzt aufrechterhalten ließe, fragte ich John. Der zeigte sich gelassen wie die meisten erfahrenen »China watchers«. Präsident Bush sei durch seine Botschaftertätigkeit in Peking tief geprägt und insgeheim gewillt, mit Deng Xiaoping wieder ins Gespräch zu kommen. Washington pochte auf eine Reihe von konkreten Zugeständnissen, etwa die Aufhebung des Kriegsrechtes, auch in Tibet, ein paar Liberalisierungsmaßnahmen und das Ende der polizeilichen Repression. Man sei im Pentagon sehr besorgt über den chinesischen Export von Mittelstreckenraketen in die turbulenten Staaten des Orients. Die Zeit arbeite jedoch für eine Annäherung zwischen den beiden traditionellen Pazifikpartnern China und USA. Was den sowjetischen Block betreffe – John lachte schallend –, hätten die Chinesen ihre letzten Illusionen eingebüßt, seit die Perestroika zur Auflösung des kommunistischen Glacis in Osteuropa geführt habe. In Peking betrachte man Gorbatschow als einen »gefährlichen Irren – a dangerous madman«, so konsequent untergrabe er die Basis der eigenen russischen Macht. Da seien die Amerikaner achtbarer und verläßlicher.

Es war ein schwüler, feuchter Abend in Hongkong. Nach einer kurzen Verabschiedung im »Foreign Correspondents

Club« ging ich zu Fuß zur Anlegestelle der Fähre, um nach Kowloon überzusetzen. Das Hemd war schon durchgeschwitzt und klebte mir am Körper, als ich die klotzige Steinmasse der rotchinesischen »Bank of China« passierte, die Mao Tsetung unmittelbar nach der Ausrufung seiner Volksrepublik als damals höchstes Gebäude der Kronkolonie hatte errichten lassen. Jetzt wurde dieses Hochhaus mit den beiden mächtigen Löwen am Portal durch viel imposantere Wolkenkratzer, die in unmittelbarer Nachbarschaft aus dem Boden geschossen waren, in den Schatten gerückt. Doch das Regime von Peking gab seinen führenden Repräsentationsanspruch nicht preis. Der bewährte Architekt I. M. Pei, ein aus Amerika gebürtiger Chinese, der bereits die Glaspyramide im Louvre-Hof von Paris entworfen hatte, wurde mit der Gestaltung einer neuen Mammutkonstruktion für die »Bank of China« beauftragt, die alles andere überragen sollte, den höchsten Wolkenkratzer der Welt außerhalb der USA. Er hatte ein surrealistisches Gebilde, einen Glaskoloß mit seltsam verzogenen Kanten gegen den Himmel gestellt. Die milchigen Spiegelwände waren durch blaue und weiße Streben unterbrochen und avantgardistisch dekoriert. Es war ein faszinierender Blick, der sich mir von der Fähre bot. Die Skyline von Hongkong schillerte in Blau, Gold, Grün und Silber. Ein unwirkliches Konglomerat, zu dem die riesigen Türme der häßlichen Wohnwaben einen beklemmenden Hintergrund lieferten. Auf halber Höhe dieser futuristischen Landschaft aus Beton, Glas und Chrom bewegten sich Schwärme von Hubschraubern. Es hatte zu regnen begonnen, und die unzähligen Lichter flackerten durch die Feuchtigkeit. Der Dekor hätte sich für einen amerikanischen Science-Fiction-Film geeignet. Hongkong erschien mir in dieser Dämmerung wie eine Bühne für »Blade Runner«, wie ein Anlaufhafen für Raumschiffe und furchterregende »Aliens« ferner Galaxien.

Beim Bruder des letzten Kaisers

Über den äußersten Norden war ich in China eingereist. Über den äußersten Süden verließ ich jetzt das Reich der Mitte. Bis zum Abflug der Lufthansa-Maschine, die gegen Mitternacht nach Frankfurt starten sollte, verblieben mir einige Stunden in Singapur. Ich hatte zwei Tage zuvor einen kurzen Zwischenaufenthalt im Sultanat Brunei eingelegt, weil mir dieser winzige islamisch-malaiische Staat an der Nordküste Borneos noch unbekannt war. An Absurditäten fehlte es nicht in dieser Mini-Enklave, die mit britischer Hilfe ihre Unabhängigkeit gegen alle Annexionsabsichten Malaysias behauptet hatte. Das Erdöl sprudelte so üppig aus den Dschungeln und Mangrovensümpfen von Brunei, daß der Sultan als reichster Mann der Welt galt. Die muslimische Bevölkerung profitierte gewiß davon, und den Extravaganzen des Herrschers waren keine Grenzen gesetzt. Er ließ nicht nur die riesige Moschee mit einer goldenen Kuppel versehen, auch seine Paläste wiesen ähnliche Verschwendung auf. Während noch Horden von Affen durch die Baumkronen am Rande der Stadt huschten, wurden die Pferde des Sultans von argentinischen Gauchos in klimatisierten Ställen fit gehalten. Polo war ein bevorzugter Sport der Sultansfamilie. Die Konversation unter den privilegierten Einheimischen pflegte standesgemäß mit dem Satz zu beginnen: »How was your golf yesterday?«

Auch in Brunei lagen die Geschäfte natürlich in den Händen von Chinesen, aber dieser streng islamische Staat achtete darauf, daß den Han die Staatsangehörigkeit von Brunei verwehrt blieb. Die auf den Philippinen angeheuerten Fremdarbeiter wohnten in erbärmlichen Wellblech- oder Sperrholzhütten am Rande der gigantischen Bauprojekte. Der herrliche Urwald, dessen Erhaltung und Pflege sich das Sultanat ohne Mühe hätte leisten können – im Gegensatz zum übervölkerten Indonesien nebenan –, wurde durch gewalttätige, sinnlose Rodung vernichtet. Überall waren gigantische Bulldozer wie bösartige, monströse Insekten dabei, breite Schneisen in den Dschungel zu reißen. Wider alle Vernunft wurde planiert und asphaltiert. Der Begriff »Ökologie« war ein Fremdwort im reichen Brunei, und die Natur wurde – wie zur Zeit der Kopfjäger – als Feind empfunden. Mir fiel eine Gruppe chinesischer Militärs auf, die sich am Rande einer Luxussiedlung mit einigen Offizieren des Sultans unterhielten. Die Selbständigkeit Bruneis stützte sich auf ein Gurkha-Regiment, das mit britischer Vermittlung in Nepal angeheuert worden war. Als Gegengewicht zu eventuellen Pressionen aus dem malaysischen Teilstaat Sarawak, der ein begehrliches Auge auf den Erdöl-Überfluß Bruneis richtete, hatte der Sultan enge Beziehungen zu der kleinen, aber vorzüglich gerüsteten Streitmacht des Inselstaates Singapur gesponnen. In diesem Punkt kannte dieser seltsame Monarch, der sich stets mit seinen zwei Frauen abbilden ließ, keine rassischen oder religiösen Vorbehalte.

Die Zwischenstation in Singapur habe ich zutiefst genossen. Ich ließ mich in der Menge treiben. Die feuchte Hitze focht mich nicht an. Der Inselstaat des Ministerpräsidenten Lee Kuan Yew – 2,6 Millionen Einwohner, davon achtzig Prozent Chinesen – war seit meinem ersten Besuch im Jahre 1954 wie eine schillernde Orchidee aufgeblüht. Damals hatte uns noch eine britische Militärstreife am Rande der »Chinatown« angehalten. »Are you members of Her Majesty's forces?« so lautete die barsche Frage, die an Adelbert Weinstein von der F.A.Z. und mich gerichtet wurde. Als wir das lachend verneinten, hatten die M.P.s mit den roten Mützen wohlwollend hinzugefügt: »Be careful; the food is bad and the girls are bad too.«

Fünfunddreißig Jahre danach ist Singapur nicht wiederzuerkennen. Gewiß, der alte protzige Kolonialkern der Hafenstadt ist erhalten geblieben mit seinen schönen Imponierbauten. Aber die gesamte gesellschaftliche Struktur ist durch das »maximum government« Lee Kuan Yews total umgekrempelt worden. Man ist hier nicht weit von japanischen Einkommensverhältnissen entfernt. Tatsächlich lebt es sich auf der Insel Singapur mit ihrer tropisch-lässigen Ambiance unendlich angenehmer als auf dem hektischen, irgendwie kasernierten Archipel der Aufgehenden Sonne. Disziplin herrscht allerdings auch bei diesen Übersee-Chinesen in der Nähe des Äquators. Lee Kuan Yew, ein aufgeklärter, nicht immer wohlwollender Despot, hat etwas zustande gebracht, woran der große Mao Tsetung scheiterte: Er hat die Chinesen seiner Insel zu Sauberkeit und Hygiene erzogen, ihnen durch drakonische Geldstrafen das Spucken abgewöhnt. Kein Fetzen Papier, geschweige denn ein Zigarettenstummel wird auf die Chaussee geworfen, ohne daß die Polizei sofort eingreift. Lee Kuan Yew, der seinen Stadt-Staat wie ein »Mafioso«, aber nach den uralten Regeln der chinesischen Geheimgesellschaften regiert, kontrolliert auch die malaiische und indische Minderheit und läßt sie teilhaben am atemberaubenden wirtschaftlichen Aufschwung.

Ähnlich wie Deng Xiaoping es praktizierte, will Lee Kuan Yew sich in absehbarer Zeit aus dem höchsten Regierungsamt absetzen. Den effektiven Einfluß über die Insel wird er für sich behalten, dafür sorgt schon sein ältester Sohn Lee Hsien Long, der als General eine Schlüsselstellung einnimmt. Ministerpräsident Lee, dem ich zu Beginn der siebziger Jahre auf einer internationalen Veranstaltung für Pressefreiheit in Helsinki begegnet war, ist es offenbar leid, sich als Chinese an westlichen Kriterien der Demokratie messen zu lassen. Seine restriktive Pressepolitik war damals in der finnischen Hauptstadt heftig angegriffen worden, was Lee zur vorzeitigen Abreise veranlaßte. Der starke Mann von Singapur, der die Vorgänge in Peking und in Taipeh aufmerksam beobachtet, will neuerdings eine »wahrhaftige Demokratie mit ostasiatischen Charakterzügen« ins Werk setzen. Dabei beruft er sich auf keinen Geringeren als den großen Lehrmeister Konfuzius. Mit den fruchtlosen Debatten und Querelen der parlamentarischen Demokratie, mit dem von der Kolonialmacht hinterlassenen Westminster-Modell hat er längst »tabula rasa« gemacht. Meister Kong hingegen hat seinen chinesischen Gefolgsleuten die gesittete Übereinstimmung, den Konsens, das höchste Gebot der Harmonie hinterlassen. Es klingt seltsam vertraut, wenn die Behörden von Singapur beteuern, sie wollten keine pseudowestliche Gesellschaft nachäffen.

Zu den blutigen Ereignissen in Peking hat sich Lee Kuan Yew sehr zurückhaltend geäußert. In Singapur würde er es erst gar nicht zu vergleichbaren Straßendemonstrationen kommen lassen. Auch er hat übrigens eine Geburtenplanung besonderer Art angeordnet. Wer über Universitätsabschluß und gute Diplome verfügt, soll soviel Kinder in die Welt setzen, wie er will. Demographische Einschränkungen werden hingegen den sozial schwachen Kategorien, den Untüchtigen und Unfähigen auferlegt, eine Praxis, die die Züchtung von Intelligenz zum Prinzip erhoben hat. In diesem Geist steht auch Singapur jedem Hongkong-Chinesen offen, der eine hohe berufliche Qualifikation vorweist. Wie tief die Überlieferungen des Han-Volkes auch auf diesem entfernten Inselstaat lebendig bleiben, wird an den schwankenden Geburtenraten sichtbar. Wenn die astrologischen Vorzeichen ungünstig sind – im »Jahr der Schlange« etwa –, sinkt die Zunahme der chinesischen Bevölkerung. In diesem Jahr hingegen, dem

»Jahr des Pferdes« – Sinnbild für Kraft, Energie und Glück –, dürften wieder sehr viel mehr chinesische Babies zur Welt kommen.

Ich bin lange über die Orchard Road gebummelt, diese herrliche, baumbestandene Geschäftsstraße im Herzen der Innenstadt. Das Warenangebot entsprach höchsten Ansprüchen. Die Menschen, die sich hier drängten, wirkten wohlhabend und entspannt. Die Schönheit der Frauen fiel mir auf. Irgendwie fühlte ich mich um ein knappes halbes Jahrhundert verjüngt, zurückversetzt in jene Zeit, als ich zum ersten Mal in Fernost an Land gegangen war. Völlig irrational sah ich mich im alten Saigon, besser gesagt, in dessen chinesischer Zwillingsstadt Cholon. Nostalgie kam auf und die matte Gewißheit der verrinnenden Zeit. Das Straßenleben Singapurs zog mich in seinen Bann. Hier entfalteten sich Luxus, Erotik und Lebensfreude. Eine Art kalifornischer Traum hatte sich in diesem äußersten Winkel Südostasiens verwirklicht, eine privilegierte Enklave, die mit den gepflegtesten Wohnanlagen der amerikanischen Westküste konkurrieren konnte, eingebettet in tropische Üppigkeit. Während ich im Hotel Mandarin den »Sun-Downer« bestellte, lief gerade eine Modenschau ab. Die chinesischen Mannequins trugen breitkrempige Hüte und hautenge schwarze Kleider. Die wohlgeformten langen Beine waren über die Schenkel entblößt, die Schultern frei. Diese exotisch schönen Wesen bewegten sich mit der aufgesetzten Arroganz ihrer Berufskategorie, aber sie wirkten noch unnahbarer als ihre westlichen Vorbilder. Das Publikum bestand überwiegend aus älteren chinesischen Damen der gehobenen Schicht, die nach britischer Art ihren Tee schlürften. Es gehörte zum guten Ton, daß man sich dabei auf englisch unterhielt. Die amerikanischen und europäischen Touristen waren Außenseiter und wurden gebührend auf Distanz gehalten.

Was diese seltsamen Luxus-Chinesen von Singapur in Wirklichkeit noch mit dem Reich der Mitte zu tun hätten, ob da überhaupt noch eine organische, von beiden Seiten empfundene Bindung bestehe, so grübelte ich. Aber da kam mir eine Erinnerung aus dem Jahre 1967. Ich hielt mich damals in Neuguinea auf und hatte in dem kleinen Hafen Lae bei einem chinesischen Händler eingekauft, der von Thunfischkonserven bis zu Tennisbällen alle nur denkbaren Konsumgüter feilhielt und es damit offenbar zu Wohlstand gebracht hatte. Über das Radio kam die Nachricht, daß die Volksrepublik China ihre erste Atombombe erfolgreich gezündet hatte. Das Reich der Mitte wurde in jenen Tagen von der »großen proletarischen Kulturrevolution« heimgesucht, und mein Kaufmann von Lae war bestimmt kein Kommunistenfreund. Doch ein breites stolzes Lächeln erschien auf seinem Gesicht, als er die Meldung vernahm. »Jetzt haben wir endlich auch unsere eigene Atombombe«, sagte er.

Von Singapur schweiften meine Gedanken nach Peking zurück. Eine Welt lag zwischen diesen beiden chinesischen Städten. Zwei Tage vor meiner Abreise aus der Volksrepublik hatte Li – möglicherweise um die Interview-Weigerung der Hierarchen des Politbüros wettzumachen – vorgeschlagen, daß wir einem gewissen Pu Jie einen Besuch abstatteten. Pu Jie war der Bruder des »letzten Kaisers«, jenes Pu Yi, dem der italienische Regisseur Bertolucci seinen Film gewidmet hat. Die alte böse Kaiserinmutter Ci Xi hatte den zweijährigen Pu Yi im Jahre 1909 unmittelbar vor ihrem Tod zum allgewaltigen Herrscher über das Reich der Mitte bestellt, eine letzte tragische Farce der erlöschenden Mandschu-Dynastie. Nur zwei Jahre hatte der Kind-Kaiser die höchste Würde bekleidet.

Dann wurde er durch die republikanische Erneuerung Sun Yatsens gestürzt. Seine jungen Jahre hatte Pu Yi in der internationalen Konzession von Tientsin als Lebemann, als »Playboy« verbracht. Nach 1931 wurde er – der letzte Mandschu-Dynast – von den japanischen Eroberern der heutigen Nordostprovinzen zum Kaiser von Mandschukuo proklamiert und ließ sich als Marionette Tokios mißbrauchen. Die Russen nahmen Pu Yi 1945 in seinem Palast gefangen und hielten ihn fünf Jahre lang in ihren sibirischen Gefängnissen fest. An die chinesische Volksrepublik ausgeliefert, wurde er zehn Jahre in Straf- und Umerziehungslager verbannt, ehe dem ehemaligen Qing-Kaiser, nunmehr ein geläutertes Mitglied der sozialistischen Gesellschaft, eine demütige Beschäftigung als Gärtner zugewiesen wurde. Als solcher ist er 1967 gestorben.

Seinem Bruder Pu Jie war eine bescheidene Nebenrolle zuteil geworden. Er hatte mit dem letzten Kaiser den gleichen prinzlichen Vater und die gleiche Mutter gemeinsam, was bei der Vielzahl der Palast-Konkubinen keine Selbstverständlichkeit war. Erst im Alter von zehn Jahren war Pu Jie eröffnet worden, daß er der leibliche und zwei Jahre jüngere Bruder des »Sohnes des Drachens«, jenes verwöhnten Knaben war, dem er als Gesellschafter und Gespiele stets zur Verfügung gestanden hatte. So groß war der Abstand des Kaisers in seiner gottähnlichen Sonderstellung vom übrigen Volk, daß er sogar seine engsten Verwandten nicht zur Kenntnis nehmen durfte.

In einer der wenigen Straßen, wo das alte Peking noch überlebt, habe ich Pu Jie aufgesucht. Die niedrigen Häuser in diesem Viertel besaßen noch jene geschwungenen, manchmal spitz auslaufenden Dächer, die in früheren Zeiten den Stand ihres Bewohners anzeigten. Eine graue Mauer schirmte das Anwesen nach außen ab. Hinter dem gerundeten Eingang öffnete sich ein bescheidener, aber lieblicher Garten. Zwei niedrige Wohnflügel im überlieferten Stil standen dem Bruder des letzten Kaisers zur Verfügung, eine für heutige Zeiten stattliche mandarinale Behausung, aber ein höchst bescheidener Abglanz verflossener imperialer Pracht. Aus dem Grün des Gartens leuchteten rote Blumen. Wir verharrten auf einer schmalen Terrasse, als der alte Mann uns mit trippelnden, hurtigen Schritten entgegenkam. Pu Jie war zweiundachtzig Jahre alt und offenbar bei guter Gesundheit. Im Straßengedränge wäre er nicht aufgefallen, dieser kleingewachsene, schmächtige Greis mit dem kahlen Schädel und dicken Brillengläsern. Er war sehr bescheiden gekleidet, ein grauer leichter Pullover über dem offenen Hemd, eine zerbeulte Hose, die unvermeidlichen schwarzen Pantoffeln mit Filzsohle.

Dennoch ging eine große Würde von ihm aus. Li verhielt sich sehr ehrerbietig. Sogar unser junger Begleiter Cheng, der sich betont amerikanisch kleidete, seine paar englischen Sätze mit breitem Yankee-Akzent vortrug und mit solcher Selbstsicherheit sämtliche Kontrollen und Behördeneinwände beiseite schob, daß seine Zugehörigkeit zum Sicherheitsdienst außer Zweifel stand, hatte sein burschikoses Auftreten, seine gelegentliche Impertinenz plötzlich abgestreift. Beim Nahen des Mandschu-Prinzen verharrte Cheng in leicht gebeugter, devoter Haltung und hielt die Hände verschränkt.

Pu Jie ließ sich nicht lange bitten, seine Lebensgeschichte zu erzählen. Er hatte nach 1945 das gleiche Schicksal erlitten wie sein kaiserlicher Bruder, hatte Kerker und Lagerhaft überlebt. Nach seiner Entlassung war ihm seine künstlerische Begabung zugute gekommen. Pu Jie war ein recht konventioneller Maler und ein hochgeschätzter Kalligraph. Auf politische Fragen antwortete er ausweichend. Er betrachte sich kaum noch als Mandschu, sei der Sprache dieses Eroborervolkes gar nicht mehr mächtig. Er sei Chinese geworden wie die übrigen Angehörigen seiner Familie. Über seinen Bruder Pu Yi äußerte er sich zurückhaltend. Bis zum Tode sei der letzte Kaiser sich seiner hohen Würde bewußt geblieben und habe sich mit der prosaischen, bitteren Wirklichkeit nie recht ausgesöhnt. Pu Jie hatte es nicht immer leicht gehabt mit dem entthronten Monarchen. Er stellte uns seinen Neffen vor, einen zurückhaltenden Mann mittleren Alters, der ihm als Sekretär zur Seite stand.

Während der Bruder des Kaisers redete, hielt er den Kopf etwas geneigt. Eine große Abgeklärtheit, eine Art Heiterkeit gingen von ihm aus. Während des Gesprächs spielte er mit seiner schwarz-weißen Katze. An den Wänden des vorderen Ateliers hingen kunstvoll gepinselte Sprüche und Verse. Auch Mao Tsetung war von der Leidenschaft für alte Dichtung und Kalligraphie besessen gewesen. Ich erinnerte mich an einen Aufenthalt in Schanghai im Sommer 1972, als vielfältige Reproduktionen von Schönschriften des großen Parteivorsitzenden in den Kaufhäusern angeboten wurden. Meinen Dolmetscher Wang hatte ich damals gebeten, mir eine Aneinanderreihung besonders gelungener Schriftzeichen zu übersetzen. Aber Wang war dazu angeblich nicht in der Lage, obwohl ich ihn als hochgebildeten Mann schätzengelernt hatte. Vielleicht lag sein Unvermögen daran, daß Mao Tsetung sich einer archaischen Schrift und Ausdrucksweise bediente. Es war aber auch möglich, daß Wang vor einer eventuellen Fehlinterpretation dieser sakralen Texte zurückschreckte – die Kulturrevolution war ja noch nicht überwunden –, und er verhielt sich ähnlich zaghaft wie ein Araber, der aufgefordert wird, den heiligen Koran, das ungeschaffene Wort Allahs, in ein fremdes Idiom zu übersetzen. Aus einem offiziell ins Deutsche übertragenen Gedichtband Mao Tsetungs war mir ein angeblich hochpolitischer, wenn auch verschlüsselter Gedankenaustausch mit dem Gelehrten und Weggefährten Guo

Moruo haftengeblieben. »Der Mönch, ein tölpelhafter Bursch gewiß, wenn auch belehrbar; der Dämon teuflisch-tückisch ist drauf aus, Unheil zu stiften«, so lautete das Orakel.

Der Bruder des Kaisers unterhielt sich in lockerem Ton mit uns. Für eine Kamera-Aufnahme ging er bereitwillig auf die von Menschen wimmelnde Straße. Kaum jemand beachtete ihn, und ich hatte Angst, einer der zahllosen Radfahrer könnte den zerbrechlichen Mann anrempeln. Pu Jie war Kettenraucher, und er bevorzugte amerikanische Zigaretten. Davon hatten wir ihm eine Stange mitgebracht. In den Wohntrakt zurückgekehrt, überreichte er mir ein Exemplar der Autobiographie seines verstorbenen Bruders Pu Yi »From Emperor to Citizen« und versah es mit einer Widmung. Dann erklärte er die Fotogalerie an der Wand. An prominenter Stelle war der verstorbene Ministerpräsident Zhou Enlai – umringt von Mitgliedern der einstigen kaiserlichen Familie – dargestellt. Zhou hatte sich wohl mit Nachdruck für die Rehabilitierung und das spätere Wohlergehen der Qing-Epigonen eingesetzt. Eine Tochter Pu Jies war mit einem Japaner verheiratet und lebte in Tokio. Er erwähnte, daß er als junger Mann eine Kadettenausbildung in Japan absolviert habe.

Am Ende ließen wir uns im Arbeitsraum nieder. Pu Jie nahm ein großes Blatt Papier zur Hand, das er langsam und sorgfältig in regelmäßige Quadrate faltete. Dann holte er den Tuschpinsel heraus, rückte die Brille zurecht und begann mit großer Konzentration, aber sicherer Hand eine Kalligraphie zu malen. Es dauerte eine Weile, bis er mit dieser künstlerischen Tätigkeit fertig war. Er überreichte sie mir, und Li lieferte die stockende Übersetzung. Das Gedicht war in der hochstilisierten Ausdrucksweise der Tang-Dynastie verfaßt, die zwischen dem 7. und dem 10. Jahrhundert unserer Zeitrechnung über China geherrscht hatte. Der gleichen altertümlichen Ausdrucksweise hatte sich auch Mao Tsetung für seine

Poeme bedient. Die Schönschrift Pu Jies beschrieb eine simple Szene in simplen Worten. Mag sein, daß sich tiefe Weisheit und hintergründige Anspielungen dahinter verbergen. »Die schöne Sonne geht unter«, so schrieb der Bruder des letzten Kaisers, »der Gelbe Fluß ergießt sich ins Meer; um einen grenzenlos weiten Blick zu gewinnen, muß der Mensch ein höheres Geschoß erklimmen.«

Wir verabschiedeten uns von dem freundlichen alten Mann. Mir war, als hätte ich einen kurzen Ritt auf der »Zeitmaschine« des Schriftstellers H. G. Wells gemacht und mich in eine längst verschüttete Vergangenheit versetzen lassen. Der Garten des Pu Jie inmitten der aufgeregten, brodelnden Hauptstadt Peking erschien mir als eine winzige Parzelle jener großen Harmonie, jenes Himmlischen Friedens, den die Chinesen sich zum höchsten Ziel erkoren, nach dem sie unermüdlich und stets vergeblich getrachtet haben. Ein anderes Gedicht fiel mir ein, ebenfalls in der getragenen Sprache der Tang: »Wünsch mir, in stiller Einsamkeit zu träumen, Lotus-Land, darinnen die Fülle des Morgenlichts.« Der Autor hieß Mao Tsetung.

Glossar

Aufstand der »Roten Augenbrauen«

Bauernaufstand in der Han-Dynastie in den Jahren 18 bis 22 n. Chr. Als Folge von Überschwemmungskatastrophen bildeten seit dem Jahre 11 n. Chr. landlos gewordene Bauern Banden und kämpften seit 18 n. Chr. gegen die Regierungstruppen, welche sich nicht durchzusetzen vermochten. Der Aufstand breitete sich von Shandong gen Westen aus und verband sich schließlich mit einer Rebellion großer Clans im Jahre 22 n. Chr., die von einer Nebenlinie der Liu-Sippe und damit des Kaiserhauses der Han angeführt wurde. Als Ergebnis dieser Revolte bestieg 23 n. Chr. Liu Xuan unter der Regierungsdevise »geng shi« (erneuter Anfang) den Thron des Gegenkaisers. Die Aufständischen färbten ihre Augenbrauen rot und erhielten deshalb den Namen »Armee der roten Augenbrauen« (chi mei jun).

Ci Xi (1835–1908)

Kaiserinwitwe

Ci Xi, Tochter eines mandschurischen Bannerträgers aus Peking, wurde mit 17 Jahren zur Konkubine des Kaisers Xian Feng erwählt, dessen Frau ihm keinen Sohn geboren hatte. Als Ci Xi 1855 einen männlichen Thronfolger Zai Chun gebar, wurde sie zur Kaiserlichen Nebenfrau zweiten Grades erhoben. Nach dem Tod des Kaisers 1861 stieg sie in der Hierarchie neben der ersten Frau zur Kaiserinwitwe auf. Machthungrig und skrupellos verstand sie es, die Geschicke des Landes in die Hand zu nehmen. Nach dem frühen Tod ihres eigenen Sohnes gelang es ihr durch Adoption, den erst vierjährigen Neffen Zai Tian auf den Thron zu setzen. Als Kaiser Zai Tian 1889 volljährig wurde, versuchte er die Kaiserinwitwe auszuschalten. Diese kam ihm jedoch zuvor, setzte den Kaiser gefangen und regierte fortan in seinem Namen. Während des Boxeraufstandes 1900 unterstützte sie die »Boxer« im Kampf gegen die Ausländer. Als die ausländischen Mächte die Bewegung niederschlugen, wechselte sie die Seite und distanzierte sich von den »Banditen«. Am 13. November 1908 setzte sie Aisin Giorro →Pu Yi zum Thronerben ein. Einen Tag später starb der Guang-Xu-Kaiser, vermutlich durch Gift. Ci Xi selbst starb zwei Tage später. Heute ist ihr Name Metapher für skrupellose, hinter den Kulissen agierende Machtgier.

Dalai Lama (*1935)

Tibetischer Religionsführer

Der 14. Dalai Lama Tenzin Gyatso lebt seit den Tibetaufständen von 1959 im indischen Exil. Als er 1987 die Menschenrechtsverletzungen in Tibet anprangerte, kam es danach in Lhasa zu antichinesischen Unruhen, bei denen die Rückkehr des Dalai Lama gefordert wurde. 1988 wurde dem Dalai Lama von chinesischer Seite die Rückkehr aus dem Exil unter der Bedingung angeboten, daß er auf die Forderung nach Unabhängigkeit Tibets verzichte. Wenige Tage vor dem 30. Jahrestag des tibetischen Aufstands brachen am 3. Mai 1989 erneut Unruhen in Lhasa aus. Sie wurden von der chinesischen Regierung blutig niedergeschlagen; über Tibet wurde das Kriegsrecht verhängt. Der Dalai Lama, der stets zur Besonnenheit und Gewaltlosigkeit aufruft, wurde im gleichen Jahr mit dem Friedensnobelpreis ausgezeichnet.

Deng Xiaoping (*1904)

Führender chinesischer Politiker

Deng Xiaoping, Sohn eines Landbesitzers aus Szetschuan, ging 1920 zum Werkstudium nach Frankreich. 1924 trat er in die →KPCh ein und wirkte nach seiner Rückkehr 1926 in der Armee. Er nahm am Langen Marsch (1934/35) in der →Mao unterstehenden Kolonne teil. Während des Chinesisch-Japanischen Krieges (1937–45) war er Politkommissar bei der Armee. 1952 ernannte ihn Premier →Zhou Enlai zum Stellvertretenden Ministerpräsidenten. 1966 zu Beginn der →Kulturrevolution entmachtet, wurde er 1973 auf Drängen von Zhou Enlai rehabilitiert und erneut Vizepremier. Nach dem Tode Zhou Enlais (1976) gelang es →Jiang Qing, Deng Xiaoping ein zweites Mal zu stürzen. 1977 kehrte er auf die politische Bühne zurück, entmachtete 1978 →Hua Guofeng und übernahm die Führung der Partei, ohne selber den Parteivorsitz zu übernehmen. Als Initiator der Reformpolitik wurde er zum Hoffnungsträger Chinas. Im November 1987 schied er freiwillig aus dem Politbüro aus und behielt offiziell nur den Posten des Vorsitzenden der Zentralen Militärkommission, von dem er im November 1989 ebenfalls zurücktrat. Obwohl die heutige Regierung der VR China das Reformwerk Dengs in wesentlichen Bestandteilen zurücknimmt, beruft sie sich bei allen wichtigen Entscheidungen nach wie vor auf ihn.

Dynastien

Die wichtigsten im Text vorkommenden chinesischen Dynastien nach unserer Zeitrechnung:

Xia	21.–16. Jhd. v. Chr.
Shang	16.–11. Jhd. v. Chr.

Xi-Zhou	11. Jhd.–771 v. Chr.
Dong-Zhou	770–221 v. Chr.
Qin	221–206 v. Chr.
Tang	618–907
Yuan (Mongolen)	1279–1368
Ming	1368–1644
Qing (Mandschu)	1644–1911

Fang Lizhi (*1936)

Führender chinesischer Wissenschaftler und Regimekritiker

Der Astrophysiker Fang trat schon früh der →KPCh bei, erregte aber bald Mißfallen. Bereits 1957 wurde er im Rahmen der Kampagne gegen Rechtsabweichler erstmals aus der Partei ausgeschlossen, konnte aber kurz darauf seine Arbeit wieder aufnehmen. Während der →Kulturrevolution verbrachte er über zwei Jahre als Berg- und Eisenbahnarbeiter in der Provinz. 1978 wurde er rehabilitiert. Als Physiker genießt er internationales Ansehen. Während der Studentenunruhen 1986/87 wurde Fang zum Leitbild für viele Studenten, deren Forderungen er als Vizerektor der Universität von Hefei unterstützte. Fang Lizhi, auch als »chinesischer Sacharow« betitelt, wurde des bürgerlichen Liberalismus angeklagt, 1987 seiner Posten enthoben und ein zweites Mal aus der Partei ausgeschlossen. Obwohl Fang während der Protestbewegung 1989 öffentlich nicht in Erscheinung trat, wurde er doch der Anstiftung beschuldigt, und es wurde Haftbefehl gegen ihn und seine Frau Li Shuxian erlassen. Es gelang dem Ehepaar, in die amerikanische Botschaft zu flüchten.

Großer Sprung nach vorn

Der »große Sprung nach vorn« war Teil der »Politik der drei roten Banner« (1. Großer Sprung nach vorn, 2. die Volkskommunenbewegung, 3. die Generallinie zum Aufbau des Sozialismus). Als Abkehr von dem bis dahin befolgten sowjetischen Vorbild industrieller Entwicklung initiierte →Mao 1957 die Kampagne mit dem Ziel, durch massive Arbeitsorganisation, Kollektivierung und ideologische Mobilisierung einen chinesischen Weg für ein schnelleres Wirtschaftswachstum zu finden. Blinder Aktivismus und fehlender Sachverstand, wie z. B. die Anordnung zum Tiefpflügen oder zur Stahlerzeugung in Kleinsthochöfen, führten die Wirtschaft in die Katastrophe und schließlich zum Scheitern der Kampagne. In der Partei wurde Mao ob der Katastrophe insbesondere von Pragmatikern wie →Liu Shaoqi und →Deng Xiaoping heftig kritisiert und gezwungen, sein Amt als Staatspräsident 1958 an Liu Shaoqi abzutreten.

Guo Moruo (1892–1978)

Schriftsteller, Historiker und Kulturfunktionär

Guo Moruo, als Sohn eines Großgrundbesitzers und Kaufmanns im Kreis Leshan/Szetschuan geboren, studierte von 1914 bis 1923 Medizin in Japan, übte diesen Beruf jedoch nie aus, sondern wandte sich der Literatur zu. Er zählt zu den wenigen Autoren der ersten Schriftstellergeneration des modernen China, die auch nach 1949 hohe Partei- und Regierungsämter erhielten. Selbst in der Kulturrevolution blieb er unangefochten. Berühmt wurde er durch die 1921 erschienene ikonoklastisch-romantische Gedichtsammlung »Göttinnen«, die großen Einfluß auf die Entwicklung der modernen chinesischen Literatur hatte. Einen Namen machte er sich auch als Historiker, Dramatiker und Übersetzer von Goethes »Faust« und »Werther«.

Han Suyin

Schriftstellerin, Mao-Biographin

Han Suyin, Tochter einer Belgierin und eines Chinesen, glorifizierte in ihren frühen Werken (»Alle Herrlichkeit auf Erden«) →Tschiang Kaishek, bevor sie sich dem Maoismus zuwandte und →Mao Tsetung ein zweibändiges Werk widmete, in dem sie auch die →Kulturrevolution verherrlichte (»The Morning Deluge: Mao Tsetung and the Chinese Revolution 1893–1953« und »Wind in the Tower: Mao Tsetung and the Chinese Revolution 1949–1975«).

Ho Tschi Minh (1890–1969)

Führer der vietnamesischen Revolution

1911 reiste Ho Tschi Minh, Sohn eines Dorfgelehrten, nach Europa. Von 1915 an betätigte er sich als Journalist der KP Frankreichs. 1923 ausgewiesen, arbeitete er in Moskau, seit 1924 in Südchina. Bis 1929 war er Komintern-Funktionär in Europa und Thailand und 1930 Mitbegründer der KP Indochinas in Hongkong. Seit 1934 lebte er in der UdSSR und kehrte erst 1940 nach Vietnam zurück. Dort schuf er 1941 den Viet Minh und führte den Kampf um die Unabhängigkeit Indochinas. Seit 1945 Präsident – bis 1955 zugleich Ministerpräsident – der »Demokratischen Republik Vietnam«, führte er 1946 im Kampf gegen Frankreich die Arbeiterpartei (Lao-Dong) Vietnams. Nach der Teilung Vietnams 1954 wurde er Staatspräsident von Nordvietnam und 1956 Generalsekretär der Lao-Dong. Er wurde die Symbolfigur des vietnamesischen Kampfes gegen die USA und einer der bekanntesten Führer des Weltkommunismus.

Hong Xiuquan (1813–1864)

Führer der Taiping-Rebellion

Hong Xiuquan, Sohn einer armen Hakkafamilie aus der Provinz Guangdong, hatte nach etlichen gescheiterten Versuchen, die kaiserlichen Examina zu bestehen, 1837 eine Reihe von Visionen, die zusammen mit der eigenwilligen Interpretation erster protestantischer Traktate in China die ideologische Grundlage für die sogenannte Taiping-Bewegung bildeten. 1843 verkündete Hong, er sei der jüngere Bruder Jesu, und stellte sich an die Spitze der Bewegung, die 1850 in die Taiping-Rebellion mündete und bis 1864 dauerte. Oberstes Prinzip der Bewegung war die »allgemeine Gleichheit auf Erden«, die in dem 1851 gegründeten Reich dann auch praktiziert wurde. Hong Xiuquan wurde der »Himmlische König des himmlischen Reichs des Friedens«. 1853 eroberte Hong mit seinen Truppen Nanking, das für elf Jahre Hauptstadt des Taiping-Reiches blieb. 1864 gelang es den Regierungstruppen, das durch innere Machtkämpfe geschwächte Taiping-Reich vernichtend zu schlagen. Hong Xiuquan beging Selbstmord.

Hu Yaobang (1915–1989)

Ehemaliger Generalsekretär der KPCh

Hu Yaobang trat schon als elfjähriger Schüler der kommunistischen Jugendbewegung bei. Bis in die sechziger Jahre blieb die Arbeit in der kommunistischen Jugendorganisation seine Hauptaufgabe. Während der →Kulturrevolution wurde Hu kritisiert und kaltgestellt. 1975 betraute der in die Regierung zurückgekehrte →Deng Xiaoping Hu Yaobang mit dem Amt des Vizepräsidenten der Akademie der Wissenschaften, das Hu jedoch, erneut wegen rechter Tendenzen angeklagt, bald wieder verlor. 1977 wurde Hu Yaobang auf dem 11. Parteitag zum Mitglied des ZK gewählt und 1980 zum Generalsekretär ernannt. Er sorgte für die Rehabilitierung vieler Kader und Intellektueller, setzte sich für eine Entdogmatisierung des Maoismus ein und forderte die Anpassung des Marxismus-Leninismus an die Gegebenheiten der Zeit und des Landes. Als im Dezember 1986 landesweit die Studenten für mehr Demokratie und Freiheit demonstrierten, mußte Hu Yaobang am 16. Januar 1987 zurücktreten. Es wurde ihm vorgeworfen, die Tendenzen zur bürgerlichen Liberalisierung nicht ernst genug genommen und dadurch die Studentenunruhen mitverschuldet zu haben. Am 15. April 1989 starb Hu Yaobang. Die Trauerkundgebungen der Studenten waren Auftakt der Demokratiebewegung, die am 4. Juni blutig niedergeschlagen wurde.

Hua Guofeng (*1921)

Ehemaliger Ministerpräsident und Parteivorsitzender der KPCh

Hua Guofengs Aufstieg in die Parteispitze erfolgte während der →Kulturrevolution. Nach →Zhou Enlais Tod (1976) übernahm er dessen Amt als Ministerpräsident, wurde gleichzeitig stellvertretender Parteivorsitzender und designierter Nachfolger →Mao Tsetungs. Nach Maos Tod (1976) wurde unter entscheidender Mithilfe Hua Guofengs die →»Vierer-Bande« verhaftet. In der widersprüchlichen Rolle, einerseits China von der Vierer-Bande befreit zu haben und andererseits selbst der Kulturrevolution den Aufstieg zu verdanken, war sein politischer Niedergang vorprogrammiert. Der Versuch, zwischen den Tätern und den Opfern der Kulturrevolution zu vermitteln, scheiterte an der Unvereinbarkeit ideologischer Widersprüche. 1981 wurde Hua Guofeng von →Deng Xiaoping entmachtet und verlor jeglichen politischen Einfluß.

Internationale Konzessionen

Mit dem Vertrag von Nanking (1842) wurde die Existenz sogenannter »Vertragshäfen« begründet, in denen die westlichen Nationen das Recht zur Errichtung von Konsulaten und deren Bürger das Recht zur unbefristeten Niederlassung erhielten. Daraufhin bildeten sich geschlossene ausländische Residenzgebiete, die als Konzessionen bezeichnet werden. Vertragstheoretisch war in diesen Gebieten die chinesische Souveränität gewahrt, praktisch wurden die Gebiete jedoch durch Grenzlinien gekennzeichnet und hatten ihre eigene, selbständige Lokalverwaltung unter nationaler Konsularaufsicht. Auch hatten die ausländischen Mächte im Gebiet ihrer Konzession Truppen stationiert. Im weiteren Verlauf der Entwicklung wurden insbesondere jene Gebiete als Konzessionen bezeichnet, welche von der chinesischen Regierung auf unbegrenzte Zeit an eine ausländische Regierung verpachtet worden waren. Chinesen besaßen in diesen Gebieten kein Residenzrecht, während Ausländer, die nicht Bürger der Konzessionsmacht waren, sich um das Residenzrecht bewerben konnten.

Jiang Qing (*1913)

Ehefrau Mao Tsetungs, führende Politikerin in der Kulturrevolution

Jiang Qing versuchte sich zunächst wenig erfolgreich als Filmschauspielerin. 1931 trat sie der →KPCh bei, lernte 1938 →Mao Tsetung kennen und heiratete ihn ein Jahr später. Die KPCh stimmte dieser dritten Ehe Maos nur unter dem Vorbehalt zu, daß Jiang Qing sich nicht politisch betätigen dürfe. Doch schon vor 1949 avancierte sie zur Privatsekretärin Maos, wurde 1950 Mitglied des Filmbüros im Kulturministerium und schließlich in der →Kulturrevolution zur wichtigen Schlüsselfigur. Mit

Hilfe der →Roten Garden übten sie und ihre Gefolgsleute einen jahrelangen Terror aus, der China menschlich, kulturell und wirtschaftlich schweren Schaden zufügte. Einen Monat nach Maos Tod (1976) wurde sie als Mitglied der →»Vierer-Bande« gestürzt und verhaftet, 1981 zum Tode verurteilt und 1983 zu lebenslänglicher Haft begnadigt.

Jiang Zemin (*1926)
Seit Mai 1989 Generalsekretär der KPCh

Der neue ZK-Generalsekretär Jiang Zemin gilt ebenso wie →Li Peng als Technokrat. 1926 in Yangzhou/Jiangsu geboren, begann er 1945 sein Studium an der Fakultät für Elektromaschinenbau der Jiaotong-Universität in Schanghai. 1946 trat er der →KPCh bei. Nach seinem Studium übernahm er verschiedene leitende Funktionen in der Industrie Schanghais sowie im Ministerium für Maschinenbau. 1955 wurde er für eineinhalb Jahre zur Fortbildung nach Moskau in die Automobilfabrik »Stalin« geschickt und war danach zunächst in der Automobilbranche, später im Ministerium für Maschinenbau tätig. Über sein Schicksal während der →Kulturrevolution ist nichts bekannt. Sein politischer Aufstieg begann nach 1976. 1982 wurde er Mitglied des ZK, 1985 Minister für die Elektroindustrie, dann Bürgermeister und schließlich 1. Parteisekretär von Schanghai. Die Studentenunruhen 1986/87 unterdrückte er unblutig, nach den Unruhen von 1989 ließ er jedoch als erster in Schanghai drei Todesurteile gegen sogenannte Rädelsführer vollstrecken. Nach dem Sturz von →Zhao Ziyang wurde Jiang Zemin auf Empfehlung →Deng Xiaopings zum Generalsekretär der KPCh und zum Mitglied des ständigen Ausschusses des Politbüros gewählt.

Kommunistische Partei Chinas – KPCh

Die Kommunistische Partei Chinas (zhongguo gongchandang) wurde offiziell am 11. Juli 1921 mit Hilfe von zwei Agenten der Komintern und zwölf Chinesen in Schanghai gegründet. Aufbau und Organisation der Partei erfolgten nach dem Vorbild der KPdSU in Abhängigkeit von der Komintern, bis →Mao Tsetung 1935 auf dem Langen Marsch de facto die Parteiführung zugesprochen wurde. Trotz Rückschlägen nach dem Bruch der 1. Einheitsfront (1924–27) mit der →Kuomintang-Partei unter →Tschiang Kaishek entwickelten sich die Partei und ihre Armee während des Antijapanischen Krieges (1937–45) und der 2. Einheitsfront (1937–41) zur stärksten Bedrohung für die Nationalregierung, welche sie als Ergebnis des Bürgerkrieges (1945–47) ins Exil nach Taiwan zwang. Nach Gründung der VR China am 1. Oktober 1949 nahmen die seit den zwanziger Jahren existierenden Fraktionskämpfe immer schärfere Formen an und schlugen sich in verschiedenen Säuberungen von führenden Parteimitgliedern sowie in von Mao initiierten Massenkampagnen nieder. Höhepunkt der Auseinandersetzungen war die →»große proletarische Kulturrevolution« (1966–76). Nach 1976 reorganisierte sich die Partei und begann unter der Ägide →Deng Xiaopings mit Wirtschaftsreformen und Öffnungspolitik, ohne daß damit die ideologischen Fraktionskämpfe beendet worden wären.

Konfuzius (551–479 v. Chr.)

Chinesischer Philosoph, Sozialpolitiker und Staatsmann

Konfuzius ist die latinisierte Form von Kong Zi. Kong Zi wandte sich, wegen seines geringen Einflusses enttäuscht, bald vom Staatsdienst ab und zog als erster bezahlter Lehrer mit seinen Schülern von Staat zu Staat. Seine Lehre, die auf eine traditionsbewußte, hierarchische Regelung der Beziehungen in Staat und Familie abzielt, wurde als Konfuzianismus die prägende Kraft der chinesischen Welt und 1530 Staatsreligion.

Kulturrevolution (1966–1976)

Die »große proletarische Kulturrevolution« wurde 1966 von →Mao Tsetung als Massenbewegung ausgerufen, mit dem Ziel, gegen Bürokratismus, Revisionismus, elitäres und bourgeoises Denken anzukämpfen. Für Mao diente die Kampagne auch dazu, seine durch den Fehlschlag des →»großen Sprungs nach vorn« geschwächte Position innerhalb der →KPCh wieder zu stärken. Nach bürgerkriegsähnlichen Ausschreitungen in der ersten Phase der Kulturrevolution wurde ab 1967/68 durch Bildung von Revolutionskomitees der Wiederaufbau von Staat und Partei betrieben. Ein wirkliches Ende fand die Bewegung aber erst, nachdem die →»Vierer-Bande« unter Maos Ehefrau →Jiang Qing 1976 ausgeschaltet worden war. Deshalb bezeichnet die offizielle chinesische Geschichtsschreibung die Ereignisse von 1966 bis 1976 als Kulturrevolution.

Kuomintang – KMT (Guomindang)

»Kuomintang« bedeutet »Nationale Volkspartei«. Sie ging aus dem von →Sun Yatsen gegründeten Revolutionsbund hervor, als dieser sich 1912 mit anderen Parteien zusammenschloß. Die neue Partei wählte Sun Yatsen zu ihrem Vorsitzenden, wurde 1919 reorganisiert und neu gegründet. Nach Suns Tod 1925 übernahm →Tschiang Kaishek die Führung der Partei. Stärkste Bedrohung der KMT, die die Nationalregierung stellte – erst in Nanking, dann in Tschungking –, war die →KPCh und ihre Armee, der die KMT im Bürgerkrieg 1945–49 unterlag. Seit 1949 ist die KMT die führende Partei in der Republik China auf Taiwan.

Laotse

Chinesischer Philosoph

Laotse gilt als Verfasser des »Tao-te-king« und als Vater des Taoismus. Über den Autor gibt es keine gesicherten biographischen Angaben. Das ihm zugeschriebene »Tao-te-king« (ca. 4. Jh. v. Chr.) ist das am häufigsten übersetzte Werk chinesischer Sprache.

Lee Kuan Yew (Geburtsdatum unbekannt)

Ministerpräsident der Republik Singapur

Lee Kuan Yew ist als Mitglied der PAP (People's Action Party) seit 1959 amtierender Ministerpräsident von Singapur. Bei den Parlamentswahlen am 3. September 1988, die wegen einer wachsenden innenpolitischen Opposition um 14 Monate vorgezogen worden waren, errang die PAP unter Lee Kuan Yew mit 61,8 Prozent 80 der 81 Parlamentssitze.

Lee Teng Hui (Li Denghui) (*1923)

Seit 1988 Staatspräsident der Republik China auf Taiwan
und Vorsitzender der KMT

Lee ist das erste Staatsoberhaupt der Republic of Taiwan, das auf Taiwan geboren wurde. Der in Japan, Taiwan und Amerika ausgebildete Agrarfachmann wurde 1972 von dem damaligen Vizepremier →Tschiang Tschingkuo als Staatsminister ins Kabinett berufen. 1978 wurde er Bürgermeister der Hauptstadt Taipeh, 1981 Gouverneur. 1984 wurde er Vizepräsident und engster Vertrauter von Tschiang Tschingkuo, dessen Amt er nach Tschiangs Tod übernahm. Er gilt als Hoffnungsträger für eine weitere Demokratisierung im Lande und tritt für eine friedliche Annäherung an die VR China ein.

Legalisten

Philosophische Schule (7.–3. Jh. v. Chr.)

Die Legalisten oder Rechtsphilosophen betonen im Gegensatz zum Konfuzianismus nicht die Erziehung, sondern treten für die Durchsetzung von Gesetz und Ordnung ein und verfechten den Gedanken eines den Verhältnissen angepaßten souveränen Rechts. Der bedeutendste Vertreter Han Fei Zi († 233 v. Chr.) strebte ein Land mit starker Streitmacht und starker Zentralgewalt an und befürwortete den Einsatz von fachkundigen Personen in verantwortlichen Funktionen. Der Legalismus wurde staatstragend für das Reich →Qin Shi Huangdis.

Li Bai (701–762)

Dichter

Li Bai (auch: Li Bo, Li Taipe) ist weltweit der bekannteste chinesische Dichter der Tang-Zeit. Er führte, abgesehen von einer kurzen Zeit am Hofe (742–44), ein unstetes Wanderleben. Li verstand sich als Taoist und war der Natur und dem Wein gleichermaßen ergeben. Seine schillernde Gestalt gab in Ost und West Anlaß zu vielen Legenden und übte zusammen mit seinen Gedichten Einfluß auch auf westliche Dichter aus.

Li Lanqing (Geburtsdatum unbekannt)

*Stellvertretender Minister für außenwirtschaftliche Beziehungen
und Außenhandel*

Li Lanqing nahm an dem am 11. Oktober 1989 in Hamburg veranstalteten deutsch-chinesischen Wirtschaftssymposium zum Thema »China nach 10 Jahren Öffnung – Bilanz und Perspektiven« teil. Die chinesische Delegation wurde vom stellvertretenden Ministerpräsidenten Yao Yilin geleitet.

Li Peng (*1928)

Seit 1987 Ministerpräsident

Li Peng wurde im November 1987 zunächst kommissarisch anstelle von →Zhao Ziyang zum Ministerpräsidenten ernannt und im April 1988 in diesem Amt bestätigt. Der in Schanghai geborene Energiefachmann wurde nach der Erschießung seines Vaters durch die →KMT von →Zhou Enlai adoptiert. 1945 trat Li Peng in die →KPCh ein, studierte von 1948 bis 1954 in Moskau Energiewirtschaft und qualifizierte sich als Energiefachmann auf verschiedenen Posten. Die →Kulturrevolution überstand er, dank des Schutzes von Zhou Enlai, weitgehend unbeschadet. 1982 wurde er Mitglied des ZK und 1983 bereits stellvertretender Ministerpräsident. Zusätzlich übernahm er die Leitung der staatlichen Erziehungskommission. Li Peng gilt als Technokrat und Administrator, der eine Straffung der Bürokratie und eine Umstrukturierung der Wirtschaft für nötig hält. In Abstimmung mit →Deng Xiaoping verhängte er am 19. Mai 1989 das Kriegsrecht über Peking und ordnete die blutige Niederschlagung der Demonstrationen in der Stadt an.

Lin Biao (1907–1971)

Marschall der Volksbefreiungsarmee; ehemaliger Verteidigungsminister

Lin Biao, Absolvent der Whampoa-Militärakademie in Kanton (1926), stellte seine militärischen Fähigkeiten schon während des Nordfeldzuges gegen die regionalen Militärmachthaber (1926) unter Beweis; er war maßgeblich am Aufbau der Volksbefreiungsarmee beteiligt, nahm am Langen Marsch teil und errang während des Antijapanischen Krieges (1937–45) den ersten Sieg über die Japaner. 1948 trugen die von Lin Biao befehligten Truppen wesentlich zum Sieg über die Truppen der →KMT bei. Nach 1949 stieg er gleichermaßen in Militär und Partei auf. Als 1959 Verteidigungsminister Peng Dehuai gegen die Politik →Maos opponierte, wurde er durch Lin Biao ersetzt. Lin Biao initiierte, zunächst noch auf das Militär beschränkt, mit Hilfe des »roten Büchleins«, der sogenannten Mao-Bibel, den Mao-Kult und sicherte während der →Kulturrevolution Mao den Rückhalt durch die Armee. Lin Biao wurde 1969 designierter Nachfolger Maos. 1971 soll er jedoch einen Staatsstreich und einen Mordanschlag auf Mao versucht haben, der scheiterte. Auf der Flucht kam er bei einem nie geklärten Flugzeugunglück ums Leben.

Liu Shaoqi (1896–1969)
Führender Politiker und Arbeiterführer

Liu Shaoqis Name ist eng mit der kommunistischen Arbeiterbewegung verknüpft. Der aus Hunan stammende Sohn reicher Bauern trat 1917 der von →Mao Tsetung in Changsha gegründeten »Neuen Volksstudiengesellschaft« bei. Seinen Plan zum Studium in Frankreich gab er zugunsten eines Studienaufenthalts in der Sowjetunion (1921/22) auf. Von dort aus trat er auch 1921 der gerade gegründeten →KPCh bei. Nach seiner Rückkehr kümmerte er sich zunächst vor allem um die Organisation der Arbeiter und kämpfte dann auch in der kommunistisch geführten Armee. Schon vor Gründung der VR China stieg er in die Parteispitze auf. Nach 1949 wurde Liu einer der sechs stellvertretenden Vorsitzenden des zentralen Volksregierungsrats; von 1954 an bekleidete er nach der Reorganisation des Staatsapparates den Posten des Parlamentspräsidenten. Als Mao infolge seiner gescheiterten Politik des →»großen Sprungs nach vorn« vom Amt des Staatspräsidenten zurücktreten mußte, wurde Liu sein Nachfolger und konnte seine Machtsphäre erheblich ausweiten. 1966 ging Mao, der sich in seiner Position bedroht sehen mußte, zum Gegenangriff über. Liu wurde das erste prominente Opfer der →Kulturrevolution. Als »Renegat, Verräter, Lakai des Imperialismus und chinesischer Chruschtschow« angeklagt, wurde er verhaftet und starb im November 1969 im Gefängnis. 1980 wurde er rehabilitiert.

Lon Nol (*1913)
Kambodschanischer Marschall und Politiker

Lon Nol war von 1955 bis 1966 Verteidigungsminister und Generalstabschef, 1966/67 Ministerpräsident, von 1967 bis 1969 Erster Vizepräsident und von 1969 bis 1971 Ministerpräsident und Verteidigungsminister. 1970 war er führend am Sturz des Staatschefs →Norodom Sihanouk beteiligt und übernahm selbst die Führung Kambodschas. Nach einem erbitterten Bürgerkrieg der Roten Khmer gegen die Regierung Lon Nol mußte er 1975, angesichts des Vorrückens der Roten Khmer auf Phnom Penh, zurücktreten und floh ins Ausland.

Ma Zhongying (*1911)
Chinesischer, muslemischer Militärführer

Ma Zhongying nahm 1931 an dem muslemischen Aufstand gegen die Herrschaft der Chinesen in Sinkiang teil. 1934 verschwand er über die Grenze in die Sowjetunion und gilt seither als verschollen.

Mao Tsetung (Mao Zedong) (1893–1976)
Langjähriger Führer der KPCh und der Volksrepublik China

Mao Tsetung ist weltweit der bekannteste chinesische Staatsmann. Mao gehörte 1921 zu den zwölf chinesischen Gründungsmitgliedern der →KPCh. Schon früh erkannte er, daß ein Sieg der KPCh nur mit Waffengewalt erreicht werden könne, und betrieb erfolgreich seine Guerillataktik, die ihm 1935 auf dem Langen Marsch schließlich die Führung der KPCh sicherte. Die Stärkung seiner Position ermöglichte ihm, seine eigene Revolutionstheorie, derzufolge die Bauern – und nicht das städtische Proletariat – in China das eigentliche revolutionäre Potential bildeten, in die Tat umzusetzen. In den nächsten Jahren blieb Mao in der neuen kommunistischen Basis Yan'an/Shaanxi, der Endstation des Langen Marsches, und verfaßte verschiedene Schriften, mit denen er sich als kommunistischer Theoretiker profilierte. Nach dem Sieg über die →KMT und der Gründung der VR China 1949 wurde Mao zunächst der unumstrittene Vorsitzende und unumschränkte Herrscher des Landes. Ab 1956 geriet er, zunächst mit dem Liberalisierungsversuch der »Hundert-Blumen-Bewegung«, dann mit der Gegenkampagne gegen »Rechtsabweichler« und schließlich mit der gescheiterten Massenbewegung des →»großen Sprungs nach vorn«, in wachsenden Widerspruch zur Mehrheit der Parteiführung. Den daraus resultierenden Machtverlust versuchte er, gestützt auf →Lin Biao, Chen Boda und seine Ehefrau →Jiang Qing, mit der →Kulturrevolution wieder wettzumachen. Zwar wurde er auf dem 11. Parteitag 1969 in seiner führenden Rolle bestätigt, doch andauernde parteiinterne Fraktionskämpfe und seine eigene nachlassende Gesundheit spielten die Macht mehr und mehr seiner Frau →Jiang Qing und ihren Gefolgsleuten in die Hände. Am 9. September 1976 starb Mao. Trotz des Grundprinzips, an den Mao-Tsetung-Ideen festzuhalten, erfolgte seither eine deutliche Demontage des Personenkults um Mao, dessen potentielle Mitschuld an den Auswüchsen der Kulturrevolution das Bild des »großen Steuermanns« getrübt hatte.

Meiji-Revolution
Japanische Reformperiode von 1868 bis 1914

Unter der Regierungsdevise »Meiji« (Aufgeklärte Regierung) wurde zwischen 1868 und 1914 in Japan vom Kaiser und seinen Beratern eine Reihe umfassender und grundlegender Reformen durchgeführt. Anstelle des Feudalstaates trat zunächst die absolute und 1889 die konstitutionelle Monarchie, die allen Bürgern gleiche Grundrechte sicherte. Heerwesen, Justiz und Verwaltung wurden nach europäischem Muster umgestaltet, moderne Technik und kapitalistische Organisationsformen übernommen. Mit dieser »Reform von oben« gelang es Japan, den Anschluß an die Entwicklung der modernen westlichen Industrienationen zu sichern.

Menzius (371–289 v. Chr.)
Konfuzianischer Philosoph

Menzius ist die latinisierte Version von Meng Zi. Menzius bot seine Dienste verschiedenen Feudalherren seiner Zeit an, die ihn zwar wohlwollend aufnahmen, auf seinen Rat aber nicht hörten. Er zog sich daher zurück und widmete sich der Lehre. Sein konfuzianischer Klassiker »Das Buch Menzius« kreist um zwei wesentliche Prinzipien, »ren«, die Güte, und »xiao«, die kindliche Pietät, die er dahingehend versteht, daß ein Fürst, der sich seinem Volk gegenüber gütig verhält, seinerseits auf die Unterstützung des Volkes rechnen könne.

Pantchen Lama (1937–1989)

Der Pantchen Lama ist nach dem Dalai Lama der zweithöchste Würdenträger des tibetischen Buddhismus. Er gilt als Inkarnation des Buddha Amitabha. Der bisherige Pantchen Lama starb am 28. Januar 1989 im Kloster Tashilhunpo in Xigatze an Herzversagen.

Pol Pot (*1928)
Kambodschanischer Politiker

Pol Pot wurde 1946 Mitglied der indochinesischen sowie der kambodschanischen KP. Von 1962 an war er Mitglied des ZK der kambodschanischen KP, seit 1972 deren amtierender Generalsekretär. 1976 wurde er Ministerpräsident, 1979 mit vietnamesischer Unterstützung gestürzt, beanspruchte jedoch weiterhin, gestützt auf Guerillaeinheiten der Roten Khmer, die Regierungsgewalt. Mit seinem Namen verbunden ist das Terrorregime der Roten Khmer (1975–79), als dessen Hauptverantwortlicher er 1979 in Abwesenheit zum Tode verurteilt wurde.

Pu Yi (1906–1967)

Letzter Kaiser von China

Aisin Giorro Pu Yi war der letzte Kaiser der Qing-Dynastie. Zwei Tage vor ihrem Tod setzte ihn die Kaiserinwitwe Ci Xi dreijährig als Thronerben ein. Am 12. Februar 1912 mußte Pu Yi nach dem Zusammenbruch der Monarchie abdanken, konnte jedoch, dank eines Ediktes der neuen republikanischen Regierung, weiter in der Verbotenen Stadt leben. 1924 wurde er binnen weniger Stunden von dem Kriegsherrn Feng Yuxiang, der mittlerweile Peking beherrschte, vertrieben und flüchtete sich in die Japanische Konzession nach Tientsin. Die Japaner wußten ihn für ihre Interessen in China zu nutzen und setzten ihn als Kaiser in dem von Japan 1932 gegründeten Marionettenstaat Mandschukuo ein. Dort wurde er nach der Kapitulation Japans 1945 von sowjetischen Truppen gefangengenommen und 1950 den chinesischen Behörden übergeben. Er verbrachte weitere neun Jahre im Gefängnis, bis er auf Anordnung Maos 1959 amnestiert wurde. Er arbeitete als Gärtner und erhielt die Erlaubnis, seine Memoiren zu schreiben. 1964 wurde er endgültig rehabilitiert und zum Mitglied des Nationalkomitees der Politischen Konsultativkonferenz gewählt. Am 1. Januar 1967 starb Pu Yi.

Qian Long

Kaiser der Qing-Dynastie

Qian Long ist die Regierungsdevise, unter der der mandschurische Qing-Kaiser Hong Li von 1736 bis 1796 regierte. Zusammen mit den Mandschu-Kaisern Kang Xi (1662–1722) und Yong Zhen (1722–1736) zählt Qian Long zu den Qing-Kaisern, unter denen das Qing-Reich (1644–1911) wesentlich expandierte und eine Blüte erlebte.

Qin Shi Huangdi (259–210 v. Chr.)

Gründer des ersten chinesischen Reiches; Kaiser der Qin-Dynastie

Qin Shi Huangdi war der erste Herrscher der Qin-Dynastie (221–206 v. Chr.). Als machtvoller Einiger des Chinesischen Reiches ging er in die Geschichte ein. Gestützt auf antikonfuzianische →legalistische Ideen ließ er Maße, Gewichte und Münzen standardisieren, die Schrift vereinheitlichen und, als radikalsten Schritt der Vereinheitlichung, das historische und philosophische Schrifttum konfuzianischer Prägung verbieten und verbrennen. Sein Name, im Westen vor allem berühmt durch die Ausgrabung der Tonarmee in Xian, steht sowohl für Einigung des Reiches als auch für Despotismus.

Revolte der »Gelben Turbane« (184 n. Chr.)

Bauernrevolte während der östlichen Han-Dynastie

Im Gegensatz zur Revolte der »Roten Augenbrauen« lagen dem plötzlich und für die Regierung unerwartet ausbrechenden Aufstand der »Gelben Turbane« keine Dürre- oder Überschwemmungskatastrophen zugrunde. Der Aufstand wird vielmehr als Zeichen der »Demoralisierung des Beamtentums« und der inneren Aushöhlung des Staatswesens gewertet und ist aus einer dem religiösen Taoismus verbundenen kirchenähnlichen Sektenbewegung hervorgegangen, deren Mitglieder gelbe Kopftücher als Erkennungszeichen trugen. Der Aufstand wurde innerhalb eines halben Jahres von Regierungstruppen zerschlagen.

Revolte der »Roten Turbane«

Lokaler Bauernaufstand am Ende der Yuan-Dynastie

Im Jahr 1351 werden die Truppen der »Roten Turbane« erstmals als Träger einer Erhebung genannt, welche zusammen mit anderen Aufständischen in den folgenden Jahren eine solche Kraft entwickeln sollte, daß die Mongolen die Kontrolle über große Teile des chinesischen Reiches verloren. Die »Roten Turbane« organisierten sich in der nordchinesischen Tiefebene als Geheimgesellschaft unter ihrem Anführer Han Shantong, dessen Sohn Han Liner sich 1355 zum Kaiser der neugegründeten Song-Dynastie ausrufen ließ.

Rote Garden

Als »Rote Garden« wurden zu Beginn der →Kulturrevolution jene Gruppen Jugendlicher bezeichnet, die im Dienste des Großen Vorsitzenden →Mao die Kampagne in die Tat umsetzten. Sie wurden als williges Werkzeug in den Händen der Gruppe um →Jiang Qing zu Ausschreitungen mißbraucht und richteten großen Schaden an.

Prinz Sihanouk (*1922)

Kambodschanischer Politiker; 1941–1955 kambodschanischer König

Norodom Sihanouk, Prinz Samdech Preah, dankte 1955 zugunsten seines Vaters Norodom Suramarit ab und gründete die Volkssozialistische Partei. Nach dem Tode seines Vaters 1960 wurde Sihanouk Staatspräsident; 1970 von der proamerikanisch-antikommunistischen Gruppe unter Führung →General Lon Nols gestürzt, ging er ins Exil nach Peking. Als Staatschef und Vorsitzender der Nationalen Einheitsfront bestätigt, kehrte er 1975 nach Kambodscha zurück. 1982 bildete er eine Exilregierung und ist seit Dezember 1989 Präsident des Widerstandsbündnisses Demokratisches Kambodscha.

Song Ping (*1917)

Mitglied des ständigen Ausschusses des Politbüros

Song Ping wurde auf der 4. Plenartagung des XIII. ZK am 24. Juni 1989 Mitglied des ständigen Ausschusses des Politbüros; auf der gleichen Tagung wurden →Zhao Ziyangs Gefolgsleute Hu Qili, Rui Yingwen und Yan Mingfa ausgeschlossen. Song Ping gilt als konservativ und soll zu dem Parteiveteranen Peng Zhen und dem Politbüromitglied Yao Yilin, einem ehemaligen Kommilitonen, gute Beziehungen haben. Song Ping gehörte zu denen, die die Führungskräfte der Provinzen von der Richtigkeit der Verhängung des Kriegsrechts über Peking 1989 überzeugten. Zuletzt war er Direktor der ZK-Organisationsabteilung und damit für die Versetzung und Beförderung von Funktionären in Partei und Staatsapparat zuständig.

Sun Yatsen (Sun Zhongshan) (1866–1925)

Führer der republikanischen Revolution in China und Gründer der Kuomintang

Sun Yatsen, Sohn eines Bauern aus der Provinz Guangdong, kam 1879 auf eine Missionsschule nach Honolulu, wurde nach seiner Rückkehr nach China (1883) Christ und studierte von 1886 bis 1892 Medizin. Nach einem gescheiterten Aufstandsversuch in Kanton ging er für 16 Jahre ins Exil, bis 1911 der Sturz des Kaiserreiches gelang. Sun wurde am 1. Januar 1912 erster Präsident der neuen chinesischen Republik, trat ein Jahr später jedoch sein Amt an Yuan Shikai ab, der Sun ein zweites Mal ins Exil nach Japan zwang. Er gründete dort die Revolutionspartei, 1919 in →Kuomintang umbenannt. Von 1917 bis 1922 leitete Sun mit Unterbrechungen eine Gegenregierung in Kanton. Erneut zur Flucht gezwungen, begab er sich in Begleitung →Tschiang Kaisheks nach Schanghai und verfaßte 1923 das berühmte Manifest der »Drei Grundprinzipien vom Volk« (i. e. Nationalismus, Demokratie und Wohlfahrt des Volkes), bis heute Grundlage der KMT. 1923 erklärte sich Sun im Interesse einer Einigung Chinas zur Zusammenarbeit mit der Sowjetunion und der neugegründeten →KPCh bereit. Am 12. März 1925 starb Sun Yatsen mitten in den Verhandlungen über die Wiedervereinigung Chinas.

Sunzi

Sunzi gilt als Verfasser des Buches »Die Kunst des Krieges«, das wahrscheinlich in der Zeit der streitenden Reiche (448–221 v. Chr.) verfaßt wurde. Über den Autor ist nur wenig bekannt. Das Traktat, dessen Klarheit und Aktualität westliche Forscher und Strategen immer wieder hervorhoben, soll sogar die Bewunderung Napoleons gefunden haben.

Taiping-Rebellion →Hong Xiuquan

Tschiang Tsching-Kuo (Chiang Ching-kuo) (1909–1987)

Präsident der Republik China auf Taiwan

Tschiang Tsching-Kuo hielt sich fast zwölf Jahre in der Sowjetunion auf, zunächst freiwillig zum Studium, dann unfreiwillig, da ihm, nach dem Bruch der 1. Einheitsfront, als Sohn →Tschiang Kaisheks die Ausreise verwehrt wurde. Als zu Beginn des chinesisch-japanischen Krieges Stalin erneut auf Tschiang Kaishek setzte, konnte sein Sohn ausreisen. 1943 holte Tschiang Kaishek seinen Sohn nach Tschungking an den Sitz der Nationalregierung, wo er eine Karriere in der KMT begann. 1949 setzte er sich nach dem verlorenen Bürgerkrieg zusammen mit seinem Vater nach Taiwan ab. Er stieg in der neu gegründeten Republik China weiter in der KMT auf, wurde 1972 Ministerpräsident und nach dem Tod seines Vaters Staatspräsident. Er starb 1987.

Tschiang Kaishek (Jiang Jieshi) (1887–1975)

Führer der KMT; erster Präsident der Republik China auf Taiwan

Tschiang Kaishek trat 1908, während seines Studiums an einer Militärakademie in Japan, dem von →Sun Yatsen gegründeten Revolutionsbund bei. Nach dem Sturz der Qing-Dynastie unterstützte er Sun Yatsen im Kampf gegen den machthungrigen zweiten Präsidenten der Republik und beim Aufbau der Gegenregierung in Kanton (1921). Tschiang stieg im Militär auf und wurde Kommandant der Whampoa-Militärakademie in Kanton. Nach Sun Yatsens Tod konnte sich Tschiang nach einigen Kämpfen die Nachfolge als Führer der KMT sichern. Beide mit der KPCh geschlossenen Einheitsfronten, 1924–27 im Kampf gegen die regionalen Militärmachthaber und 1937–41 im Antijapanischen Krieg, wurden von Tschiang Kaishek gebrochen, um den Einfluß der KPCh einzudämmen. Dennoch gelang es die Kommunisten, Tschiang Kaishek am Ende des Bürgerkrieges 1945–49 zu besiegen. Tschiang Kaishek setzte sich mit großen Teilen der KMT nach Taiwan ab und wurde am 1. März 1950 Staatspräsident der Republik. Mit Unterstützung der USA, die sich nach dem Eingreifen der VR China in den Koreakrieg 1950 Taiwan zuwandten, konnte Tschiang seine Macht stabilisieren und der Wirtschaft in den fünfziger Jahren zu einem beachtlichen Aufschwung verhelfen. Tschiang Kaishek starb am 5. April 1975.

Vier Grundprinzipien

Offizielles politisches Programm seit der Arbeitstagung des ZK 1980

1. Festhalten am sozialistischen Weg
2. Festhalten an der Diktatur des Proletariats

3. Festhalten an der Führung durch die KP China
4. Festhalten am Marxismus-Leninismus und an den Mao-Tsetung-Ideen

Vier Modernisierungen

Politisches Programm Deng Xiaopings
Modernisierungen im Bereich
1. der Landwirtschaft
2. der Industrie
3. der Wissenschaft und Technologie
4. der Verteidigung

Vierer-Bande

Zur sogenannten Vierer-Bande gehörten neben →Jiang Qing der während der Kulturrevolution als potentieller Mao-Nachfolger gehandelte Wang Hongwen (*1935), Yao Wenyuan (*1931), der 1965 mit einer Literaturkritik gleichsam den Startschuß für die →Kulturrevolution gab, und Zhang Chunqiao (*1917), der aus der KP Schanghais kommend während der Kulturrevolution in die Parteispitze aufstieg. Die Mitglieder der Vierer-Bande werden offiziell als die Hauptverantwortlichen und Hauptschuldigen für die Kulturrevolution bezeichnet, womit über die Mitverantwortung →Maos und einiger heute noch amtierender Parteikader hinweggetäuscht wird. Am 6. Oktober 1976 wurde die Vierer-Bande verhaftet, Ende 1980 bis Januar 1981 vor Gericht gestellt. Jiang Qing und Zhang Chunqiao wurden zum Tode verurteilt, 1983 jedoch zu lebenslanger Haft begnadigt. Wang Hongwen erhielt eine lebenslängliche, Yao Wenyuan eine zwanzigjährige Haftstrafe.

Wuer Kaixi (*1968)

Studentenführer der Demokratiebewegung 1989
Wuer Kaixi war Student der Pädagogischen Hochschule in Peking und einer der Hauptanführer der Demokratiebewegung 1989. Er ist Vorsitzender des unabhängigen Hochschulverbands Peking. Als einer der 21 Sprecher der demokratischen Bewegung wurde Haftbefehl gegen ihn erlassen. Er konnte jedoch nach Hongkong und von dort nach Frankreich entkommen. In Paris gründete er zusammen mit anderen im Ausland lebenden Oppositionellen die »Demokratische Front«, die sich die Unterstützung der Demokratiebewegung in China vom Ausland aus zur Aufgabe macht. Wuer Kaixi ist Angehöriger der uigurischen Nationalität.

Xue Tao (768–831)

Dichterin

Xue Tao war die bekannteste Dichterin der Tang-Zeit. Sie war mit vielen führenden Dichtern ihrer Zeit gut befreundet und genoß als Dichterin hohe Anerkennung.

Yang Baibing (*1920)

Generalsekretär der ZK-Militärkommission

Yang Baibing ist der jüngere Bruder von →Yang Shankun. Wie →Deng Xiaoping war auch Yang Baibing als Politkommissar in der Armee tätig. Seit November 1987 ist Yang Baibing Direktor der Zentralen Politischen Abteilung der VBA. Er ist Mitglied des XIII. Zentralkomitees der →KPCh und wurde auf dessen 5. Plenartagung Anfang November 1989 zum Generalsekretär der ZK-Militärkommission und zum Mitglied des ZK-Sekretariats ernannt.

Yang Shankun (*1907)

Seit 1988 Staatspräsident der VR China

Yang Shankun, der als enger Vertrauter seines ehemaligen Kommilitonen aus Moskauer Tagen (1927–31) →Deng Xiaoping gilt, wurde 1979 ins ZK gewählt, stieg wenig später zum Mitglied des Politbüros und zum stellvertretenden Vorsitzenden und Generalsekretär der Zentralen Militärkommission auf. Am 9. April 1988 wurde er vom Nationalen Volkskongreß als Nachfolger Li Xiannians zum Staatspräsidenten gewählt. Yang war 1945 schon einmal Generalsekretär der Militärkommission des ZK gewesen. Yang Shankun sprach sich für den Einsatz von Militär zur Niederschlagung der Demokratiebewegung am 3. Juni 1989 in Peking aus und gilt seitdem als einer der einflußreichsten Politiker in der VR China.

Yong Le

Yong Le, »ewige Freude«, war die Regierungsdevise, unter der der Kaiser Zhu Di (1360–1424) von 1403 bis 1424 regierte. Der Yong-Le-Kaiser wird auch als zweiter Gründer der Ming-Dynastie bezeichnet, da unter seiner Herrschaft in fast allen militärischen und zivilen Bereichen Reformen stattfanden. Unter seiner militärischen Führung wurden das Gebiet Annam (heutiges Vietnam) und die Mongolei dem Reich einverleibt. Im zivilen Bereich dehnte er die diplomatischen Beziehungen im südostasiatischen Bereich aus und förderte den Seehandel.

Yu Guohua (*1914?)

Ministerpräsident der Republik China auf Taiwan

Yu Guohua war von Mai 1984 bis Mai 1989 Ministerpräsident der Republik China auf Taiwan. In seine Amtszeit fallen große politische Veränderungen, etwa die Aufhebung des 37 Jahre währenden Kriegsrechts und des Verbotes zur Gründung von Parteien und privaten Zeitschriften sowie die Genehmigung zu Verwandtschaftsbesuchen auf dem Festland. Diese Maßnahmen gehen jedoch nicht auf die Initiative des als konservativ geltenden Yu zurück, sondern sind noch Entscheidungen des verstorbenen →Tschiang Tschingkuo (1987). Yu, der in letzter Zeit sehr an Popularität eingebüßt hatte, trat am 17. Mai 1989 vorzeitig zurück. Sein Nachfolger wurde Li Huan.

Zhao Ziyang (*1918)

Ministerpräsident (1980–88) und Generalsekretär (1987–89) der KPCh

Zhao Ziyang trat mit 19 Jahren in die →KPCh ein und bekleidete zahlreiche lokale und regionale Posten. In der →Kulturrevolution wurde er als »einer, der den kapitalistischen Weg geht«, verfolgt und kehrte erst Anfang der siebziger Jahre auf die politische Bühne zurück. 1973 wurde er Mitglied des ZK, 1979 des Politbüros. 1980 wurde er als Nachfolger →Hua Guofengs Ministerpräsident. Nach dem Rücktritt →Hu Yaobangs infolge der Studentenunruhen 1986/87 wurde er Generalsekretär der KPCh und trat sein Amt als Ministerpräsident an →Li Peng ab. Als Folge der Protestbewegung 1989 wurde Zhao aller seiner Ämter enthoben und angeklagt, »die Unruhen unterstützt und die Partei gespalten zu haben und somit nachweislich die Verantwortung für die Entstehung der Unruhen zu tragen«.

Zhou Enlai (1898–1976)

Ministerpräsident der VR China

Zhou Enlai war nach →Mao der prominenteste Führer der →KPCh und genießt bis heute hohes Ansehen im Volk. Als Sohn einer wohlhabenden Gentryfamilie genoß er zunächst eine traditionelle, dann eine moderne Schulausbildung, ging 1917 zum Studium nach Japan, 1920 als Werkstudent nach Frankreich, begründete die Frankreich-Sektion der Kommunistischen Jugendliga Chinas mit und trat 1922 in die KPCh ein. In Frankreich lernte er auch →Ho Tschi Minh kennen. Während der 1. Einheitsfront (1924–27) zwischen →KMT und KPCh erhielt er in beiden Parteien wichtige Posten, entschied sich aber nach deren Scheitern für die KPCh. 1927 wurde er zum Mitglied des ZK und des Politbüros gewählt und behielt diese Ämter bis zu seinem Tode. Während der 2. Einheitsfront (1937–41) war Zhou als Unterhändler der KPCh Leiter des Verbindungsbüros der KPCh am Sitz der Nationalregierung in Tschungking. Bei der Gründung der VR China am 1. Oktober 1949 wurde Zhou Enlai Ministerpräsident und fungierte bis 1958 auch als Außenminister. In der →Kulturrevolution versuchte er vermittelnd zu wirken und führende Funktionäre sowie Kulturgüter vor dem Zugriff der →Roten Garden zu schützen. Er starb am 8. Januar 1976.

Glossar erstellt von
Maria Koch und
Susanne Weigelin-Schwiedrzik

Helmut Schmidt

*Die Deutschen und
ihre Nachbarn*

Siedler

Der zweite Band des Lebensberichts von Helmut Schmidt, der ausschließlich den Deutschen und ihren Nachbarn gewidmet ist, hat auf eine frappierende Weise Aktualität gewonnen. Denn im Mittelpunkt dieses Bandes stehen jene europäischen Regionen, die heute fast täglich die Schlagzeilen füllen. Im Vordergrund natürlich das andere Deutschland, wo Helmut Schmidt in der Auseinandersetzung mit Erich Honecker das Beste für die Deutschen diesseits und jenseits der Grenze herauszuholen suchte. Dann die Ungarn und die Polen, zu denen Helmut Schmidt während seiner Kanzlerschaft besonders enge Beziehungen pflegte, weil er diesen Nachbarn die Sorge vor einem wiedererstarkten Deutschland nehmen wollte.

Im Westen legte Helmut Schmidt vor allem Wert auf ein enges und harmonisches Verhältnis zu Frankreich. Denn die Erfahrungen der politischen Wirklichkeit lehrten ihn, daß Paris der eigentliche Partner für Bonn sei.

Schmidt gibt in diesem zweiten Band seines Rückblicks wieder jene Mischung von persönlichen Erfahrungen und sachlichen Einsichten, die schon der Titel des ersten Bandes zum Ausdruck brachte – Menschen und Mächte. Man kann diesen Band mit Recht das »Dokument eines deutschen Europäers« nennen.

592 Seiten mit Abbildungen, Leinen

Siedler Verlag